August Kellner

Statistisches Amts-Handbuch

Für den K. Bayer. Regierungsbezirk Schwaben und Neuburg

August Kellner

Statistisches Amts-Handbuch
Für den K. Bayer. Regierungsbezirk Schwaben und Neuburg

ISBN/EAN: 9783743420953

Hergestellt in Europa, USA, Kanada, Australien, Japan

Cover: Foto ©Suzi / pixelio.de

Weitere Bücher finden Sie auf **www.hansebooks.com**

Statistisches
Amts-Handbuch

für

den k. bayer. Regierungsbezirk

Schwaben und Neuburg.

————————

Nach amtlichen Quellen bearbeitet

von

August Kellner,

Regierungs-Funktionär in Augsburg.

————————

Augsburg, 1862.

Im Selbstverlage des Verfassers.

Druck der F. E. Kremer'schen Buchdruckerei (A. Manz).

Veränderungen während des Druckes.

Vermöge allerhöchster Verordnung (Regierungsblatt Nr. 45, S. 2136) wurden die Gemeinden Amerbach und Laub zum Rentamt Oettingen, Apfeltrang zum Rentamt Kaufbeuren und Rohrheim zum Rentamt Donauwörth überwiesen.

Vorwort.

Die in's Leben getretene Gerichtsorganisation hat in sämmtlichen Zweigen der Verwaltung wie der Justiz des Kreises so wesentliche Veränderungen hervorgerufen, daß das frühere statistische Handbuch von Cramer, wie solches das damalige Bedürfniß in's Leben gerufen, voraussichtlich veraltet und die Bearbeitung eines neuen, die gänzlich veränderte Eintheilung enthaltenden, verbesserten und zugleich reichhaltigeren solchen Handbuches wünschenswerth erscheinen mußte.

Auf mehrseitige Anregung und mit Ermächtigung des hohen königl. Regierungs-Präsidiums habe ich mich entschlossen, das vorliegende Werkchen zu redigiren.

Bei Bearbeitung desselben habe ich zur Erlangung sicheren Materials weder die Durchsicht von Aktenstößen, von Amts- und Regierungsblättern, noch Correspondenzen, noch persönliche Gänge gescheut, um beim Erscheinen der Gerichtsorganisation nicht nur den k. Behörden, sondern auch den Privaten ein möglichst entsprechendes Handbuch zum Bureau- und Privatgebrauche in ansprechendster Form zu bieten; ob ich diese Aufgabe gelöst, überlasse ich dem Publikum zu beurtheilen, dem ich das nunmehr beendigte Produkt einer äußerst mühseligen Arbeit übergebe.

Sollten aber trotz dieser meiner unausgesetzten Sorgfalt sich dennoch Fehler eingeschlichen haben, so getröste ich mich, bei allen Denen, welche die Natur einer solchen, auf einer Masse von Einzelnheiten ruhenden Arbeit kennen, geneigte Entschuldigung zu finden.

Die Seelenzahl gründet sich auf die Spezialisten der im Dezember vorigen Jahres vorgenommenen Unionsvolkszählung; meine ursprüngliche Absicht, die Seelenzahl der einzelnen Orte, Einöden 2c. nach Sekten ausgeschieden vorzutragen, mußte ich wegen mehrseitiger Mangelhaftigkeit des Materials leider aufgeben.

Schlüßlich habe ich mich noch einer angenehmen Pflicht zu entledigen, indem ich allen jenen verehrlichen Behörden und Beamten, welche mich so bereitwillig mit den erbetenen Aufschlüssen unterstützten und mir hiedurch die Zusammenstellung wesentlich erleichterten, meinen verbindlichsten Dank ausspreche.

Augsburg, am 1. Juli 1862.

Der Verfasser.

Bildung

des Regierungsbezirkes von Schwaben und Neuburg.

Der Regierungsbezirk wurde gebildet aus dem ehemaligen Herzogthum Neuburg, dem ehemaligen Bisthum Augsburg, aus dem Fürstenthum Kempten, den Reichsstädten Augsburg, Memmingen, Nördlingen, Kempten, Kaufbeuren und Lindau, den Reichs-Abteien Elchingen, Irsee, Kaisersheim, Ottobeuren, Roggenburg, St. Ulrich und Afra, Ursberg und Wettenhausen, den Herrschaften Mindelheim, Schwabeck, Illertissen und Wertingen, aus den fürstlich Oettingen'schen Landen, aus den Landen der Fürsten und Grafen v. Fugger und aus der Markgrafschaft Burgau.

Lage, Grenze und Größe.

Derselbe bildet den südwestlichen Theil des Königreichs, und breitet sich aus zwischen 27° 37′ und 29° 9′ östlicher Länge, dann zwischen 47° 18′ und 48° 3′ nördlicher Breite. Gegen Norden grenzt er an Mittelfranken, gegen Osten an Mittelfranken und Oberbayern, gegen Süden an Tyrol und Vorarlberg, gegen Westen an Vorarlberg, den Bodensee und das Königreich Württemberg. Sein Flächeninhalt beträgt 174 Quadratmeilen.

Eintheilung.

Der Regierungsbezirk von Schwaben und Neuburg ist in 4 Bezirks-gerichte, 2 Stadtgerichte, 6 Stadt- und Landgerichte, 21 Landgerichte, 19 Bezirks-, 32 Rent- und 8 Forstämter, 15 Baubehörden und 1 Donaumoos-Inspektion eingetheilt.

Eintheilungs=Uebersicht.

Sitz der Bezirksgerichte.	Bestandtheile der Bezirksgerichte. (Stadt- und Landgerichte.)	Bezirksamt, zu welchem vorstehende Stadt= u. Landgerichte gehören.
I. Augsburg.	Stadtgericht Augsburg.	
	Landgericht Buchloe.	Kaufbeuren.
	„ Burgau.	Günzburg.
	„ Göggingen.	Göggingen.
	„ Günzburg.	Günzburg.
	„ Neu-Ulm.	Neu-Ulm.
	„ Schwabmünchen.	Göggingen.
	„ Türkheim.	Mindelheim.
	„ Wertingen.	Wertingen.
	„ Zusmarshausen.	Zusmarshausen.
II. Donauwörth.	Stadt= u. Landger. Donauwörth	Donauwörth.
	Stadt= u. Landger. Neuburg.	Neuburg.
	Stadt= u. Landger. Nördlingen.	Nördlingen.
	Landgericht Dillingen.	Dillingen.
	„ Höchstädt.	Dillingen.
	„ Lauingen.	Dillingen.
	„ Monheim.	Donauwörth.
	„ Oettingen.	Nördlingen.
III. Kempten.	Stadtgericht Kempten.	
	Stadt= u. Landger. Kaufbeuren.	Kaufbeuren.
	Stadt= u. Landger. Lindau.	Lindau.
	Landgericht Füssen.	Füssen.
	„ Immenstadt.	Sonthofen
	„ Kempten.	Kempten.
	„ Oberdorf.	Oberdorf.
	„ Obergünzburg.	Oberdorf.
	„ Sonthofen.	Sonthofen.
	„ Weiler.	Lindau.
IV. Memmingen.	Stadt= u. Landger. Memmingen.	Memmingen.
	Landgericht Babenhausen.	Illertissen.
	„ Grönenbach.	Memmingen.
	„ Illertissen.	Illertissen.
	„ Krumbach.	Krumbach.
	„ Mindelheim.	Mindelheim.
	„ Ottobeuren.	Memmingen.
	„ Weissenhorn.	Illertissen.

Seelenzahl

a) der unmittelbaren Städte.

Namen der Städte.	Familien.	Seelen.	Namen der Städte.	Familien.	Seelen.
Augsburg . . .	12900	38357	Lindau	1076	3674
Donauwörth . .	909	3203	Memmingen . . .	1782	6603
Kaufbeuren . .	1361	4482	Neuburg	1504	5420
Kempten . . .	2077	8915	Nördlingen . . .	1664	6412
				23273	77066

b) der Bezirksämter und Landgerichte des Kreises.

Bezirksämter.	Landgerichte.	Zählen Familien.	Seelen.	Summarische Zahl der Bezirksämter. Familien.	Seelen.
Dillingen	Dillingen.	3393	14624	10720	44179
	Höchstädt.	3647	15080		
	Lauingen.	3680	14475		
Donauwörth	Donauwörth.	3185	13882	7473	31022
	Monheim.	4288	17140		
Füssen . .	Füssen.	3392	12536	3392	12536
Göggingen	Göggingen.	4606	18100	8430	32970
	Schwabmünchen.	3824	14870		
Günzburg .	Burgau.	3886	15072	8390	32494
	Günzburg.	4504	17422		
Illertissen .	Babenhausen.	2289	9244	8305	32903
	Illertissen.	2583	10259		
	Weissenhorn.	3433	13400		
Kaufbeuren .	Kaufbeuren.	2087	8938	4550	19126
	Buchloe.	2463	10188		
Kempten .	Kempten.	5298	24178	5298	24178
Krumbach	Krumbach.	5263	20126	5263	20126
Lindau .	Lindau.	2014	8323	5477	25104
	Weiler.	3463	16781		
Memmingen .	Grönenbach.	3099	13017	7460	32122
	Memmingen.	1144	5362		
	Ottobeuren.	3217	13743		

1*

Bezirksämter.	Landgerichte.	Zählen		Summarische Zahl der Bezirksämter.	
		Familien.	Seelen.	Familien.	Seelen.
Mindelheim · ·	Mindelheim. Türkheim.	4061 3782	15619⟩ 14706⟩	7843	30325
Neuburg · · ·	Neuburg.	4272	18594	4272	18594
Neu-Ulm · · ·	Neu-Ulm.	2888	12234	2888	12234
Nördlingen · ·	Nördlingen. Oettingen.	4421 4029	16579⟩ 15929⟩	8450	32508
Oberdorf · · ·	Oberdorf. Obergünzburg.	2602 2217	10319⟩ 9269⟩	4819	19588
Sonthofen · ·	Immenstadt. Sonthofen.	3343 3527	13980⟩ 14382⟩	6870	28362
Wertingen · ·	Wertingen.	4185	18075	4185	18075
Zusmarshausen ·	Zusmarshausen.	3814	15569	3814	15569
		117899	482015	117899	482015
Hiezu die Bevölkerungszahl der Städte		23273	77066	23273	77066
Bevölkerungszahl des Kreises		141172	559081	141172	559081

I. Verwaltung.

Regierung von Schwaben und Neuburg.

Regierungs-Präsident.

Herr Ernst Freiherr von Lerchenfelt,

Ritter des Verdienstordens der bayerischen Krone, Commenthur des Verdienst-Ordens vom heil. Michael, Ritter des kaiserl. russischen St. Stanislaus-Ordens, kgl. Kämmerer.

Kammer des Innern.

Direktor.

Herr Franz Joseph von Brand,

Ritter des Verdienstordens der bayer. Krone, Commenthur des Verdienstordens vom heil. Michael.

Räthe.

Herr Dr. Conrad v. Haus, Kreis-Medizinal-Rath, Ritter des Verdienst-Ordens der bayer. Krone und vom heil. Michael.

Herr Dr. Jos. v. Ahorner, Ritter des Verdienstordens der bayer. Krone und vom hl. Michael.

Herr Jos. v. Kolb, Ritter des Verdienstordens vom hl. Michael.

Herr Julius Frhr. v. Seckendorf, kgl. Kämmerer, Ritter des Verdienst-Ordens vom hl. Michael.

Herr Wilh. Heinr. Christ. v. Buchner, Ritter des Verdienstordens vom hl. Michael und des k. k. österr. Leopold-Ordens.

Herr Joh. Friedr. Wilh. Schegn.

Herr Jos. Leinfelder, Ritter des Verdienstordens vom hl. Michael.

Herr Jos. Maria Freiherr v. Gumpenberg-Pöttmes, k. Kämmerer und Kreisbaurath, Ritter des Verdienstordens vom hl. Michael, des königl. preuß. rothen Adlerordens und des k. württemb. Kronordens.

Herr Friedr. Aug. Saile, Ritter des Verdienstordens vom hl. Michael.

Herr Friedr. Ott.

Assessoren:

Herr Friedr. Carl Eb. Maison.

Herr Dr. Hugo Georg Döberlein.

Herr Dr. Friedr. Christ. Schmidt, k. Gerichtsarzt.

Accessisten.

HH. Adolph Waffer, Ludw. Fischer, Lothar Frank, funkt. Präf. Sekretär Friedr. Erhard Rober, Joh. v. Teubern, Joh. Bapt. Martin.

Registratoren.

HH. Simon Ehlich. . . . . . .

Functionäre.

HH. August Kellner, Friedr. Wieser, Kaspar Metzenauer, Wilhelm Krane, Jakob Griesbauer.

Rechnungs-Kommissäre.

HH. Karl Ott, Johann Leonhard Beck, Joseph Georg Straßer, Michael Führer.

Functionäre.

HH. Martin Rapp, Alois Bauer, Georg Hautsch, Eberhard Schröbel.

Rechnungs-Commissär für die Brandversicherungs-Anstalt.

Herr Johann Putz.

Kreis-Medizinal-Ausschuß.

Herr Dr. Conrad von Haus, Kreismedizinalrath (f. o.).
 " Dr. Heinr. Brunner, Bezirksgerichtsarzt.
 " Dr. Max Carron du Val, prakt. Arzt, Ritter des Verdienstordens vom hl. Michael II. Classe.
 " Dr. Joh. Georg Hertel, prakt. Arzt.
 " Dr. Jos. Sprengler, prakt. Arzt.
 " Friedr. Wolfrum, Apotheker.
 " Theod. Adam, Veterinärarzt.

Kreis-Baubehörde.
Kreisbaurath.

Herr Jos. Maria Freiherr v. Gumpenberg.

Kreisbaubeamte.

Herr Gustav Maier, für das Ingenieurfach.
HH. Georg Frhr. v. Stengel, Julius Moriz Degmaier und Lorenz Hoffmann, für das Landbaufach.
Herr Wilhelm Schüller, Assistent.
 " Stephan Rosa, Kreisbaubuchhalter.

Kammer der Finanzen.
Direktor.

Herr Carl v. Pachmayr, Ritter des Verdienstordens der bayer. Krone und vom heil. Michael.

Räthe.

Herr Joh. Mich. Lottner.
 " Carl Gerhäufer, Ritter des Verdienstordens vom heil. Michael und des Lucchesischen St. Ludwigs-Ordens III. Classe.

Herr August Frhr. v. Holzschuher.
„ Eduard Schamberg.
„ Jos. Paur, Kreisforstrath.
„ Ludw. v. Melzl, Fiscalrath.
„ Alois Gietl.

Assessoren.

Herr Friedr. Wanderer, Kreisforstmeister.
„ Edmund Wirsching er, Fiscalabjunct.

Accessisten.

Die HH. August Pisch inger, Friedr. Leiner, Sigm. Lechner, Joseph
Baumann.

Registratoren.

Die HH. Ludw. Cunradl, Mich. Cigoni. Carl Kaufmann, Funktionär..

Rechnungs-Kommissäre.

Die HH. Friedr. Wilhelm Gärth, Jos. Heydolph, Ludwig Böhalmb,
Joh. Jenette, Carl Welle, Franz Sartorius, Leonhard Mayer,
Anton Hintermayer.

Funktionäre.

Die HH. Carl Rösch, Gabr. Hörger, Ludw. Troß, Frz. Striebinger,
Ferd. Hellstern, Jos. Lämerer, Vict. Biéchy, Otto Fleißner,
Franz Ser. Holz, Hugo v. Böck.

Kreis - Forstbureau.

Kreis-Forstrath.

Herr Joseph Paur.

Kreis-Forstmeister.

Herr Friedrich Wanderer.

Funktionäre.

Die HH. Franz Mayer, Wilhelm Ebermayer, Johann Bapt. Bauer

Obergeometer.

Herr Julius Stabelmayer.

Secretariat beider Kammern.

Secretäre.

Die HH. Alexius Lipp, Georg Schauberger Regieverwalter, Carl Anton Faber, Dionys Straßer, Max Stubenböck.

Functionäre.

Die HH. Franz Adolph Eschenbach, Franz Menber.

Regierungs-Kanzlei beider Kammern.

Kanzlisten.

Die HH. Joh. Nep. Jacob, Joh. Christ. Gottl. Höppel, Johann Nep. Jungermayer.

Diurnisten.

Die HH. Carl Friedrich Albrecht Repartitor, Carl Schreiber, Carl Willibald Richard, Emil Ferdinand Cortelezis, Jos. Most, Joh. Ludw. Kern, Carl Eduard Kinkelin, Eduard Delonge, Christian Ziegler, Albert Stegmann.

Boten-Personal beider Kammern.

Die HH. Jacob Reiter, Präsidialdiener, Martin Bertelmann, Georg Hilpert, Joh. Detzer, Carl Trautmann, Ignaz Walter, Martin Holzmaier, Christian Hegele.

Untergeordnete Aemter und Behörden der Kammer des Innern.

Stadt-Commissariate.

Augsburg.
Stadt-Commissär: Herr Friedr. Saile, k. Regierungsrath.
Officiant: „ Joh. Georg Eckhofer.

Donauwörth.
Stadt-Commissär: Herr Carl August Finweg, k. Bezirksamtmann.

Kaufbeuren.
Stadt-Commissär: Herr Franz Ser. Wolf, k. Bezirksamtmann.

Kempten.
Stadt-Commissär: . . . .

Lindau.
Stadt-Commissär: Herr Georg Eckart, k. Bezirksamtmann.

Memmingen.
Stadt-Commissär: Herr Eugen Rösch, k. Bezirksamtmann.

Neuburg.
Stadt-Commissär: Herr Hartmann Graf v. Fugger-Kirchberg-Weißenhorn, k. Bezirksamtmann.

Nördlingen.
Stadt-Commissär: Herr Heinr. Phil. Schulz, k. Bezirksamtmann.

Unmittelbare Magistrate.

Augsburg.

I. rechtskundiger Bürgermeister: Herr Johann Georg v. Forndran, Ritter des Verdienstordens der bayer. Krone und vom heil. Michael.
II. rechtskundiger Bürgermeister: . . . .
Rechtskundige Räthe: HH. Carl Aloys-Rehlingen, Jos. Benz, Nicodemus Frisch, Carl Pürklauer.
Bürgerliche Magistratsräthe: HH. Ferd. Jaus, Benno Stabler, Ign. Leu, Hermann Erzberger, Eduard Eschenbach, Robert Bonnet, Carl Butz, Ritter des Verdienstordens vom heil. Michael II. Classe, Friedrich Wolfrum, Aquilin Vogel, Georg Lampart, Albert Hertel, Ritter des Verdienstordens vom heiligen Michael II. Classe, Theodor Auernhammer.

Donauwörth.

Rechtskundiger Bürgermeister: Herr Franz Förg, Ritter des Verdienstordens vom heil. Michael.
Bürgerliche Magistratsräthe: HH. Xaver Lettenbauer, Crisp. Jacob Bumm, Joh. Nep. Kremer, Jos. Bayer, Franz Baudrexel, Anton Wölfle, Carl Feichtinger, Mich. Ignaz Thoma.

Kaufbeuren.

Bürgermeister: Hr. Theodor Walch, Kaufmann.
Bürgerliche Magistratsräthe: HH. Jos. Merkle, Georg Rehle, Johann Schwarz, Carl Haffner, Joseph Hörburger, Martin Schmid, Jos. Gerhäuser, Joh. Graser.

Kempten.

Rechtskundiger Bürgermeister: Herr Sebastian Arnold.
Bürgerliche Magistratsräthe: HH. Joh. Huber, goldene Ehrenmünze des Civil-Verdienstordens der bayer. Krone, Ulrich Walch, Joh. Leichtle, Jacob Kleinknecht, Andr. Daumüller, Math. Unsöld, Johann Abé, Jos. Renn, Heinr. Pfeiffer, Joh. Weible.

Lindau.

Rechtskundiger Bürgermeister: Herr Oskar Stobäus.
Bürgerliche Magistratsräthe: HH. Johann Georg Wartmann, Eduard von Pfister, Ritter des Verdienstordens vom heil. Michael, August v. Ruepprecht, Ferd. Rasco, Ludw. Ulmer, Raimund Kinkelin, Hermann Seutter.

Memmingen.

Rechtskundiger Bürgermeister: Herr Ulrich v. Zoller.
Rechtskundiger Magistratsrath: Herr Joh. Georg Braun.
Bürgerliche Magistratsräthe: HH. Albert Göhring, Benedict Häberle, Jos. Hail, Carl Wilh. Depersch, Friedr. v. Heuß auf Trunkelsberg, Elias Zorn, Friedrich Erhardt, Adolph Sturm, David Amann, Heinrich Flach.

Neuburg.

Rechtskundiger Bürgermeister: Herr Carl Sing.
Rechtskundiger Magistratsrath: Herr Franz Ziegler.
Bürgerliche Magistratsräthe: HH. Joseph Prechter, Heinrich Dirle,
Martin Glas, Jof. Krieger, Jof. Decrignis, Jof. Ammler,
Mart. Haas, Joh. Bapt. Grießmayer.

Nördlingen.

Rechtskundiger Bürgermeister: . . . . . .
Bürgerliche Magistratsräthe: HH. Gottlob Beischlag, Aug. Wörlen,
Albert Frickhinger, Friedr. Schramm, Alexander Müller, Johann
Friedr. Rehlen, Carl Pullich, Georg Senning.

Bezirksämter.

Sitz der Bezirksämter.	Namen	
	der Bezirksamtmänner.	der Bezirksamtsaffefforen.
Dillingen · · ·	Hr. Georg Gierisch.	I. Hr. Joh. Bapt. Loritz. II. Hr. Rud. Ritter von Schneeweiß.
Donauwörth · ·	„ Carl Aug. Finweg.	Hr. Wilh. Erhard.
Füssen · · ·	„ Ferd. Berchtold.	„ Max v. Prebl.
Göggingen · ·	„ Jof. Frhr. v. Leoprechting.	„ Emil Luthardt.
Günzburg · ·	„ Carl Braun.	„ Joh. Distler.
Illertissen ·	„ Joh. Rupprecht.	„ Adolph Geist.
Kaufbeuren · ·	„ Franz Wolf.	„ Friedr. Köfferle.
Kempten · ·	. . . .	„ Franz Traut.
Krumbach · ·	„ Max Frhr. v. Castell.	„ Lor. Sabaltschka.
Lindau · · ·	„ Georg Eckart.	„ Joh. Kneußl.
Memmingen · ·	„ Eugen Rösch.	„ Ant. Waldhaas.
Mindelheim · ·	„ Adolph Henne.	„ Christ. Deyerl.
Neuburg · ·	„ Graf von Fugger-Kirchberg.	„ Dr. Aug. Groß.
Neu-Ulm · · ·	„ Franz Müller.	„ Edmund Fischer.
Nördlingen · ·	„ Philipp Schulz.	„ Heinr. Auer.
Oberdorf · · ·	„ Ferd. Koneberg.	„ Carl Schlederer.
Sonthofen · ·	„ Max Haitinger.	„ Hermann Bechter.
Wertingen · ·	„ Conrad Vanderome.	„ Wilh. Müller.
Zusmarshausen ·	„ Friedr. Rothenhöfer.	„ Carl Gebhardt.

Baubehörden.

Sitz der Baubehörde.	Namen der Baubeamten.	der Bauassistenten.	Bezirkssprengel.
Augsburg I..	Hr. Chr. Redenbacher	Hr. Ant. Bleicher.	Ltg. Göggingen.
Augsburg II.	„ Emil Kröber.	„ Carl Hüttner.	„ Schwabmünchen u. Wertingen.
Dillingen...	„ Rob. von Kern-Kernried.	„ Ludwig Eisenmenger.	„ Dillingen, Höchstädt u. Lauingen.
Donauwörth..	„ Hermann Leythäuser.	„ Math. Eberle.	„ Donauwörth und Monheim.
Füssen ...	„ Mich. Zellner.	„ Leopold Kremser.	„ Füssen u. Oberdorf.
Günzburg ..	„ Gg. Kraft.	„ Franz Mößmer.	„ Günzburg u. Neu-Ulm.
Illertissen ..	„ Emil Horstig b'Aubigny.	„ Emil Kuchenmeister.	„ Babenhausen, Illertissen u. Weißenhorn.
Kaufbeuren ..	„ Ferd. Spandau.	„ Ludw. Leybolt.	„ Buchloe, Kaufbeuren u. Obergünzburg.
Kempten ...	„ Ferd. Beyschlag.	„ Jos. Rueß	„ Immenstadt, Kempten u. Sonthosen.
Lindau ...	„ Ant. Harter.	„ Frz. Kirchmair.	„ Lindau u. Weiler.
Memmingen.	„ Hugo von Kern-Kernried.	„ Math. Lacher.	„ Grönenbach, Memmingen und Ottobeuren.
Mindelheim ..	„ Joh. Bürgel.		„ Mindelheim u. Türkheim.
Neuburg....	„ Paul Degmair.	„ Jos. Hiller.	Stadt- u. Lbg. Neuburg.
Nördlingen ..	„ Heinrich Helmstätter.	„ Wilh. v. Hagn.	Stadt- u.Lbg.Nördlingen. Lbg. Oettingen.
Zusmarshausen	„ Heinr. Lebender.	„ Ludw. Bischoff.	„ Burgau, Krumbach u. Zusmarshausen.

Brandversicherungs-Inspektoren.

Sitz der Inspektion.	Namen der Brandversicherungs-Inspektoren.	Bezirkssprengel.
Augsburg....	Hr. Georg Schmidt.	Magistrat Augsburg, Landger. Göggingen, Schwabmünchen, Wertingen u. Zusmarshausen.
Donauwörth...	„ Georg Sim. Haas.	Magistr. Donauwörth, Neuburg, Nördlingen, Lbg.: Donauwörth,Monheim, Neuburg, Nördlingen, Oettingen.
Günzburg ...	„ Florentin Wüstner.	Landger.: Dillingen, Burgau, Günzburg, Höchstädt, Illertissen,Lauingen, Neu-Ulm, Weißenhorn.
Kempten	„ Jos. v. Penzelin.	Magistr. Kempten,Lindau,Lbg.: Füssen, Grönenbach, Immenstadt, Kempten, Lindau, Oberdorf, Obergünzburg, Sonthofen, Weiler.
Mindelheim....	„ Peter Klein.	Magistrate Kaufbeuren, Memmingen, Lbg.: Babenhausen, Buchloe, Kaufbeuren, Krumbach, Memmingen, Mindelheim, Ottobeuren, Türkheim.

Donaumoos-Inspektion.

Inspektor: Herr Gustav Wiedemann.

Strafanstalt Kaisheim.

Vorstand: Herr Joseph Schneid.
Rechnungsführer: Herr Seb. Weber.
Hausarzt: Herr Dr. Ludwig Bauer, k. Gerichtsarzt.

Erziehungs- und Besserungs-Anstalt

zur Unterbringung jugendlicher weiblicher Sträflinge (unter 16 Jahren) in
Roggenburg.

Verwalter und Lehrer: Herr Leopold Straßer.

Gerichtsärztliches Personal.

a. Bezirksgerichtsärzte.

Augsburg:	Herr Dr. Heinr. Brunner.
Donauwörth:	" " Thomas Lauber.
Kempten:	" " Carl Hartmann.
Memmingen:	" " Marq. v. Hößle.

b. Bezirksärzte I. Classe.

Dillingen:	Herr Dr. Friedr. Fleischmann.
Füssen:	" " Caspar Friedr. Köpf.
Göggingen:	" " Carl Immel.
Günzburg:	" " Paul Speth.
Illertissen:	" " Ferd. Jakob Baumgärtner.
Kaufbeuren:	" " Simon Hildebrand.
Kempten:	" " Georg Carl Karrer.
Krumbach:	" " Clemens Zink.
Lindau:	" " Carl Geist.
Mindelheim:	" " Fidel Sauter.
Neuburg:	" " August Höger.
Neu-Ulm:	" " Julius Schmidt.
Nördlingen:	" " Joh. Martin Böhm.
Oberdorf:	" " Theodor Niederreither.
Sonthofen:	" " Rudolph Eberty.
Wertingen:	" " Thomas Götz.
Zusmarshausen:	" " Ludwig Laut.

Bezirksärzte II. Classe.

Augsburg:	Herr Dr. Kerschensteiner (für den Verwaltungs-Bezirk der Stadt).
Babenhausen:	" " Carl Daniel Lotzbeck.
Buchloe:	" " Marg. Wintrich.

Burgau:	Herr	Dr. Anbr. Jlg.
Grönenbach:	"	" Joh. Nep. Martin.
Höchstädt:	"	" Carl Demleuthner.
Immenstadt:	"	" August Heinbl.
Lauingen:	"	" Alois Ott.
Monheim:	"	" Friedr. Kummer.
Obergünzburg:	"	" Martin Frey.
Oettingen:	"	" August Horlacher.
Ottobeuren:	"	" Joh. Nep. Forster.
Schwabmünchen:	"	" Jakob Lobter.
Türkheim;	"	" Joseph Schmidt.
Weiler:	"	" . . . .
Weissenhorn:	"	" Valentin Mahler.

Apotheker-Gremium.

Herr Apotheker Friedr. Wolfrum in Augsburg.
  "   "   Anton Zehentner in Augsburg.
  "   "   Albert Frickhinger in Nördlingen.
  "   "   Ferd. Degmaier in Augsburg.
  "   "   Ludwig Hubel in Oettingen.

Verzeichniß
der
kgl. und isolirten Stiftungs-Verwaltungen.

1. Dom-Stipendien-Stiftung.
2. v. Schaden und v. Jehlin'sche Stipendien-Stiftung.
3. Kreisbibliothek-Fond.
4. Baufond der Kreis-Irrenanstalt Irsee.
5. Unterstützungsfond für arme Geisteskranke des Kreises.
6. Irrenanstalt Irsee.
7. Fond zur Unterbringung armer verwahrloster protest. Kinder in Rettungs-häusern.
8. Kathol. Waisen- und Armenkinderhaus.
9. Protest. Waisenhaus.
10. Klauke'sche Stiftung zum protest. Armenkinderhaus.
11. von Imhof und von Langenmantel'sche Familien- und Fräulein-Stipendien-Stiftung.
12. Leonhard von Imhof'sche Familien-Stiftung.
13. von Precht'sche Stipendien- und von Precht'sche Fraternitätsstiftung.
14. Sautier-Mainon- und Conrad Schmid'sche Stipendien-Stiftung.
15. Anna Barb. v. Stetten'sches Mädchen-Aussteuer-Institut.
16. Anna Barb. v. Stetten'sches Töchter-Erziehungs-Institut.
17. Anna Barb. v. Stetten'sche Wohlthätigkeits-Stiftungen.
18. v. Garben'sche Familien-Unterstützungs- und Stipendien-Stiftung.
19. Regina v. Langenmantel'sche Patriciat-Stiftung.

20. Familien-Stiftung einiger Abeligen, Augsb. Confession.
21. Peter Lair'sche Familien-Stiftung.
22. Joh. Jacob Müller'sche Familien-Stiftung.
23. Esaias Preu'sche Familien-Stiftung.
24. Hans Bauer'sche Stiftung.
25. Protest. Gymnasial-Lehrer-Wittwen-Cassa.
26. Wittwen-Cassa der Aerzte.
27. Waisen-Cassa derselben.
28. Protest. deutsche Schullehrer-Wittwen-Cassa.
29. Conrad Hirn'sche Unterstützungs-Stiftung.
30. Schullehrer-Vereins-Cassa von Schwaben und Neuburg.
31. Kreis-Hilfs-Cassa.
32. Protest. Jubiläums-Stiftung.
33. Ferdinand v. Schätzler'sche Stiftung zum evang. Waisenhause.
34. Maximilians-Kreis-Hilfs-Magazin.
35. Kathol. deutsche Schullehrer-Wittwen-Cassa.

Burgau.
36. v. Ehinger'sche Familien-Stiftung.
37. Schloß-Kapellen-Stiftung zu St. Johann.

Dillingen.
38. Lateinische Schulstiftung.
39. Consolidirter Stipendienfond.
40. Michael Ruprecht'scher Stipendienfond.
41. Bibliothekfond.

Günzburg.
42. Schwäbischer Religionsfond.
43. Schwäbischer Studienfond.

Kaufbeuren.
44. Kuile'sche Fideicomiß-Stiftung.

Kempten.
45. Studienanstalt.
46. Bobmann'sche Stipendien-Stiftung.
47. Jebel'sche Stipendien-Stiftung.
48. Hornstein'sche Stipendien-Stiftung.
49. Studiengenossen-Stiftung.
50. Wittwen- und Waisen-Cassa.

Lauingen.
51. Geizigkofler'sche Stipendien-Stiftung.
52. Schullehrer-Seminar.
53. Wittwenfond des Lehrerpersonals am Schullehrer-Seminar.

Leipheim.
54. Paritätischer Pfarr- resp. Ulmer-Bedeckungsfond.

Lindau.

55. Kloster-Langenau'scher Religionsfond.
56. Protestantische Lehrer-Wittwen- und Waisen-Cassa.
57. Gemeinschaftliche Hospital-Stiftung.
58. Lokal-Kranken-Anstalt.

Stadt Memmingen.

59. Jakob Friedr. Stoll'sche Armenstiftung.
60. v. Herrmann'sche Armenstiftung.
61. Georg v. Stoll'sche Armenstiftung.
62. Georg v. Unold'sche Armenstiftung in Woringen, Bezirksamts Memmingen.
63. David v. Wachter'sche Armenstiftung.
64. Freiherrl. v. Herrmann'sche Stipendien-Stiftung.
65. Nikolaus v. Hartlieb'sche Stipendien-Stiftung.
66. Gabriel v. Wachter'sche Stipendien-Stiftung.
67. Roth- und Ernst'sche Stiftung für Geisteskranke.
68. v. Hartlieb'sche Armenstiftung.
69. Jos. Ulrich v. Zoller'sche Armenstiftung.
70. Ulrich Benedikt v. Zoller'sche Stiftung.

Neuburg.

71. Seminar-Fond.
72. Ursuliner-Fond.
73. Studien-Fond.
74. Seminar-Haushaltungsfond.
75. Bibliothek-Fond.
76. Studenten-Lesebibliothek.
77. Stiftung für arme kranke kathol. Studirende.
78. Loretto-Kapellen-Stiftung.

Nördlingen.

79. Landwirthschafts- und Gewerbschule.

Wallerstein.

80. Verwaltung des allgemeinen Krankenhauses.

Westheim, k. Bezirksamts Göggingen.

81. v. Langenmantel'sche Kobel-Kapellen-Stiftung.
82. Laien-Spital-Stiftung.

Krumbach.

82½. Pfarrkirchen-Stiftung in Edelstetten (unter fürstlicher Esterhazy'scher Verwaltung).
83. Verein zur heil. Kindheit Jesu behufs der Gründung einer Distrikts-Anstalt für verwahrloste Kinder.

Neuulm.

84. Armenfonds-Stiftung in Neuhausen (unter gräflicher Walbbott-Bassenheim'scher Verwaltung).

Bezirksamt Memmingen.

85. Lippurg'sche Armenstiftung zu Burheim,   ⎫
86. Frühmeßstiftung zu Amenbingen,   ⎬ Unter gräfl. Waldbott-Baf-
87. Waisenstipenblen-Stiftung in Burheim, ⎭ senheim'scher Verwaltung.
88. Georg v. Unolb'sche Armenstiftung in Woringen.

Sonthofen.

90. Hochstift'sches Spital in Sonthofen.

Zusmarshausen.

91. Spitalstiftung Dinkelscherben.
92. Domcapitel'sche Almosen-Stiftung.
93. Bierherr'-Schauer'sche Stiftung.
94. Heinrichmann'sche Mädchen-Aussteuer-Stiftung.
95. Spitalstiftung Hausen.
96. Stephan'sche Almosenstiftung Hausen.
97. Scherrer'sche Stiftung.
98. Spital-Stiftung Zusmarshausen.

Verzeichniß

der Abgeordneten zur zweiten Kammer,

und

der Mitglieder des Landrathes von Schwaben und Neuburg.

Wahlbezirk.	Seelenzahl des Wahlbezirks.	Wählerzahl.	Abgeordnete.	Stimmenzahl.	Ersatzleute.	Stimmenzahl.
Abgeordnete.						
I. Wahlbezirk Augsburg.	121758	243	Paur Adolph, königl. Notar in Augsburg.	238	Wiedemann Jos., Bauer in Batzenhofen.	158
			Boos Jos., k. Pfarrer in Ursberg.	238	Bach Joh., Pfarrer in Ziemetshausen.	133
			Heimer, k. Notar in Wertingen.	191	Helm Gust., kgl. Minist.-Secretär.	131
			Mayer Jos., Bauer in Horgauergreuth.	126		
II. Wahlbezirk Donauwörth.	98283	194	Jörg, Bürgermeister in Donauwörth.	163	Braun Carl, Advok. i. Donauwörth.	160
			Arco-Stepperg Al., Graf von.	98	Frickhinger Alb., Apotheker in Nördlingen.	157
			Aufschläger Joseph, Stadtpf. in Neuburg.	114	Schick Jak., Wirth in Balgheim[1].	109

[1] Bei der neu angeordneten Ergänzungswahl am 10. März 1859 erhielt Braun 106, Frickhinger 111 und Schick 109 Stimmen.

Wahlbezirk.	Seelenzahl des Wahlbezirks.	Wählerzahl.	Abgeordnete.	Stimmenzahl.	Ersatzleute.	Stimmenzahl.
III. Wahlbezirk Immenstadt	93869	186	Angerer Joh., Vorsteher in Seeg.	180	Forster Conrad, Weinhändler i. Nonnenhorn.	111
			Stabler Alois, Vorsteher in Gestraz.	157	Decrignis, k. Bezirksgerichtsdirektor in Kempten²).	102
			Hirnbein C., Käsefabrikant in Wilhams.	115		
IV. Wahlbezirk Dillingen.	91928	183	Wagner Jos., Vorsteher i. Dattenhausen.	103	Sallinger Moriz, Kaufmann in Höchstädt.	145
			Vogel Remigius, Dekan in Dillingen.	96	Dr. Mack, pr. Arzt in Burgau.	108
			Rebay Franz, Eisenhändler in Günzburg.	127	Hieber Thd., Posthalter in Dillingen.	139
V. Wahlbezirk Memmingen.	73154	146	Dr. Völk Jos., kgl. Advokat in Augsburg.	136	Knott, Dekan in Steinbach³).	73
			Hartmann Rupert, in Reichholzried³).	118		
VI. Wahlbezirk Kaufbeuren	82007	159	Dr. Barth Marquard, k. Advokat in Kaufbeuren.	149	Schmid Cl., Bierbrauer in Buchloe.	120
			Dr. Weiß, k. Ministerialrath.	97	Batzer Gg., Gutsbesitzer in Günzach.	136
			Völk Thom., Pfarrer in Türkheim.	85		

Landräthe.
a) Aus der Klasse der Pfarrgeistlichkeit.

Wahlbezirk.	Landräthe.	Ersatzleute.
I. Wahlbezirk Augsburg.	Kirschner Jos., Pfarrer in Zusmarshausen	Ritz Michael, Dekan in Mindelheim.
II. Donauwörth.	Messerschmidt Joh., Dek. in Oettingen.	Muff Cölestin, Dekan in Donauwörth.
III. Kempten.	Gratz Franz, Dekan in Stötten.	Königsberger Jos., Dekan in Erkheim.

²) Carl Hirnbein trat an die Stelle des k. Advokat Dr. Völk, welcher die Wahl in Memmingen angenommen hatte.

³) Rupert Hartmann trat an die Stelle des gewählten Dr. Weiß, welcher die Wahl in Kaufbeuren angenommen hatte.

Wahlbezirk.	Landräthe.	Ersatzleute.

b) Aus der Klasse der großen Grundbesitzer.

I. Wahlbezirk Donauwörth.	Stabelmayer Gg., Bauer in Tapfheim.	Mengele Michael, Bauer in Unterglauheim.
II. Wahlbezirk Dillingen.	Helmer Frbr., Posthalter in Wertingen.	
III. Wahlbezirk Krumbach	Treffel Mich., Bräuer in Schwabmünchen.	Schaich Joh., Bauer in Niederhausen.
	Wiebemann Jof., Bräuer in Zellhaus. (Irrsingen.)	Bachmann Anton, Bauer in Großaitingen.
IV. Wahlbezirk Kempten.	Kutter Mich., Bauer in Memmingerberg.	Gropper Georg, Bauer in Günz.

c) Aus der Klasse der unmittelbaren Städte.

Augsburg.	Fornbran Gg. v., I. Bürgermeister in Augsburg.	Sander Theob., Fabrikant in Augsburg.
	Stetten Ernst v., Privatier in Augsburg.	Dr. Gutermann Phil. v., kgl. Advokat in Augsburg.
Donauwörth.	Rinbfleisch Martin, Goldarbeiter in Donauwörth.	Dietrich Willh., Gastwirth in Donauwörth.
Kaufbeuren.	Walch Gustav, Bräuer in Kaufbeuren.	Walch Theob., Großhändler in Kaufbeuren.
Kempten.	Huber Joh., Buchdrucker in Kempten.	Rist Otto, Kaufmann in Kempten.
Lindau.	Hyrenbach Jof., Kaufmann in Lindau.	Ruepprecht Aug. v., Großhändler in Lindau.
Memmingen.	Zoller Ulrich v., Bürgermeister in Memmingen.	Böck Julius, Fabrikant in Memmingen.
Neuburg.	Sing Karl, Bürgermeister in Neuburg.	Decrignis Jof., Handelsmann in Neuburg.
Nördlingen.	Frickhinger Alb. Apotheker in Nördlingen.	Rehlen Eduard, Oekonom in Nördlingen.

d) Aus der Klasse der Vertreter der Distriktsgemeinden.

Monheim-Neuburg.	Seitz Michael, Bräuer in Straß.	
Wallerstein-Nördlingen.	Wurm Johann, Bauer in Möttingen.	Hahn Michael, Bauer in Löpfingen.
Höchstädt-Wertingen.	Fischler-Treuberg Graf v., in Klosterholzen.	Buchele Georg, Bauer in Blindheim.
Wemding-Oettingen.	Hubel Anton, Apotheker in Oettingen.	Schäble Georg, Wirth in Oettingen.

Wahlbezirk.	Landräthe.	Ersatzleute.
Bissingen-Donauwörth.	Bußer Johann, Wirth in Brachstadt.	Strehle Johann, Bauer in Schwarzenbergerhof.
Burgau - Zusmarshausen.	Zech Jos., Brauer in Knöringen.	
Schwabmünchen-Göggingen.	Höfle Anton, Bauer in Inningen.	Treffel Michael, Brauer in Schwabmünchen.
Roggenburg-Krumbach.	Wiebemann Joh., Brauer in Thannhausen.	Steible Anton, Müller in Breitenthal.
Neu-Ulm-Günzburg.	Mahler Georg, Bräuer in Pfaffenhofen.	Botzenhardt Georg, Oekonom in Kleinköz.
Lauingen-Dillingen.	Deuringer Mar, Brauer in Dillingen.	Lechner Ludwig, Eisenhändler in Lauingen.
Babenhausen-Illertissen.	Bertele Menrab, Bauer in Bergenstetten.	Reichlin Frhr. v. Carl, Gutsbesitzer in Fellheim.
Mindelheim-Türkheim.	Fahrenschon Ant., Wirth in Oberrieden.	Eser Xaver, Brauer in Tussenhausen.
Buchloe-Kaufbeuren.	Rid Mart., Wirth in Rieden.	Wohlfahrt Ludwig, Brauer in Honfolgen.
Grönenbach-Ottobeuren.	Mayr Bernh., Posthalter in Erkheim.	Hartmann Rupert, Bauer in Reicholzried.
Füssen-Kempten.	Schnetzer Michael, Käshändler in Thingers.	Riebel Joh., kgl. Notar in Füssen.
Oberdorf-Obergünzburg.	Gschwendner Ant., Vorsteher in Oberdorf.	
Jmmenstadt-Sonthofen.	Schaflitzl Eduard, Kaufmann in Sonthofen.	Stähle Conrad, Schreiner in Staufen.
Weiler-Lindau.	Schneider Anton, Wirth in Hergersweiler.	Rick Anton, Thierarzt in Weiler.

Untergeordnete Aemter und Behörden d. K. d. J.

Kreis-Cassa.
Kreis-Cassier: Herr Friedrich Kester.
Controlleur: Herr Mar Sonnenburg.
Zahlmeister: Herr Friedr. Alt.
Offizianten: Herr Adolph Wisnet, Herr Friedr. Bayer.
Functionäre: Herr August Lottner, Herr Ignaz Ludwig.
Kreiscassa-Diener: Hr. Augustin Welbishofer.

Oberaufschlagamt.
Oberaufschlagsbeamter: Herr Joh. Thomas Striebinger.
Controlleur: Herr Anton von Schab.

Rentämter.

Sitz der Rentämter.	Namen der Rentbeamten.	Sitz der Rentämter.	Namen der Rentbeamten.
Augsburg . . (Stadtrentamt.)	Hr. Dr. Friedr. Seifert.	Mindelheim .	Hr. Joh. Bapt. Deisinger.
Augsburg . . (Landrentamt.)	" Mar. Ott (M₂.)	Monheim . .	" Dionys Ludwig Buchner.
Buchloe . . .	" Mor. Holzmann.	Neuburg . .	" Jos. Leitmayr.
Dillingen . .	" J. Bap. Schuster.	Nördlingen .	" Friedr. Vogl.
Donauwörth .	" Peter Glonner.	Oberdorf . .	" Andreas Behringer.
Füssen . . .	" Karl Himmer.		
Günzburg . .	" Heinr. Sommer.	Oettingen . .	" Gg. Geißler.
Höchstädt . .	" Fr. X. Schreiner.	Ottobeuren .	" Emil Stetter.
Illertissen . .	" Michael Eber.	Schwab-	
Immenstadt .	" Joh. Anbr. Zitzmann.	münchen . .	" Rob. Dichtl.
		Türkheim . .	" Th. Schönauer.
Kaufbeuren .	" Hyaz. Schwaiger.	Ursberg . .	" Frz. Xav. Graf.
Kempten . .	" Pet. Grimm(M₂).	Weissenhorn .	" Al. Pornschaft.
Lauingen . .	" Max Diem.	Wertingen . .	" Jos. Daig.
Lindau . : .	" Heinrich Wilhelm Stöhr.	Wettenhausen	" Karl Stoll.
Memmingen .	" Ludw. Scharff.	Zusmarshausen . .	" . . . . .

Forstämter.

Augsburg.

Forstmeister: Herr Jakob Reverdys, Ritter des Verdienstordens vom heil. Michael.

Forstamtsactuare: Herr Jos. Regnier, Jakob Leo.

Revierförster zu *Bergheim*: Herr Franz von Prebl; zu *Biburg*: Herr Philipp Grimm; zu *Edenbergen*: Hr. Carl Wolfgang v. Geiger; zu *Schönefeld*: Hr. Michael Krauß; zu *Welden*: Hr. Aug. Ganghofer; zu *Zusmarshausen*: Hr. Nep. v. Stubenrauch.

Dillingen.

Forstmeister: Herr Joh. Nep. Freiherr von Kraus.

Forstamtsactuare: Hr. Julius Albrecht.

Revierförster zu *Echenbrunn*: Hr. Michael Holberieb; zu *Glöttweng*: Hr. Heinr. Gietl; zu *Holzheim*: Hr. Joh. Nep. Daffner; zu *Unterliezheim*: Hr. Jos. Gayer; zu *Wolpertstetten*: Hr. Georg Steger; zu *Zöschingen*: Hr. Mich. Pfeilschifter; zu *Lauingen*: Hr. Eduard Osterberg, Communalförster.

Donauwörth.

Forstmeister: Hr. Maximilian Remond.

Forstamtsactuare: Hr. Peter Maier und Heinr. Kiermayer.

Revierförster zu *Ammerfeld:* Hr. Aug. Volz; zu *Bittenbrunn:* Herr Friedr. Ulrich; zu *Grünau:* Hr. Georg Friedr. Hofmann; zu *Hafenreuth:* Hr. Rub. Banchere; zu *Kaisheim:* Hr. Jos. Beck; zu *Monheim:* Hr. Max Steger; zu *Unterhausen:* Hr. Clemens Scheer; zu *Wemding:* Hr. Alois Buhmann; zu *Ederheim:* Hr. Blasius Rehm, Communalförster.

Günzburg.

Forstmeister: Hr. Franz Schulze.

Forstamtsactuare: Hr. Peter Graßmann und Xaver Wille.

Revierförster zu *Bibrachzell:* Hr. Carl Freiherr v. Geuber; zu *Breitenthal:* Hr. Carl Frhr. v. Kreß; zu *Bühl:* Hr. Carl Walter; zu *Elchingen:* Hr. Theodor von Balbinger; zu *Illertissen:* Hr. . . . .; zu *Stoffenried:* Hr. Wilhelm Wenz; zu *Wettenhausen:* Hr. Frz. X. Demharter.

Kaufbeuren.

Forstmeister: Hr. Cl. Heindel.

Forstamtsactuar: Hr. Friedr. Stelzner.

Revierförster zu *Bayersried:* Hr. Mich. v. Ditterich; zu *Frankenhofen:* Hr. Martin Schäffner; zu *Irsee:* Hr. Friedr. Frhr. v. Stengel; zu *Sachsenried:* Hr. Conrad Heindl; zu *Sulzschneid:* Hr. Maximilian Walchner; zu *Kaufbeuren:* Hr. Frz. Ganghofer, Communalförster.

Unmittelbare Forstwartei zu *Pfronten:* Hr. Wilh. Stapf.

Kempten.

Forstmeister: Hr. Joseph Reuther.

Forstamtsactuare: Hr. Robert Tessari; Hr. Phil. Hofmann.

Revierförster zu *Bodelsberg* in *Betzigau:* Hr. Georg Strammer; zu *Börwang:* Hr. Max Werner; zu *Buchenberg:* Hr. Gustav Frhr. von Seida; zu *Burgberg:* Hr. Franz v. Braunmühl; zu *Fischen:* Hr. Xaver Schemminger; zu *Immenstadt:* Hr. Karl Schiesl; zu *Kimratshofen:* Hr. Frz. Faßolb; zu *Kirnach:* Hr. Karl Mayr; zu *Weissensberg* in *Aeschach:* Hr. Max Lachhartinger.

Mindelheim.

Forstmeister: Hr. Karl Sorg.

Forstamtsactuare: Hr. Jos. Pastawitz; Hr. Carl Hupfauf.

Revierförster zu *Attenhausen:* Hr. Adolph Wiesner; zu *Erkhausen:* Hr. Theodor Schenk; zu *Kammlach:* Hr. Leonhard Fischer; zu *Kirchdorf:* Hr. Jos. Lottner; zu *Münsterhausen:* Hr. Ant. Müller; zu *Wald:* Herr Karl Kolb; zu *Mindelheim:* Herr Joseph Sator, Communalförster.

Ottobeuren.

Forstmeister: Hr. Anton Ganghofer.

Forstamtsaktuar: Hr. Conrad Sommer.

Eevierförster zu *Grönenbach:* Hr. Heinrich Bolz; zu *Hopferbach:* Herr
Joh. Bapt. Mascher; zu *Illereichen:* Hr. Xaver Walchner; zu *Otto-*
beuren: Hr. Max Bauer; zu *Schönegg:* Hr. Joh. Bapt. Behringer.

Bezirks-Geometer.

Sitz des Meßbezirkes.	Namen der Bezirksgeometer.	Der Meßbezirk umfaßt die Rentämter
Nördlingen . .	Hr. Jak. Grün.	Nördlingen, Oettingen, Monheim.
Donauwörth . .	„ Ant. Neubauer.	Donauwörth, Neuburg u. Wertingen.
Dillingen . . .	„ Ludw. Huber.	Dillingen, Höchstädt u. Lauingen.
Günzburg . .	„ Karl Hurt.	Günzburg u. Wettenhausen.
Augsburg . .	„ Jof. Reber.	Stadt- und Landrentamt Augsburg, Zusmarshausen.
Schwabmünchen	„ Ant. Mayerhofer.	Schwabmünchen, Ursberg und Türkheim.
Illertissen . .	„ Karl Marberger.	Illertissen, Weissenhorn.
Kaufbeuren . .	„ Johann Bayer.	Kaufbeuren, Buchloe u. Oberdorf.
Ottobeuren . .	„ Joh. Müller.	Ottobeuren, Mindelheim und Memmingen.
Immenstadt . .	„ Martin Festl.	Immenstadt u. Lindau.
Kempten . . .	„ Mathias Tertor.	Kempten u. Füssen.

II. Justiz.

Appellationsgericht in Neuburg.

Präsident.

Herr Dr. Franz Anton von Heigl, Ritter des Verdienstordens der bayer.
Krone und vom heil. Michael.

Directoren.

Herr Carl Schrauth, k. Ritter des Verdienstordens vom heil. Michael.

„ Dr. Julius Knappe.

Räthe.

Herr Sigmund von Renner, k. Kämmerer.

„ Joseph Urban.

„ Ernst Sartorius.

„ Franz Carl Berchem.

Herr Anton Frankl.

„ Carl Gutschneider.

„ Ernst Kleinschrob, Ritter des Verdienstordens vom heil. Michael.

„ Karl von Clarmann.

„ Maximilian Grabner.

„ Richard Westermayer.

„ Jos. Rudolph Stoiber.

Assessoren.

Herr Alois Frhr. von Hafenbrädl.

„ Jos. Ketterl.

„ Carl Friedr. Hertel.

Staatsanwälte.

Oberstaatsanwalt: Herr Dr. Heinrich von Wirschinger, Ritter des Verdienstordens der bayer. Krone und vom heil. Michael.

II. Staatsanwalt: Herr Carl Eduard Schmauß.

Secretäre.

HH. Carl von Keßling, Eduard Kistenfeger, Georg Hahn, Max von Balta, Joh. Georg Berthold, Joh. Alb. Backof.

Registrator.

Herr Joseph Leußner.

Kanzlisten.

HH. Franz Xaver Wiedemann, Martin Ellner.

Bezirksgericht Augsburg.

Director: Herr Carl Wilh. Rehm, Ritter des Verdienstordens vom heil. Michael.

Räthe: HH. Frz. Andr. Lang, Dr. Carl Voggenreiter, Heinr. Gareis, Bernhard Hohenleitner, Markus Frhr. v. Schnurbein, Theodor von Huber-Liebenau, Dr. Ernst Justus Bezold, Dr. Eugen Schneider*, Joh. Schwingsack*, Joh. Bapt. Köstler*.

Assessoren: Herr Gustav v. Bezold, August Wehner*, Joseph Theodor Frhr. v. Castell.

Staatsanwälte: I. Herr Johann Röckelein, II. Herr Franz Freiherr von Staufenberg.

Funct. Substitut: Herr Joh. Nep. Brunnhuber.

Bezirksgerichtsarzt: Herr Dr. Heinrich Max Brunner.

Secretäre: HH. Friedr. v. Hartlieb, Jos. Castell, Heinr. Uhlmann, Joh. Bapt. Ströhl, Frz. Xaver Wieser, Adolph Hetzner, Nicolaus Schedel.

Registator (extra statum): Herr Franz Dotzer.

Schreiber (extra statum): Herr Jos. Mähler, Jacob Reisländer.

Die mit * Bezeichneten sind Untersuchungsrichter.

Bezirksgericht Donauwörth.

Director: Herr Johann Georg Roth.
Räthe: HH. Melch. Scharf, Jos. Alois Seit*, Frz. Xaver v. Wenning*,
Jos. Roibl, Gustav Leimbach, Michael Müller, Adam Kolb*.
Assessoren: HH. Nicol. Frhr. v. Stengel, Friedr. v. Böckh, Sigmund
v. Killinger.
Staatsanwalt: I. Herr Max Frhr. v. Eberz, II. Herr Anton Oberniedermayer.
Funct. Substitut: Herr Heinrich Schuhmann.
Bezirksgerichtsarzt: Herr Dr. Thomas Lauber.
Secretäre: HH. Gust. Adolph Lettenmayer, Joh. Burk. Weber, Carl
Koch.

Bezirksgericht Kempten.

Director: Herr Joh. Bapt. Dirrigl.
Räthe: HH. Franz v. Clarmann, Hugo Sigmund, Ferd. Rist, Lorenz
Kuffner, Dr. Jos. Hugo Hurt, Ludw. Gleichauf.
Assessoren: HH. Ernst Fleßa*, Phil. v. Ammon*, Carl Michahelles.
Staatsanwalt: I. Herr Friedr. August Abt; II. Herr Herrmann Hacker.
Bezirksgerichtsarzt: Herr Dr. Karl Hartmann.
Secretäre: HH. Anton Biersack, Nicol. Kistler, Jgn. Weinhart.

Bezirksgericht Memmingen.

Director: Herr Wilhem v. Langen.
Räthe: HH. Rub. Lämminger, Alois Wiebemann, Wilh. Behringer,
Andreas Riebl*, Franz Anton Wiesenb.
Assessoren: HH. Friedr. Caspar Burger*, Clement Schieber, Friedrich
v. Hungerthausen.
Staatsanwalt: I. Herr Abelbert Frhr. v. Pechmann.
Funct. Substitut: Herr Michael Seeholzer.
Bezirksgerichtsarzt: Herr Dr. Marq. v. Hößle.
Secretäre: HH. Dr. Anton Reber, Raim. Hochenegger, Wilh. Kalb.
Schreiber (extra statum): HH. Christ. Friedrich Fickenscher, Wolfgang
Weiß.

Handelsgerichte.
Augsburg.

Vorstand: Herr Carl Wilhelm Rehm, k. Bezirksgerichtsdirector.
Räthe: HH. Bernhard Hohenleitner, Mark. Frhr. v. Schnurbein, Bezirksgerichtsräthe.
Beisitzer: HH. Theodor Sander, Bapt. Vigl, Fabrikanten.
Ergänzungsrichter: HH. Carl Bauer, Banquier, Moritz Forster, Fabrikant, Albert Erzberger, Banquier, Ed. Scheeler, Großhändler.

Die mit * Bezeichneten sind Untersuchungsrichter.

Kempten.

Vorstand: Herr Johann Bapt. Dirrigl, k. Bezirksgerichts-Directo .
Räthe: HH. Hugo Sigmund, Dr. Hugo Hurt, k. Bezirksgerichtsräthe.
Beisitzer: Aug. Leipert, Kaufmann, Otto Rist, Kaufmann.
Ergänzungsrichter: HH. Simon Kremser, Steph. Abe, Großhändler.

Memmingen.

Vorstand: Herr Wilhelm v. Langen, k. Bezirksgerichts-Director.
Räthe: HH. Rub. Lämminger, Wilh. Behringer, k. Bez.-Ger.Räthe.
Beisitzer: HH. Fr. Clauß, Fr. Ehrhardt, Kaufleute.
Ergänzungsrichter: HH. Adolph Keim, Großhändler, Fr. Arnold,
Kaufmann.

Stadtgerichte.

Sitz der Stadtgerichte.	Namen der Stadtrichter.	Namen der Stadtgerichts-Assessoren.	Namen der Gerichtsschreiber.
1. Augsburg.	Hr. Maxim. Krieger. " Ferdinand Schmid. " Karl W. Bollamer.	Hr. Anton Friedrich. " Ferd.Chr.Rohmer. " Karl Kunstmann.	Hr Peter Paulus. " J. Conr. Munkert. " Jof. Burger. " Jof. Müller.
2. Kempten.	" Friedr. Hader.	" Karl Aug. Henggi.	" Max Kösl.

Stadt= und Landgerichte.

Sitz der Stadt-u.Land-gerichte.	Namen der Stadt- u. Land-richter.	Namen der Stadt= u. Land=gerichts - Assessoren.	Namen der Gerichtsschreiber.
Donauwörth . .	Hr. Frz. Xav. Kurz.	Hr. Kasp. Jung.	Hr. Math. Weißler.
Kaufbeuren . .	" Kasp. Mayer.	" Wilh. Stritzl.	" Ant. Schatz.
Lindau	" Jof. Wurzer.	" Friedr.C.Häffner.	" Wilh. Herbst.
Memmingen . .	" Gg. v. Unold.	" Fr. Xav. Eberle.	" Christ. Höbl.
Neuburg . . .	" Maxim. Reiß.	" Friedr. Bauer. " Frz.Kasp.Mayrod.	" Fr. Xav. Prötst.
Nördlingen . .	" Karl v. Sichlern.	" Otto Heuber. " Ludw. Kreß.	" Joh. Pfeiffer.

Landgerichte.

Sitz der Landgerichte.	Namen der Landrichter.	Namen der Landgerichts-Assessoren.	Namen der Gerichtsschreiber.
Babenhausen .	Hr. Gustav Müller.	— — —	Hr. Jos. Maria Käs.
Buchloe	" Carl F. Teichlein.	— — —	" Frz. Bollart.
Burgau . . .	" Arn. Frbr. v. Brück.	Hr. Joh. Schön.	" Friedr. Lengger.
Dillingen . . .	" Jos. Th. Fürst.	" Aug. Fritsch.	" Jos. Ant. Barth.
Füssen	" Max Eb. Bach.	" Val. Baber.	" Joh. Leidl.
Göggingen . .	" Eduard Erlbeck.	" Adolph Steinle.	" Joh. Beßler.
Grönenbach .	" Carl Seidl.	" Fr. Karl Weiß.	" Gg. Jent.
Günzburg . . .	" Joh. Bapt. Dölzl.	" Carl Jos. Reischle.	" Jos. Stettner.
Höchstädt . . .	" Theod. Buhmann.	" Frz. Ser. Stocker.	" Nikol. Kuchler.
Illertissen . . .	" L. Lautenschlager.		" Ferd. Ringler.
Immenstadt . .	" C. Stabelbauer.	" Frz. J. Behringer.	" Georg Maier.
Kempten . . .	" Max Beball.	{ " Joh. B. Grimm. / " Paul Jaub.	" Simon Heide.
Krumbach . . .	" Franz Rauh.	" Jos. Kugler.	" Frbr. Pischinger.
Lauingen . . .	" Joh. Gg. Kiechle.	" Jos. Schneider.	" Georg Pfister.
Mindelheim . .	" Eduard Widerer.	" Georg Grieser.	" Joseph Böck.
Monheim . . .	" Gust. Ad. Wasser.	" Gg. Frz. Geiger.	" Joh. Gg. Stumpf.
Neuulm	" Frz. X. Graf.	" Max Bed.	" Gg. Fink.
Oberdorf . . .	" Ltw. Wilh. Fischer.	— — —	" Jos. Klotz.
Obergünzburg .	" Joh. Reth.		" Ant. Dölzl.
Oettingen . . .	" Joh. Premauer.	" Jos. Märkel.	" Wg. Voggenauer.
Ottobeuren . .	" Frbr. Grunner.	" M. J. Pichlmayr.	" Adalb. v. Rebay.
Schwabmünchen	" Ant. Martin.	" Georg Kreh.	" Max J. Brunner.
Sonthofen . . .	" Ferd. Kuttler.	" Joh. Hofmeister.	" Phil. Hofacker.
Türkheim . . .	" Frbr. Bernhuber.	" Ignaz Bäuerle.	" J. M. Schlederer.
Weiler . . .	" Karl Aug. Höfl.	" Al. Pettendorfer.	" Jos. Grebler.
Weissenhorn . .	" J. M. Pybringer.	" Carl Fasching.	" Jos. Schütz.
Wertingen . . .	" Jos. Gerstmayr.	" Rud. Heinrich.	" Ant. Haug.
Zusmarshausen .	" W. Enzensberger.	" Jos. Pickl.	" Jos. Süß.

Notariate.

Sitz der Notariate.	Namen der Notare.	Sitz der Notariate.	Namen der Notare.
Augsburg	Hr. Karl Eckert.	Günzburg . . .	Hr. Jos. Pfefferle.
"	" Adolph Paur.		
Babenhausen . .	" Karl Hofmann.	Höchstädt . . .	" Max Wißling.
Buchloe	" Karl Götz.	Illertissen . . .	" Friedr. Weber.
Burgau	" Jos. Baber.	Immenstadt . . .	" Jgn. Haggenmiller.
Dillingen	" Karl Krater.	Kaufbeuren . . .	" Ludw. Kuchenbauer.
Donauwörth . .	" Ludw. Kaler.	Kempten	" Karl Otto Gaisenhof.
Füssen	" Joh. Riebel.	"	" Eduard Lang.
Göggingen . . .	" Max Müller.	Krumbach . . .	" Alois Höglmaier.
Grönenbach . .	" Joh. Raab.	Lauingen . . .	" Karl Xav. Mayer.

Sitz der Notariate.	Namen der Notare.	Sitz der Notariate.	Namen der Notare.
Lindau	Hr. Otto Gombart.	Oettingen	Hr. Johann Heggels-
Memmingen . .	" Aug. Hebberling.		müller.
Mindelheim . .	" Karl Rosenberg.	Ottobeuren' . .	" Mich. Brunner.
Monheim	" Joh. Schneider.	Schwabmünchen	" Joh. Pfeiffer.
Neuburg	" Ludw. Seih.	Sonthofen . . .	" Frz. L. Malor.
"	" Georg Bohmann.	Türkheim . . .	" Joh. B. Kuttler.
Neu-Ulm	" Georg Zierhut.	Weiler	" Max Schamberg.
Nördlingen . .	" Konrad Arends.	Weissenhorn . .	" Ludw. F. Wilhelm.
Oberdorf	" Joseph Steible.	Wertingen . .	" Max Heimer.
Obergünzburg .	" Karl Zängerle.	Zusmarshausen	" Georg Rösl.

Advokaten.

Augsburg: HH. Dr. Carl Barth; Meinrad Erbt*; Joh. Fink*; Wilh. Georg Finsterer*; Joh. Flemisch*; Dr. Philipp v. Gutermann*; Dr. Fr. v. Kerstorf*, herzogl. cob. goth. Hofrath; Joh. Lindemann; Dr. Jos. Mayr*; Gustav Mayrhofer*; Karl Pebrone*; Dr. Frz. Jos. Völk; Joh. Bapt. Nickl.

Dillingen: Herr Karl Sartori.

Donauwörth: Herr Wilh. Heinrich; Max Fleißner; Carl Braun; Dr. Blas. Tischinger.

Günzburg:

Immenstadt: Herr Dr. Joh. Mayrhofer.

Kaufbeuren: HH. Dr. Marq. Ab. Barth; Georg Dauner.

Kempten: HH. Peter Aschenauer; Ludw. v. Senger; Joh. Og. Vogel; Jos. Westermaier.

Lindau: Herr Ferd. Habersack.

Memmingen: HH. Theodor Glas; Christ. Frieß; Jos. Anton Wibmer.

Mindelheim: Herr Ludw. Remond.

Monheim: Herr F. J. Weiß.

Neuburg: HH. Ed. v. Leistner; Eduard Frhr. v. Wevelt.

Nördlingen: Herr Joh. Aug. Mobel.

Schwabmünchen: Herr Anton Fürst.

Kreis-Anstalten.
Kreis-Comité des landwirthschaftlichen Vereins.

I. Vorstand: Herr Ernst Frhr. v. Lerchenfeld, k. Regierungs-Präsident.

II. Vorstand: Herr Jos. v. Kolb, k. Regierungsrath.

Secretär: Herr Joh. Bapt. Niedermayer, Regierungspraktikant.

Cassier: Herr Simon Ehlich, k. Regierungs-Registrator.

Mitglieder.

HH. Dr. Jos. v. Ahorner, k. Regierungsrath; Wilh. Heinr. Christ. von Buchner, k. Regierungsrath; Jos. Paur, k. Regierungs- und Kreis-

*) Die mit * bezeichneten Anwälte in Augsburg sind zugleich Wechselnotare.

Forstrath; Dr. Hugo Johannes Adolph Döberlein, k. Regierungs-
Affessor; Dr. Frz. Leo, k. Rektor der Kreis-Landwirthschafts- und
Gewerbeschule; Moriz v. Hößlin, k. charakt. Major im IV. Chevaul.-
Regt. (König) und Inspekt.-Offizier des Landgestüts; Friedrich Wilhelm
Gärth, k. Finanz-Rechnungs-Kommissär; Karl Ott, k. Regierungs-
Rechnungs-Kommissär; Joh. Gg. v. Fornbran, I. rechtsk. Bürgermeister;
Theodor Abam, städt. Thierarzt; Andreas Reischle, Metzgermeister
und Oekonom; Heinrich Schmidt, Wiesenbau-Inspektor; Karl Sam,
Gutsbesitzer.

Historischer Verein für Schwaben und Neuburg.

I. Vorstand: Herr Ernst Frhr. v. Lerchenfeld, k. Regierungs-Präsident.
II. Vorstand: Herr Jos. Fr. v. Allioli, Domprobst.
Secretär: Herr Benedikt Greif, k. Studienlehrer.
Cassier: Herr Dr. Jos. v. Ahorner, k. Regierungsrath.
Conservatoren des Antiquariums: HH. Jakob Graf, städtischer Baurath;
Theodor Herberger, städt. Archivar.

Ausschuß-Mitglieder.

HH. Jos. v. Brand, k. Regierungs-Director; Friedr. Hagen, k. q. Land-
gerichts-Affessor; Fidel Butsch, Antiquar; Andr. Eigner, k. Gemälde-
Gallerie-Conservator; Georg v. Fornbran, I. rechtsk. Bürgermeister;
Durchlaucht Leop. Fürst v. Fugger-Babenhausen; Lorenz Graf,
Generalvikar; Joh. P. Großhauser, Stadtpfarrer; Dr. Joh. Georg
Hertel, prakt. Arzt; Joseph v. Kolb, k. Regierungsrath; Kaspar
Metzger, Gymnasial-Rektor; Heinrich Nagel, Privatier; A. Martin
Scheuermayer, Ordinariatsregistrator; Jul. Frhr. v. Seckendorf,
k. Regierungsrath; Anton Soiter, Privatier; Johann B. Stabler,
Dr. theolog., Domdekan; Anton Steichele, Domkapitular; Georg
Frhr. v. Stengel, Kreisbaubeamter; Blersch, Buchhalter; Moriz
Metzer, k. Studienlehrer; P. P. Leopold Brunner, Conventual bei
St. Stephan.

Archivs-Conservatorium in Neuburg.

Conservator: Herr Franz Hellmayr.
Offiziant: Herr Jos. Edm. Jörg, Reichsarchivs-Kanzlist, Ritter des päpstl.
Gregorius-Ordens.

Kreis-Ackerbauschule auf dem Nauhofe.

Vorstand und Oberlehrer: Herr Joh. Kerler.
Realienlehrer: .   .   .   .

Kreis-Irrenanstalt in Irsee.

Oberarzt und Vorstand: Herr Dr. Joh. Kieberle.
Assistenzarzt: Herr Dr. Franz Julius.
Verwalter: Herr Rudolph Gröschl.
Rechnungsführer: Herr Franz Xav. Wiedemann.

Redaktion des Kreisamtsblattes.

Redakteur: Herr Leonhard Reck, k. Rechnungs-Commissär.
Cassa-Verwalter: Herr Eberhard Schröbel, Functionär.

Kreis-Hilfs-Cassa.

Rendant: Herr Georg Hautsch, Functionär.

Kreis-Gewerbs- und Handelskammer.

Vorsitzender: Herr Albert Hertel v. Augsburg.
Stellvertreter: Herr Eduard v. Pfister, von Lindau. } Sämmtliche vom
Schriftführer: Herr August Rehle von Kaufbeuren. } Handelsrathe.

Mitglieder.

a) vom Handelsrathe: HH. Karl v. Stetten von Augsburg; Moriz
 Schäffer von Kaufbeuren; C. A. Leipert, Ulrich Walch von
 Kempten; Aug. v. Ruepprecht von Lindau; Fr. Arnold, Ab. Keim
 von Memmingen; Aug. Schwaiger, Xaver Thoms von Neuburg;
 Joh. Bäuerle, Aug. Schnitzlein von Nördlingen.
b) vom Gewerberathe: HH. J. Jetzt, Mich. Stolber von Augsburg;
 Joh. Graser, Jos. Merkle von Kaufbeuren; C. A. Blent, Joseph
 G. Elharbt von Kempten; Jak. Götzger, R. Kinkelin von Lindau;
 Joh. Bierwirth, Jakob Schmidt von Memmingen; Joh. Wölfle,
 Max Prugger von Neuburg; Christian Senning, Aug. Wöhrle
 von Nördlingen.

III. Centralisirte Stellen und Behörden.

K. Verkehrs-Anstalten.

Post- und Eisenbahn-Betriebs-Behörden.

Ober-Post- und Bahnamt von Schwaben und Neuburg.
(Sitz in Augsburg.)

Vorstand: Herr Frz. Lauböck, Oberpostmeister, Ritter des Verdienstordens
 vom heil. Michael, des silbernen Kreuzes vom griechischen Erlöserorden,
 des großherzogl. hessischen Ludwigsordens, des k. k. österr. Ordens der
 eisernen Krone, des k. preuß. rothen Adler-Ordens IV. Klasse.
Bezirksinspektor: Hr. Ernst Rober, Ritter des großherzogl. hessischen
 Verdienstordens Philipps des Großmüthigen.
Bezirksingenieur: Herr Heinr. Gulden.
Ingenieure: HH. Albert Böswillibald; Aleis Böckl; Karl Leybel;
 Joh. Mohnié; Sigmund Engelhard; Christian Höchstädter;
 Jos. Schlosser.
Bezirksmaschinenmeister: Herr Jos. Kleinhein.
Maschinenmeister: HH. Rud. Zorn; Moriz Stirner; Rob. Stiller.

Bezirkscassier: Herr Konrad Vogel.
Bezirkscassa-Controlleur: Herr Gust. Riemann.
Spezialcassiere: HH. Ernst v. Scheiblin; Karl Heunisch; Wilhelm
 Scheller; Karl Sachs.
Bahnhofverwalter: Herr Ernst Hauck, Verweser.
Officialen: HH. Adolph Ritter v. Neubronner; Karl Oberst; Gustav
 Heunisch; Gustav Schöninger; Friedr. Degen; Eugen Binder;
 Karl Frhr. v. Zandt, Kammerjunker; Joh. Jungkunz; Karl von
 Wenning-Ingenheim; Jos. Hafner; Gustav Frhr. v. Reitzen-
 stein; Maur. Schipper; Jos. Thurmayer; Jos. Anselm; Johann
 Burger; Stephan Hofmann; Adolph Zahner; Philipp Ebner;
 Theodor Sticht (Abtheilungs-Ingenieur); Adolph Gebhart; Karl
 Berchem; Max Heinbl.
Poststallmeister: Herr Ignaz Knöpfle.

Post- und Bahnamt Lindau.
Vorstand: Herr Karl Theodor Siry.
Bahnamtsverwalter: Herr Karl Haaß.
Officialen: HH. Wilh. Benker; Oskar Kraile; Herrmann Mayr.

Post- und Bahnamt Kempten.
Vorstand: Herr Ferdinand Kriegelsteiner.
Bahnamtsverwalter: Herr Anton Marberger.
Official: Herr Franz Paul Schuhwerk.

Post- und Bahnamt Nördlingen.
Vorstand: Herr Max Hueber, Verweser.
Bahnamtsverwalter: Herr Kilian Kilian.
Official: Herr Joh. Mich. Obermaier.

Bahnamt Ulm.
Vorstand: Herr August v. Mühlholz (Bahninspektor).
Bahnamtsverwalter: Herr Ferd. Miltner.
Officialen: HH. Ludw. Lasalle; Heinrich Herrmann.

Post- und Bahnverwaltung Donauwörth.
Post- und Bahnverwalter: Herr Friedr. Zenker.

Post- und Bahnverwaltung Kaufbeuren.
Post- und Bahnverwalter: Herr Heinrich Hauenstein.

Postverwaltung Memmingen.
Postverwalter: Herr Franz Xav. Lammerz.

Postverwaltung Neuburg.
Postverwalter: Herr Max Frhr. v. Griesenbeck.

Expeditionen mit Post- und Eisenbahndienst.
Immenstadt. *Official:* Herr August Marc.
Neu-Ulm. *Official:* Herr Friedr. Usselmann.

Aitrang, Biessenhofen, Bobingen, Buchloe, Burgau, Dinkelscherben, Gessertshausen, Günzach, Günzburg, Harbatzhofen, Harburg, Hergatz, Jettingen, Leipheim, Meitingen, Nersingen, Oberstaufen, Oettingen, Offingen, Röthenbach, Schlachters, Schwabmünchen, Westheim, Wildpolzried.

Post-Expeditionen und Stationen.

Altenstadt, Altusried, Babenhausen, Biberbach, Biburg, Binswangen, Bissingen, Buchenberg, Burgheim, Denklingen, Dietmannsried, Dillingen, Erkheim, Fellheim, Fischach, Fischen, Fremdingen, Füssen, Göggingen, Grönenbach, Gundelfingen, Hindelang, Höchstädt a./D., Ichenhausen, Illertissen, Illerzell, Kaisheim, Kimratshofen, Kirchheim, Krumbach, Lauingen, Lechfeld, Mindelheim, Monheim, Nellenbruck, Nesselwang, Niederstaufen, Oberdorf, Obergünzburg, Oberstdorf, Ottobeuren, Pfronten, Pless, Reichertshofen, Rennertshofen, Rosshaupten, Sonthofen, Steinbach, Thannhausen, Türkheim, Waal, Wallerstein, Weiler, Weissenhorn, Weitnau, Wemding, Wertach, Wertingen, Wolfertschwenden, Ziemetshausen, Zusmarshausen.

Telegraphen-Stationen *).

Augsburg.

Ingenieur und Vorstand: Herr Jakob Müller.

Official: HH. Joseph Echinger; Georg Felbmaier.

Assistenten: HH. Joseph Weilhammer; Ludwig Haberkorn; Carl Henkel; Karl Haberl.

Lindau.

Official und Vorstand: Herr Ludwig Schiller.

Assistenten: HH. Franz Xaver Höttinger; Philipp Namberger; Franz Rampp.

Zoll-Administration.

I. Grenz-Zollämter.

Hauptzollamt Pfronten.

Oberzollinspector: Herr Franz Kidinger, Ritter des Verdienstordens vom heil. Michael.

Hauptzollamtsverwalter: Herr Wolfg. Columba.

Hauptzollamts-Controleur: Herr Georg Klausewitz.

Obercontrolleure: a. in Füssen: Herr Heinr. Frhr. v. Dürsch.

        b. in Pfronten: Herr Max Graf v. Lösch.

        c. in Sonthofen: Herr Ludwig Göß.

---

*) Anmerkung. Die hier vorgetragenen Stationen sind Hauptstationen, auf allen Zwischenstationen wird der Telegraphendienst durch die betreffenden Post- und Eisenbahn-Bediensteten versehen.

Nebenzollamt I. in Füßen.
Zollverwalter: Herr Ferb. Pauer.
Zollamtscontroleur: Herr Justus Huppmann.

Nebenzollamt I. in Hindelang.
Zollverwalter: Herr Max v. Schaden.
Zollamtscontroleur: Herr Frz. Jos. Berg.

Nebenzollamt I. in Oberstdorf.
Zollverwalter: Herr Joh. Remlein.
Zollamtscontroleur: Herr Caspar Geiger.

Hauptzollamt Lindau.
Oberzollinspector: Herr Jos. Dürr, Ritter des Verdienstordens vom heil. Michael.
Hauptzollamtsverwalter: Herr Friedr. Lefeubure.
Hauptzollamts-Controleur: Herr Frz. X. Zehbauer.
Revisionsbeamte: HH. Carl Zimmermann, Wilhelm Sondermann, Gustav Lossow, Ludwig Haushalter, Lothar Dauer.
Obercontroleure: *a. in Lindau:* Herr Joh. Anton Putz.
b. in Aeschach: Herr Carl Eisenhofer.
c. in Weiler: Herr Wolfg. Huber.

Nebenzollamt I. in Oberstaufen.
Zollverwalter: Herr Carl Fink.
Zollamtscontroleur: Herr Johann Reibel.

Nebenzollamt I. in Niederstaufen.
(Wird z. Z. durch einen Assistenten verweset.)

II. Aemter im Innern.
Hauptzollamt Augsburg.
Oberzollinspector: Herr Otto Christ. Heerwagen, Ritter des Verdienstordens vom heil. Michael und des Denkzeichens „in Treue fest 1849“.
Hauptzollamts-Verwalter: Herr Franz Sonntag, Ehrenmünze des Ludwigordens.
Hauptzollamts-Controleur: Herr Wilhelm Nagelschmidt.
Revisionsbeamte: HH. Martin Müller, Christ. Ferb. Müller.

Nebenzollamt Nördlingen.
Zollverwalter: Herr Julius Kleemann.

Hauptzollamt Donauwörth.
Oberzollinspector: Obiger Herr Otto Christ. Heerwagen.
Hauptzollamts-Verwalter: Herr Jos. Hack, gold. Ehrenzeichen des Verdienstordens der bayer. Krone.
Hauptzollamts-Controleur: Herr Ferb. Carl Engelhar b.

Hauptzollamt Kempten.

Oberzollinspector: Herr Jos. Mussinan.
Hauptzollamts-Verwalter: Herr Wilhelm Heerwagen.
Hauptzollamts-Controleur: Herr Mar Jörg.
Revisionsbeamter: Herr Frz. X. Seel.

Nebenzollamt Kaufbeuren.

Zollverwalter: Herr Jos. Freund.
Zollamtscontroleur: . . . .

Hauptzollamt Memmingen.

Oberzollinspector: Obiger Herr Jos. Mussinan.
Hauptzollamts-Verwalter: Herr Mich. Rebholz.
Hauptzollamts-Controleur: Funct. Herr Jos. Eichhorn.

Staatsschuldentilgungs-Special-Cassa in Augsburg.

Cassier: Herr Georg Engelbrecht.
Controleur: Herr Joh. Löw.
Zahlmeister: Herr Mar Prudner.
Hauptbuchhalter: Herr Mar v. Melzl.
Buchhalter: HH. Alois Mittereber; Carl Maiberger.
Officiant: Herr Ferd. Fickler.
Functionäre: HH. Friedr. Bauer; Wilh. v. Rab; Sebastian Riebl;
    Paul Panzer; Georg Munzer.
Cassadiener: Herr Jos. Kleeberger.

Filialen der k. bayer. Hypotheken- und Wechsel Bank.

Filiale Augsburg.

Vorstand: Herr Carl Reichenbach, Oberbeamter und Cassier.
Buchhalter: Herr Carl Hofpauer, Depositar.
Officiant: Herr Gustav Schlegel.
Functionäre: HH. Carl Prieser; Joh. Lehner.

Filiale Kempten.

Vorstand: Herr Ludwig Sondermann, Cassier.
Buchhalter: Herr J. Frauenholz.

Filiale Lindau.

Vorstand: Herr Franz Nebel, Cassier.
Buchalter: Herr E. Johannes.
Officiant: Herr Heinr. Lehle.

Landwehr.

Kreis-Kommando.

Kreis-Commandant: z. Z. unbesetzt.

Adjutant: Hr. Karl Knöll, Landwehr-Hauptmann. Hr. Alphons Manz, Landwehr-Hauptmann.

Kreis-Inspektoren.

I. Hr. Ernst v. Stetten, k. Kammerjunker, Landwehr-Oberst, Ritter des Verdienstordens vom hl. Michael.

II. Hr. Joseph Frhr. v. Freyberg-Eisenberg, Major a la suite, Landwehr-Oberst, Ritter des Verdienstordens vom hl. Michael.

Distrikts-Inspektoren.

I. . . . .

II. Herr Georg Lampart in Augsburg, Oberstlieutenant.

III. . . . .

IV. Hr. Alois Markus v. Ruesch in Oettingen, Oberstlieutenant, Ritter des Verdienstordens vom hl. Michael.

V. Hr. Karl August v. Brentano, in Augsburg, Oberstlieutenant.

VI. Hr. Karl Frhr. v. Reichlin-Melbegg in Fellheim, Oberstlieutenant.

VII. Hr. Georg Keppel in Kempten, Oberstlieutenant.

VIII. Hr. Jos. Hyrenbach in Lindau, Oberstlieutenant.

IX. Hr. Karl Obermayer in Augsburg, Oberstlieutenant.

Landwehr-Abtheilungen des Kreises.

I. **Regiment:** 1. Augsburg. — II. **Bataillone:** 2. Burgau mit der Landwehr-Kompag. Jettingen. 3. Dillingen. 4. Donauwörth. 5. Füssen. 6. Günzburg mit der Landwehr-Kompagnie Leipheim. 7. Gundelfingen. 8. Höchstädt. 9. Immenstadt. 10. Kaufbeuren. 11. Kempten. 12. Krumbach. 13. Lauingen. 14. Lindau. 15. Mindelheim. 16. Memmingen. 17. Neuburg. 18. Nördlingen. 19. Oettingen. 20. Schwabmünchen. 21. Sonthofen. 22. Türkheim. 23. Weissenhorn. 24. Wertingen. — III. **Division:** 25. Wemding. — IV. **Compagnie:** 26. Monheim.

Gendarmerie-Compagnie.

A. Compagnie-Stab.

1. Commandant: Herr August Frhr. v. Welden, charakt. Major, Ritter des Verdienstordens vom hl. Michael.

2. Oberlieutenant: Hr. Friedr. Wagner.

3. Unterlieutenant: Hr. Max Sand.

4. Unterquartiermeister: Hr. Mich. Jörg.

B. Mannſchaft.

Brigaden.	Stationen.	Brigatiers.	Gendarmen z. Pferd.	Gendarmen z. Fuß.	Summa.	Bezirksämter.
Augsburg . . .	Augsburg.	2	3	4	9	
Babenhausen . .	Babenhauſen.	1		1	2	Illertiſſen.
Bissingen . . .	Biſſingen.	1		2	3	Dillingen.
Buchloe	Buchloe.	1		2	3	Kaufbeuren.
"	Waal.	—		3	3	"
Burgau . . .	Burgau.	1		2	3	Günzburg.
" . . .	Jettingen.	—		3	3	"
Dillingen . . .	Dillingen.	1		3	4	Dillingen.
Donauwörth . .	Donauwörth.	1		4	5	Donauwörth.
" . .	Harburg.	—		3	3	"
" . .	Kaisheim.	—		3	3	"
Füssen	Füſſen.	1		3	4	Füſſen.
"	Neſſelwang.	—		3	3	"
"	Pfronten.	—		2	2	"
"	Roßhaupten.	—		3	3	"
Göggingen . . .	Göggingen.	1		2	3	Göggingen.
" . . .	Gablingen.	—		3	3	"
Grönenbach . .	Grönenbach.	1		2	3	Memmingen.
" . .	Kimratshofen.	—		3	3	"
" . .	Legau.	—		3	3	"
Günzburg . . .	Günzburg.	1		3	4	Günzburg.
" . . .	Ichenhauſen.	—		3	3	"
" . . .	Offingen.	—		3	3	"
Höchstädt . . .	Höchſtädt.	1		2	3	Dillingen.
Illertissen . . .	Illertiſſen.	1		2	3	Illertiſſen.
" . .	Kellmünz.	—		3	3	"
Immenstadt . .	Immenſtadt.	1		3	4	Sonthofen.
" . .	Staufen.	—		3	3	"
Kaufbeuren . .	Kaufbeuren.	1		3	4	Kaufbeuren.
Kempten	Kempten.	1		5	6	Kempten.
"	Nellenbruck.	—		3	3	"
"	Wildpoldsried.	—		3	3	"
Krumbach . . .	Krumbach.	1		3	4	Krumbach.
" . . .	Ziemetshauſen.	—		3	3	"
Lauingen . . .	Lauingen.	1		2	3	Lauingen.
" . . .	Altenberg.	—		3	3	"
Lindau . . .	Lindau.	1		5	6	Lindau.
Mindelheim . . .	Mindelheim.	1		2	3	Mindelheim.
" . . .	Pfaffenhauſen.	—		3	3	"
Zu übertragen		21	3	111	135	

3 *

Brigaden.	Stationen.	Brigadiers.	Gendarmen zu Pferd	zu Fuß	Summa.	Bezirksämter.
	Uebertrag	21	3	111	135	
Monheim . . .	Monheim.	1		2	3	Donauwörth.
„ . . .	Rennertshofen.	—		3	3	„
Neuburg . . .	Neuburg.	1		3	4	Neuburg.
„ . . .	Burgheim.	—		3	3	„
„ . . .	Karlshuld.	—		3	3	„
„ . . .	Reichertshofen.	—		3	3	„
Neu-Ulm . . .	Neu-Ulm.	1		3	4	Neu-Ulm.
„ . . .	Ay.	—		3	3	„
Nördlingen . . .	Nördlingen.	1		3	4	Nördlingen.
Oberdorf . . .	Oberdorf.	1		2	3	Oberdorf.
„ . .	Biesenhofen.	—		3	3	„
„ . .	Görisried.	—		3	3	„
Obergünzburg .	Obergünzburg.	1		3	4	„
Oettingen . .	Oettingen.	1		2	3	Nördlingen.
„ .	Frembingen.	—		3	3	„
Ottobeuren . .	Ottobeuren.	1		2	3	Memmingen.
„ . .	Erkheim.	—		3	3	„
„ . .	Memmingen.	1		3	4	„
Roggenburg .	Roggenburg.	1		2	3	Illertissen.
„ .	Weissenhorn.	—		3	3	„
Schwabmünchen .	Schwabmünchen.	1		3	4	Göggingen.
„	Bobingen.	—		3	3	„
„	Mickhausen.	—		3	3	„
Sonthofen . . .	Sonthofen.	1		3	4	Sonthofen.
„ . . .	Oberstdorf.	—		3	3	„
„ . . .	Wertach.	—		3	3	„
Türkheim . . .	Türkheim.	1		3	4	Mindelheim.
„ . . .	Kirchheim.	—		3	3	„
Weiler	Weiler.	1		3	4	Lindau.
„ . . .	Hergatz.	—		3	3	„
„ . . .	Röthenbach.	—		3	3	„
Wemding . . .	Wembing.	1		2	3	Donauwörth.
Wertingen . . .	Wertingen.	1		2	3	Wertingen.
„ . . .	Holzen.	—		3	3	„
„ . . .	Meitingen.	—		3	3	„
„ . . .	Zusamzell.	—		3	3	„
Zusmarshausen .	Zusmarshausen.	2		2	4	Zusmarshausen.
	Biburg.	—		3	3	„
Summa		39	3	217	259	

Agenturen.

Concessionirte Agenturen zur Beförderung bayer. Auswanderer nach Nordamerika und anderen überseeischen Ländern.

Schiffsrheder H. Serigiers in Antwerpen. Agenten für den Kreis: August Döberlein in Nördlingen und Friedr. Steub in Lindau.

Schiffsmäkler H. Dauelsberg in Bremen. Agenten: Großhändler Jenisch in Kempten und Kaufmann Carl Dietz in Augsburg.

Schiffsmäkler Carl Joh. Klingenberg in Bremen. Agenten: Kaufmann Georg Haug in Augsburg und Conditor C. H. Mobold in Nördlingen.

Handlungshaus Lübering u. Comp. in Bremen. Agent: Fabrikant Carl August von Brentano in Augsburg.

Handlungshaus Pokranz u. Comp. in Bremen. Agenten: Die Kaufleute Ludw. Hiebler in Donauwörth und Franz Lutz in Neuulm.

Expedientenhaus F. J. Wichelhausen u. Comp. in Bremen. Agenten: Kaufmann Carl Untenberger in Neuburg.

Hamburg-Amerikanische Paket-Aktiengesellschaft (August Polten). Agenten: Die Kaufleute A. O. Weinmann in Nördlingen, Aug. Knobe in Augsburg, Jos. Schweiker in Lindau, Friedrich Grabmann in Memmingen und Maler Caspar Schrabler in Füssen.

Handlungshaus Louis Knorr u. Comp. in Hamburg. Agenten: Privatier Carl Dietz in Augsburg.

Handlungshaus Barbe in Havre. Agent: Johann Nep. Moßauer in Günzburg.

Expedientenhaus Lemaitre und Washington Finlay in Havre und Mainz Agent: Kaufmann August Döberlein in Nördlingen.

Expedientenhaus Marzion u. Comp. in Havre u. Paris. Agent: Franz Untenberger in Neuburg.

Concessionirte Mobiliar-Feuer-Versicherungs-Gesellschaften.

Die Mobiliar-Feuerversicherungs-Anstalt der bayer. Hypotheken- und Wechselbank. General-Agent: Gebrüder Frommel in Augsburg.

Münchener-Aachener Mobiliar-Feuerversicherungs-Gesellschaft. General-Agent: Hofbanquier Robert v. Fröhlich in München.

Leipziger Mobiliar-Feuerversicherungs-Gesellschaft. Hauptagent: L. Negrioli Kaufmann in München.

Elberfelder Mobiliar-Feuerversicherungs-Gesellschaft. Hauptagent: Kaufmann, Carl Bronberger in München.

K. k. österr. privileg. I. Feuerversicherungs-Gesellschaft. Hauptagent: Kaufmann F. Klausner in München.

Berlinische Feuerversicherungs-Gesellschaft. Hauptagent: Kaufmann Jos. Fr. Rieberer in München.

Concessionirte Hagelversicherungs-Gesellschaften.

Cölnische Hagelversicherungs-Gesellschaft. Hauptagent: Kaufmann J. Carnot in München.

Magdeburger Hagelversicherungs-Gesellschaft. Hauptagent: Kaufmann Carl Reschreiter in München.

Neue bayer. Hagelversicherungs-Gesellschaft Bavaria. Direktor: Frhr. von Fraunhofen; Dirigent: J. Schwarz.

Concessionirte Lebensversicherungs-Anstalten.

Lebensversicherungs-Anstalt der bayr. Hypotheken- und Wechselbank. Verwaltung: J. Gottschau.

Lebensversicherungsbank für Deutschland in Gotha. Bureau zu Gotha.

Leipziger Lebensversicherungs-Gesellschaft für Deutschland. Direktorium in Leipzig.

Deutsche Lebensversicherungs-Gesellschaft in Lübeck. Agentur für den Regierungs-Bezirk: Kaufmann Hermann Knaus in Augsburg.

Berliner Lebensversicherungs-Gesellschaft. Hauptagent: Kaufmann Jakob Kraus in Bayreuth.

Frankfurter Lebensversicherungs-Gesellschaft. Hauptagent: Banquier Leonhard Kalb in Nürnberg.

Pensions- und Lebensversicherungs-Gesellschaft Janus in Hamburg. Haupt-Agent: Kaufmann Julius Gebhardt in Nürnberg.

Berliner Rentenversicherungs-Anstalt. Hauptagent: Ferdinand Ingler in Erfurt (Kaufmann Isaak Steiger in Augsburg).

Lebensversicherungs- und Ersparnißbank in Stuttgart. Hauptagent: Kaufmann Carl Reschreiter in München.

Lebensversicherungs-Gesellschaft "Concordia" in Cöln. Hauptagent: Kaufmann Johann Carnot in München.

K. K. österr. I. Lebens-Renten-Aussteuer- und Pensions-Versicherungs-Gesellschaft. Hauptagent Kaufmann Ferdinand Klaußner in München.

Lebensversicherungs-Gesellschaft "Germania" in Stettin. Hauptagent: Wilh. Floßmann in München.

Ausstattungs-Anstalt in Ansbach. Agenten: Hugo Hößle, Commissionär in Augsburg, und Friedr. Riesch, Kaufmann in Kempten.

Waaren- und Transport-Versicherungs-Gesellschaften.

Rhein-Schifffahrts-Assekuranz-Gesellschaft in Mainz. Hauptagent: Frhr. v. der Tann in Schweinfurt.

K. K. österr.-italien. General-Assecuranz in Triest. Hauptagenten: Kaufleute Franz Sambeck in Obernberg und Friedr. Brunner in Nürnberg.

Badische Schifffahrts-Assecuranz-Gesellschaft in Mannheim. Hauptagent: Hammerschmids Eidam in Regensburg.

Niederländische allgemeine Versicherungs-Gesellschaft zu Tiel. Hauptagent: Kaufmann Carl Schwinn in Ludwigshafen.

See-, Fluß- und Landtransport-Versicherungs-Gesellschaft "Agrippina" in Cöln. Hauptagent: Comerzienrath v. Bartels in Nürnberg.

See-, Fluß- und Landtransport-Versicherungs-Gesellschaft in Düsseldorf.
Versicherungs-Gesellschaft für Eisenbahnbetriebs-Beamte und Eisenbahn-Reisende „Thuringia" in Erfurt. (Auch für Waaren-Transport zu Wasser und zu Land.) Hauptagent: Kaufmann Clemens Grohe in Ludwigshafen.
Donauschifffahrts-Assecuranz-Gesellschaft in Ulm. Hauptagent: J. J. von Jenisch in Kempten.
Württemberg'sche Transport-Versicherungs-Gesellschaft in Heilbronn. Haupt-Agent: Banquier Ludwig v. Negrioli in München.
Niederrheinische Güterassecuranz-Gesellschaft in Wesel. Agent: Kaufmann Friedr. Jäger in Lindau.
Dresdner II. Versicher.ungs-Gesellschaft für See-, Fluß- und Land-Transport. Hauptagent: Kaufmann Jos. Fr. Rüberer in München.

Kirche.

A.

Katholischer Cultus.

I. Bischof.

Der hochwürdigste Herr Pankratius von Dinkel, lebenslänglicher Reichs-rath, Ritter des Civilverdienstordens der bayer. Krone.

II. Domkapitel.

Dompropst: Herr Joseph Fr. v. Allioli, k. b. geistl. Rath, Comithur des Verdienstordens vom hl. Michael, Ritter des Verdienstordens der bayer. Krone, Comthur des k. k. österr. Franz Joseph-Ordens, Offizier des kgl. griechischen Erlöser-Ordens, Direktor des allgemeinen geistlichen Rathes und Bisthums-Theolog.

Dom-Dekan: Herr Joh. Evang. Stabler theol. Dr. Offizial des bischöfl. Consistoriums und Synodal-Examinator, Ritter des Verdienstordens vom heil. Michael.

Dom-Capitularen: Die Herren Herren Jos. Vened. Payr, bischöfl. Sigler, Densensor matrimonii und Synodal-Examinator; Anton Steichele, Synodal-Examinator; Lorenz Clem. Graß, theol. Dr. General-Vicar, Dom-Scholastikus, Ritter der k. bayer. Verdienst-Ordens vom hl. Michael I. Classe; Fr. Xav. Bronnenmayr, Summus Custos der Kathedral-kirche, Vorstand der Diözesan-Emeritenanstalt, Synodal-Examinator; Jos. Georg Dreer, Archidiakon und Pönitentiar des Bisthums Augs-burg, Dompfarrer und Synodal-Examinator, Ritter des Verdienstordens vom hl. Michael; Andr. Schuster, Synodal-Examinator und Librorum censor; Joseph Anton Geyr, Synodal-Examinator; Joseph Want-müller, Synodal-Examinator.

Dom-Vicare: Die Herren Max Griot, Joseph Fr. Weckert, Alexander Soratroy, Alois Graß, Theodor Kriener, Ignaz Kuißl.

III. Bischöfliches Ordinariat.

General-Vicar: Herr Domkapitular Dr. Lorenz Clem. Graß.

Allgemeiner geistlicher Rath.

Direktor: Herr Dompropst Dr. Joseph Fr. v. Allioli.
Räthe: Die Herren Herren Dr. Joh. Ev. Stabler, Joseph Bened. Bayr, Anton Steichele, Frz. Xav. Bronnenmayr, Joseph Gg. Dreer, Andreas Schuster, Joseph Ant. Geyr, Joseph Wankmüller, Joh. Paul Großhauser, Jos. Alois Kopp.
Secretär: Herr Alexander Soratroy.

IV. Bischöfliches Klerikal-Seminar Dillingen.

Regens: Herr Franz Joseph Heim, b. geistl. Rath, Synodal-Examinator und Oekonom des Seminars und Priesterhauses.
Subregens: Herr Clemens August Bach.

V. Decanate.

1. Stadt-Dekanat Augsburg. Dekan: Herr Domkapitular Jos. Gg. Dreer.
2. Archidiakonat. Dekan: Herr Domkapitular Jos. Gg. Dreer, Prodekan, Herr Pfarrer Wilh. Zwirg in Gerßthofen. Archidiakonats-Notar Herr Alexander Soratroy.
3. Agawang. Dekan: Herr Pfarrer Christian Huber in Kuzenhausen.
   Kammerer: Herr Pfarrer Joseph Kirschner in Zusmarshausen.
4. Baisweil. Dekan: Herr Pfarrer Martin Lohmann in Naßenbeuren.
   Kammerer: Herr Pfarrer Max Friebbichler in Ettringen.
5. Burgheim. Dekan: Herr Pfarrer Anton Paula, in Mauern.
   Kammerer: Herr Pfarrer Joh. Danner in Lechsend.
6. Dillingen. Dekan: Herr Stadtpfarrer Remig. Vogel in Dillingen.
   Kammerer: Herr Pfarrer Joh. Eberle in Altheim.
7. Donauwörth. Dekan: Hr. Stadtpfarrer Cöl. Muff in Donauwörth.
   Kammerer: Herr Pfarrer Ignaz Friebl in Kleinerdlingen.
8. Füssen. Dekan: . . . .
   Kammerer: Herr Pfarrer Joseph Degenhart in Hopfen.
9. Höchstädt Dekan: Herr Pfarrer Andr. Mayr in Mörslingen.
   Kammerer: Herr Pfarrer Frz. Xav. Rau in Kicklingen.
10. Ichenhausen. Dekan: Herr Pfarrer Alois Wolff in Deffingen.
    Kammerer: Herr Stadtpfarrer Anton Eber in Günzburg.
11. Jettingen. Dekan: Herr Pfarrer Joseph Schiferle in Gundremmingen.
    Kammerer: Herr Pfarrer Joseph Horner in Jettingen.
12. Kaufbeuren. Dekan: Herr Pfarrer Michael Hitzler in Lengenfeld.
    Kammerer: Herr Stadtpfarrer Cosmas Dopfer in Kaufbeuren.
13. Kempten. Dekan: Herr Pfarrer Frz. X. Blank in Wertach.
    Kammerer: Herr Pfarrer Fr. Jos. Schmid in Burgberg.
14. Kirchheim. Dekan: Herr Pfarrer Jos. Sirch in Zaisertshofen.
    Kammerer: Herr Pfarrer Jos. Lauze in Eppishausen.
15. Lauingen. Dekan: Herr Stadtpfarrer Wend. Brenner in Lauingen.
    Kammerer: Herr Pfarrer Gottfried Schlichting in Hausen.

16. Legau. Dekan: Herr Pfarrer Franz Joseph Knoll in Steinbach.
    Kammerer: Herr Pfarrer Meinrad Hartung in Legau.
17. Lindau. Dekan: Herr Pfarrer Frz. Jos. Schneiber in Oberreitnau.
    Kammerer: Herr Stadtpfarrer Georg Ziegler in Lindau.
18. Mindelheim. Dekan: Herr Pfarrer Alois Kleinhanns in Auerbach.
    Kammerer: Herr Pfarrer Math. Müller in Kammlach.
19. Neuburg. Dekan: Herr Stadtpfarrer Anton Förch in Neuburg.
    Kammerer: Herr Pfarrer Christian Walter in Weichering.
20 Oberdorf. Dekan: Herr Pfarrer Fr. Ant. Graß in Stötten.
    Kammerer: Herr Pfarrer Fr. Seraph. Heimer in Oberdorf.
21. Oberroth. Dekan: Herr Pfarrer Marquard Curtius in Illertissen.
    Kammerer: Herr Pfarrer Frz. Xav. Tochtermann in Unterroth.
22. Ottobeuren. Dekan: Herr Pfarrer Joh. Ev. Königsberger in Erkheim.
    Kammerer: Herr Pfarrer Jeremias Sandihanser in Hawangen.
23. Schwabmünchen. Dekan: Herr Pfarrer Joseph Mack in Langerringen.
    Kammerer: Herr Pfarrer Jos. Ant. Schweizer in Graben.
24. Stiefenhofen. Dekan: Herr Pfarrer Karl Kreb in Stiefenhofen.
    Kammerer: Herr Pfarrer Jos. Sinz in Oberstaufen.
25. Wallerstein. Dekan: Herr Stadtpfarrer Joh. Messerschmidt in Oettingen.
    Kammer: Herr Pfarrer Andreas Wolf in Birkhausen.
26. Weiler. Dekan: Herr Pfarrer Joh. Jak. Lau in Weiler.
    Kammerer: Herr Pfarrer Joh. Georg Lingenhöl in Scheidegg.
27. Weissenhorn. Dekan: Herr Pfarrer Gabriel Barthlme in Illerberg.
    Kammerer: Herr Pfarrer Fidel Waibel in Wallenhausen.
28. Wertingen. Dekan: Herr Stadtpfarrer Frz. Jos. Häusler in Wertingen.
    Kammerer: Herr Pfarrer Georg Bail in Frauenstetten.
29. Westendorf. Dekan: Herr Pfarrer Alois Miller in Ehingen und
    Wortelstetten.
    Kammerer: Herr Pfarrer Mich. Huber in Hirschbach.

Namen der Pfarreien und Benefizien.	Gehören zum Dekanate.	Gehören zum Landgerichte.	Seelenzahl.	Katholische Gesammt-Einkommen. fl.	kr.	Lasten. fl.	kr.	Präsentations-Recht.
Aach Pfarrei . . .	Stiefenhofen.	Immenstadt.	247	596	47 1/8	10	2	S. M. d. König.
Achsheim Pfarrei .	Westendorf.	Göggingen.	369	765	1 2/6	15	5/8	"
Adelsried Pfarrei .	Agawang.	Zusmarshausen.	553	677	39	28	56 1/8	"
Affaltern Pfarrei .	Westendorf.	Wertingen.	321	863	20	78	41	"
Agathazell (Burgberg) Pf.	Kempten.	Sonthofen.	928	1203	18	382	6 7/8	Bischöfl. Coll.
Agawang Pfarrei .	Agawang.	Zusmarshausen.	340	984	23 4/6	66	14 2/8	S. M. d. König.
Aichen Pfarrei . .	Kirchheim.	Krumbach.	315	807	14 3/6	49	20 2/8	"
Aislingen Pfarrei .	Jettingen.	Dillingen.	1548	1413	4 4/6	499	39 6/8	Bischöfl. Coll.
" Frühmeßbenefiz.	"	"	—	695	55	37	27 4/8	Frhr. v. Ponikau.
Aitrang Pfarrei . .	Oberdorf.	Obergünzburg.	633	663	28 4/8	42	7 1/8	"
" Frühmeßbenefiz.			—	351	11 3/8	48	34 3/8	
Akams Pfarrei . .	Stiefenhofen.	Immenstadt.	300	385	23	4	2	S. M. d. König.
Aletshausen Pfarrei	Mindelheim.	Krumbach.	693	906	46 4/8	47	41 7/8	Frhr. v. Freyberg-Raunau.
Allerheiligen Pfarrei	Jettingen.	Burgau.	—	375	19	6	40 6/8	Frhr. v. Freyberg.
Allmanshofen Pfarrei	Westendorf.	Wertingen.	470	1026	51 1/8	37	59	Graf v. Fischler-Treuberg.
Altdorf Pfarrei . .	Oberdorf.	Oberdorf.	415	1197	29 4/8	161	45 3/8	Bischöfl. Coll.
Altenbaindt Pfarrei	Wertingen.	Dillingen.	147	875	51	73	27	S. M. d. König.
Altenberg Pfarrei .	Lauingen.	Lauingen.	—	42	36	5	51	"
Altenmünster Pfarrei	Wertingen.	Zusmarshausen.	147	660	8 4/8	21	52 1/8	"
Althein (Schretheim) Pf.	Dillingen.	Dillingen.	962	1238	19	67	14 5/8	Bischöfl. Coll.

Pfarrei						Patron
Altisheim Pfarrei	Burgheim.	Donauwörth.	342	785	38 58⁵/₈ → 38 58⁵/₈	S. M. b. König.
Altisried (Frechenrieden) Pf.	Ottobeuren.	Ottobeuren.	472	1295 51⁷/₈	61 35¹/₈	Bischöfl. Coll.
Altstätten Pfarrei	Kempten.	Gontofen.	732	927 2²/₈	315 42²/₈	S. M. b. König.
Altusried Pfarrei	Regau.	Grönenbach.	1980	1426 3²/₈	521 33⁷/₆	"
„ „ Frühmeßbenefiz.		„		524 46	33 25	
Ambach Pfarrei	Neuburg.	Neuburg.	192	580 12⁴/₈	5 55³/₈	Frhr. v. Gumpenberg.
Amberg Pfarrei	Baiswell.	Türkheim.	412	679 7⁵/₈	20 50¹/₈	S. M. b. König.
Amendingen Pfarrei	Ottobeuren.	Memmingen.	1103	1120 36⁸/₈	319 50	Graf Waffenheim.
Amerdingen Pfarrei	Höchstädt.	Nördlingen.	624	740 28⁶/₈	33 1²/₈	Frhr. v. Staufenberg.
Amerfeld Pfarrei	Bergen.	Monheim.	218	919 45	46 35²/₈	S. M. b. König.
Angelberg u. Tassenhausen	Kirchheim.	Türkheim.	754	887 52	93 87/₈	"
Anhausen Pfarrei	Agawang.	Göggingen.	317	782 2⁷/₈	23 35	"
Anhofen (Limbach) Pfarrei	Ichenhausen.	Burgau.	407	844 29²/₈	30 33³/₈	Bisch. Stadtp. v. Günzb. u. Frhr.v.Red.
Anhofen (Großkissendorf) Pf.		Günzburg.	539	913 19²/₈	60 15¹/₈	S. M. b. König.
Anried Pfarrei	Jettingen.	Busmarshausen.	245	665 10	52 19¹/₈	"
Apfeltrach Pfarrei	Baiswell.	Dinkelsheim.	292	719 31¹/₈	41 19¹/₈	"
„ „ Benefizium				393 34⁵/₈	58 13²/₈	"
Apfeltrang Pfarrei	Oberdorf.	Kaufbeuren.	353	842 11	51 56¹/₈	Fürst Wallerstein.
Aretsried Pfarrei	Agawang.	Busmarshausen.	435	785 51	39 4²/₈	S. M. b. König.
Asch Pfarrei	Schongau.	Buchloe.	903	1126 11	50 15¹/₈	"
Asbach Pfarrei	Westendorf.	Donauwörth.	400	563 7	23 54²/₆	"
„ Benefizium			Un= be= [setzt]		—	"
Attenhausen Pfarrei	Mindelheim.	Krumbach.	256	890 32⁸/₈	28 2	Graf Fugger-Weissenhorn.
Attenhausen Pfarrei	Ottobeuren.	Ottobeuren.	421	1012 40⁴/₈	24 52⁵/₈	"
Attenhofen Pfarrei	Weissenhorn.	Weissenhorn.	500	756 24¹/₈	52 21	S. M. b. König.
Au Pfarrcuratie		Nettissen.	456	595 14⁴/₈	24 6²/₈	"
Auchsesheim Pfarrei	Westendorf.	Donauwörth.	474	600 31⁵/₈	29 14²/₈	Graf Fugger-Kirchberg.
Aufheim Pfarrei	Weissenhorn.	Neu-Ulm.	782	1799 53²/₈	205 48⁵/₈	"
Aufkirch Pfarrei	Kaufbeuren.	Buchloe.	529	1077 57	35 12²/₈	Bischöfl. Coll.

Namen der Pfarreien und Benefizien.	Gehören zum Dekanate.	zum Landgerichte.	Seelenzahl.	Baßions-Einkommen insgesammt. fl.	kr.	Kosten. fl.	kr.	Präsentations-Recht.
Augsburg St. Moriz. Probino'sches Frühmeß-Manual Benefizium	Augsburg	Augsburg.	3900	269	43	1558	2⅝	Fugger'sches Senorlat.
St. Gerbatius, St. Michael, St. Anton, Benefizien.	"	"	—	475	—	—	44	Bischöfl. Coll.
St. Ursula, Benefizium.	"	"	—	546	57	45	42	S. M. b. K. jus nom. Das Ordin. Augsburg.
Dompfarrei.	"	"	5963	515	—	—	—	Bischöfl. Coll.
St. Lorenz, Benefizium.	"	"	—	1447	1	218	23	S. M. b. König.
St. Gallus u. Salvator, Benefizium.	"	"	—	194	27²⁄₈	7	4⅛	"
Benefizium im englischen Institute.	"	"	—	447	1	19	⅝	"
St. Ulrich, Pfarrei.	"	"	3359	493	24	—	—	Englisches Institut.
Benef. St. Margareth.	"	"	2608	26⅛	1578	9⅝	S. M. b. König.
St. Georg, Pfarrei.	"	"	4277	409	1⅛	12	48	"
St. Max, Pfarrei.	"	"	2501	56	1451	27	"
St. Roßius u. St. Mtccl, Benefizium.	"	"	5000	2469	38	1335	37	"
Benefizium St. Marci in der Fuggerei.	"	"	—	431	20²⁄₈	16	12	Fugger'sches Senorlat.
I. Lumpert'sches Benefizium bei hl. Kreuz.	"	"	—	270	—	—	44	Dompropst, Dembelan und I. kathol. Bürgermeister.
II. Lumpert'sches Benefizium bei hl. Kreuz.	"	"	—	500	—	—	44	"
	"	"	—	500	—	—	44	"

Pfarrei	Ort I	Ort II					Präsentator
III. Lumpert'sches Bene-fizium bei Hl. Kreuz.	Augsburg.	Augsburg.	—	712	—	46		Bischöfl. Coll.
Aurbach (Ober- u. Unter-)	Mindelheim.	Mindelheim.	621	1385 4½	367	37 ⅛	S. M. b. König.
Autenried Pfarrei	Ichenhausen.	Günzburg.	275	1036 46 4/8	141	33 2/8	Frhr. v. Reck.
Aystetten Pfarrei	Agawang.	Oggingen.	459	752 26 7/8	47	6 3/8	Frhr. v. Münch.
Baar Pfarrei	Neuburg.	Neuburg.	357	1250 36	110	7 ½/8	S. M. b. König.
Babenhausen Pfarrei	Oberroth.	Babenhausen.	1812	2576 26 6/8	662	43 2/8	Fürst Fugger.
" Frühmeßbenefiz.	"	"	—	476 21 7/8	9	11 2/8	"
" Feudt'sches Benefiz.	"	"	—	424 3 ⅜	13	14 7/8	"
Bachhagel Pfarrei	Lauingen.	Lauingen.	760	1490 3 6/8	491	5 2/8	S. M. b. R. alter. b. Spit. Höchstäd.
Baierfeld Pfarrei	Monheim.	Donauwörth.	398	935 53 4/8	101	12	S. M. b. R. alter. Fürst Wallerstein.
Baiershofen Pfarrei	Wertingen.	Dillingen.	362	813 56 7/8	9	51 7/8	S. M. b. König.
Baiersried Pfarrei	Baisweil.	Oberglingburg.	121	562 13 5/8	49	49 4/8	"
Baisweil Pfarrei	Stiefenhofen.	Kaufbeuren.	540	1131 27	49	43	"
Balderschwang Pfarrei	Kirchheim.	Immenstadt.	240	489 1 6/8	4	52	"
Balzhausen Pfarrei	Agawang.	Krumbach.	772	999 34 2/8	68	30 5/8	"
Batzenhofen Pfarrei	Wertingen.	Oggingen.	556	673 27 4/8	22	48 7/8	"
Baumgarten Curatie	Lauingen.	Dillingen.	210	414 57	7	55	"
Bechlingen (Ober) Pfarrei	"	Lauingen.	270	793 24 2/8	69	23 3/8	Graf Fugger Glött.
Bechlingen (Unter) Pfarrei	Kaufbeuren.	"	418	669 48 2/8	32	37 7/8	Bischöfl. Coll.
Beckstetten Pfarrei	Mindelheim.	Türkheim.	181	1098 51 4/8	125	15 2/8	S. M. b. König.
Bedernau Pfarrei	Ichenhausen.	Mindelheim.	700	1311 40	117	1 3/8	Frhr. v. Castell.
Behlingen Pfarrei	"	Krumbach.	444	871 16 3/8	54	14 3/8	Frhr. v. Bretin.
" Benefizium	Weissenhorn.	"	—	324 22 5/8	14	32	S. M. b. König.
Bellenberg Pfarrei	Wallerstein.	Wertissen.	475	973 57	57	50 1/8	"
Belzheim Pfarrei	Ottobeuren.	Oettingen.	385	699 41 2/8	29	49 7/8	"
Benningen Pfarrei	Donauwörth.	Memmingen.	592	1507 8	158	1 2/8	"
Berg Pfarrei	Bergen.	Donauwörth.	585	652 14	39	10 2/8	"
Bergen Pfarrei		Neuburg.	372	1138 39 4/8	60	43 1/8	....
Bergheim Pfarrei	Archidiakonat.	Oggingen.	479	769 36 6/8	86	48 6/8	....

Namen der Pfarreien und Benefizien.	Gehören zum Dekanate.	Gehören zum Landgerichte.	Seelenzahl.	Gültiges Kassions- terminen. fl.	kr.	Kosten. fl.	kr.	Präsentations- Recht.
Bergheim Pfarrei	Bergen.	Neuburg.	501	805	7/8	20	4 3/8	S. M. d. König.
Bergheim Pfarrei	Dillingen.	Dillingen.	576	959	32	14	32	"
Bernbach Pfarrei	Oberdorf.	Oberdorf.	444	1402	7	367	49 3/8	"
Bertoldsheim Pfarrei	Burgheim.	Monheim.	524	1648	55 1/8	90	34	Bischöfl. Coll.
Bertoldshofen Pfarrei	Oberdorf.	Oberdorf.	618	1719	49 5/8	889	21 2/8	S. M. d. König.
Bettlingshausen Benefz.	Oberroth.	Illertissen.	—	538	24	97	13 4/8	Graf Wassenheim.
Betzigau Pfarrei	Kempten.	Kempten.	1218	679	37 7/8	29	31 5/8	S. M. d. König.
Beuren Curatie	Weissenhorn.	Weissenhorn.	357	565	18	2	46	"
Biberach Pfarrei	"		438	827	24 3/8	8	48 4/8	Fürst Fugger.
Biberachzell Pfarrei	"		463	893	4	119	9 1/1	S. M. d. König.
Biberbach Pfarrei	Westendorf.	Wertingen.	1222	2401	20 5/8	1298	36 3/8	"
Biberberg Pfarrei	Weissenhorn.	Weissenhorn.	559	1127	39 5/8	21	2 7/8	"
Biburg Pfarrei	Agawang.	Zusmarshausen.	420	655	28	14	55 1/8	"
Biding Pfarrei	Burgheim.	Neuburg.	192	1139	13	64	49 2/8	"
Bidingen Pfarrei	Oberdorf.	Oberdorf.	736	1483	3 3/8	405	19 7/8	"
Billenhausen Pfarrei	Mindelheim.	Krumbach.	434	965	42	20	13 1/8	"
Binswangen Pfarrei	Wertingen.	Wertingen.	760	1172	55 5/8	65	54 3/8	Fürst v. Wallerstein.
Birkhausen Pfarrei	Wallerstein.	Nördlingen.	387	965	26	76	35 5/8	S. M. d. 8. Jus nom. Fürst Waller- stein alter. S. M. d. König.
Bissingen Pfarrei	Donauwörth.	Höchstädt.	1674	1265	5 2/8	689	41 7/8	Fürst Wallerstein.
" Benefizium	"	"	—	197	45	15	5 2/8	S. M. d. König.
Bittenbrunn Pfarrei	Neuburg.	Neuburg.	322	657	18 3/8	20	17 3/8	"
Blaichach Pfarrei	Stiefenhofen.	Immenstadt.	346	434	57	10	2	"
Blaichen Pfarrei	Jssenhausen.	Krumbach.	544	589	58 5/8	5	43	"
Bliensbach Pfarrei	Wertingen.	Wertingen.	618	805	18 1/8	56	13 6/8	"
Blindheim Pfarrei	Höchstädt.	Höchstädt.	1601	774	43	25	50 7/8	"

Name								Patron
Blöcktach Curatie	Oberdorf.	Obergünzburg.	266	449	25	4	33²/₈	S. M. d. König.
Bobingen Pfarrei	Schwabmünchen.	Schwabmünchen.	1500	1062	2	155	51⁶/₈	S. M. d. König und bischöfl. Coll
„ Benefizium	„	„		385	57	9	7	„
Bodolsberg Curatbenefizium.	Kempten.	Kempten.	130	312	—	4	11	S. M. d. König.
Böhen Pfarrei	Ottobeuren.	Ottobeuren.	822	921	53	33	28²/₈	„
Bösenreuthe Pfarrei	Lindau.	Lindau.	424	638	45	16	43²/₈	„
Bollstadt Pfarrei	Donauwörth.	Nördlingen.	350	682	24	55	38³/₄	Fürst Wallerstein.
Bonstetten Pfarrei	Nagawang.	Zusmarshausen.	394	683	8⁺	38	40⁴/₈	S. M. d. König.
Boos Pfarrei	Ottobeuren.	Babenhausen.	635	1788	47²/₈	116	1³/₈	Fürst Fugger.
Breitenbronn Pfarrei	Agawang.	Zusmarshausen.	180	572	21³/₈	5	19³/₈	S. M. d. König.
Breitenbrunn Pfarrei	Mindelheim.	Mindelheim.	830	1160	19⁵/₈	72	50	„
Breitenthal Pfarrei	Weissenhorn.	Weissenhorn.	410	1164	23⁶/₈	23	18⁶/₈	„
Brettolshofen Pfarrei	Wertingen.	Wertingen.	398	785	51⁵/₈	31	3²/₈	„
Brunnen Pfarrei	Kaufbeuren.	Buchloe.	371	717	36⁷/₈	18	3⁷/₈	„
Bubenhausen Pfarrei	Weissenhorn.	Weissenhorn.	394	1057	38⁵/₈	90	83⁶/₈	Stadtgemeinde Weissenhorn.
Bubesheim Pfarrei	Jchenhausen.	Günzburg.	474	707	36³/₈	18	51⁶/₈	S. M. d. König.
Buch Pfarrei	Oberroth.	Wertissen.	793	1602	24⁵/₈	212	12⁵/₈	Graf Fugger-Kirchberg.
Buchenberg Pfarrei	Nagu.	Kempten.	1489	1362	35	5		S. M. d. König.
Buchdorf Pfarrei	Monheim.	Donauwörth.	1115	525	55	46	5⁶/₈	S. M. d. König u. Fürst Wallerstein.
Buchloe Pfarrei	Schwabmünchen.	Buchloe.	1000	961	7¹/₈	92	19⁶/₈	Bischöfl. Coll.
„ Benefizium	„	„	—	366	7³/₈	9	4²/₈	Gemeinde Buchloe.
Bühl Benefizium	Stiefenhofen.	Immenstadt.	—	336	17	6	8	S. M. d. König.
Bühl Pfarrei	Weissenhorn.	Günzburg.	674	755	3	27	48	Frhr. v. Osterberg.
„ Benefizium	„	„	—	539	43	34	10	Fürst Wallerstein.
Buggenhofen Benefizium	Donauwörth.	Höchstädt.	—	-470	—	58	42	Fürst Wallerstein.
Burk Curatie	Kirchheim.	Krumbach.	212	357	9	5	44⁵/₈	S. M. d. König.
Burgau Pfarrei	Jchenhausen.	Burgau.	2108	738	50⁶/₈	36	52⁷/₈	Stadt Burgau.
„ Caplanei	„	„	—	423	18	7	52	„
Allerheiligen-Benefizium	„	„	—	375	19	6	40⁶/₈	Frhr. v. Freyberg.
„ Benefizium z. h. Blb	„	„	—	512	15	6	21	S. M. d. Kaiser v. Oesterreich.
Burgberg Pfarrei	Kempten.	Sonthofen.	962	1203	18	382	6²/₈	Bischöfl. Coll.

Namen der Pfarreien und Benefizien.	Gehören zum Dekanate.	Gehören zum Landgerichte.	Seelenzahl.	Fassionsmäßiges Einkommen. fl.	Fassionsmäßiges Einkommen. kr.	Lasten. fl.	Lasten. kr.	Präsentations-Recht.
Burghagel Pfarrei . .	Lauingen.	Lauingen.	366	770	$6^{1}/_{8}$	121	$43^{2}/_{8}$	S. M. d. König.
Burgheim Pfarrei . . .	Burgheim.	Neuburg.	1056	1380	5	420	$33^{3}/_{8}$	"
Burg Pfarrei	Oberdorf.	Obergünzburg.	618	1719	$49^{5}/_{8}$	889	$21^{2}/_{8}$	Bischöfl. Coll.
Burlafingen Pfarrei . .	Weissenhorn.	Neuulm.	610	826	$39^{4}/_{8}$	32	$23^{7}/_{8}$	S. M. d. König.
Buttenwiesen Pfarrei . .	Westendorf.	Wertingen.	334	604	$59^{4}/_{8}$	21	$45^{3}/_{8}$	"
Buxheim Pfarrei . . .	Ottobeuren.	Memmingen.	483	726	57	6	$39^{6}/_{8}$	Graf Bassenheim.
Christertshofen Pfarrei .	Oberroth.	Weissenhorn.	175	745	$34^{5}/_{8}$	28	$7^{7}/_{8}$	S. M. d. König.
Daiting Pfarrei	Burgheim.	Monheim.	590	1130	57	73	$32^{2}/_{8}$	"
Deffingen Pfarrei . . .	Ichenhausen.	Günzburg.	330	832	48	35	51	Magistrat Günzburg.
Deggingen Curatie . . .	Donauwörth.	Nördlingen.	200	481	30	4	8	Fürst Wallerstein.
Deiningen Pfarrei . . .	"	"	370	871	$15^{3}/_{8}$	15	$56^{6}/_{8}$	"
Deisenhausen Pfarrei . .	Mindelheim.	Krumbach.	482	894	$43^{4}/_{8}$	39	$17^{1}/_{8}$	Stadtgemeinde Augsburg.
Deisenhofen Benefizium .	Höchstädt.	Höchstädt.	—	446	44	22	$36^{1}/_{8}$	S. M. d. König.
Denklingen Pfarrei . .	Schongau.	Buchloe.	942	1079	$54^{5}/_{8}$	29	$51^{7}/_{8}$	Bischöfl. Coll.
" Frühmeßbenefiz.	"	"	—	617	2	85	$59^{4}/_{8}$	Familie Knappich.
Deubach Pfarrei . . .	Ichenhausen.	Burgau.	432	848	$38^{1}/_{8}$	8	$9^{3}/_{8}$	S. M. d. König.
Detzenacker Pfarrei . .	Neuburg.	Neuburg.	130	907	—	61	$^{7}/_{8}$	Frhr. v. Gumpenberg.
Diedorf Pfarrei	Agawang.	Göggingen.	353	393	$18^{4}/_{8}$	13	$41^{6}/_{8}$	S. M. d. König.
Diemantstein Pfarrei . .	Höchstädt.	Höchstädt.	661	433	39	21	$47^{6}/_{8}$	Fürst Wallerstein.
Diepolz Pfarrei . . .	Stiefenhofen.	Immenstadt.	192	342	$59^{6}/_{8}$	3	$6^{4}/_{8}$	S. M. d. König.
Dietershofen Pfarrei . .	Ottobeuren.	Babenhausen.	487	1075	$53^{5}/_{8}$	40	$22^{2}/_{8}$	Bischöfl. Coll.
Dietkirch Pfarrei . . .	Agawang.	Göggingen.	711	873	$45^{1}/_{8}$	28	$58^{1}/_{8}$	S. M. d. König.
Dietmansried Pfarrei . .	Ottobeuren.	Grönenbach.	1385	1753	$4^{5}/_{8}$	531	$17^{6}/_{8}$	"
Dillingen Stadtpfarrei . .	Dillingen.	Dillingen.	3632	3480	$14^{4}/_{8}$	1456	$51^{5}/_{8}$	"
" Benefiz. z. hl. Bernhard	"	"	—	451	$14^{4}/_{8}$	18	33	Corporis-Christi Brudersch.

Edelstetten Caplanei = Ben.	Jchenhausen.	Krumbach.	—	381	347 45⁷/₈	20 22²/₈	Fürst v. Eyerhazy.
Edenhausen Curatie	Mindelheim.	"	347	422 41	5 23	Bischöfl. Coll.
Egelhofen Pfarrei	"	Mindelheim.	2076	2362 27¹/₈	1045 45	S. M. b. Rönig.
Egg a. b. Günz Pfarrei	Ottobeuren.	Ottobeuren.	635	1430 8	347 35²/₈	"
Eggenthal Pfarrei	Baisweil.	Kaufbeuren.	827	1064 36³/₈	47 35⁸/₈	"
Ehekirchen Pfarrei	Neuburg.	Neuburg.	352	594 48¹/₈	14 13⁵/₈	"
Ehingen Curatie	Wallerstein.	Jxmütter Pf. Det-	tingen unit.	"
Ehingen Pfarrei	Weßtendorf.	Dettingen.	1133	1656 48⁶	399 25¹/₈	Fürst Dettingen-Spielberg.
Ellerbach Pfarrei	Wertingen.	Wertingen.	320	784 12¹/₈	9 48⁷/₈	Graf Fischler-Treuberg.
Ellgau Curatie = Benefiz.	Weßtendorf.	Dillingen.	357	395 17	6 25	S. M. b. Rönig.
Ellhofen Pfarrei	Weiler.	Donauwörth.	403	769 59	53 28	Graf Fugger-Glött.
Ellzee Curatie	Jchenhausen.	Weiler.	398	506 13	17 19²/₈	S. M. b. Rönig.
Emmersacker Pfarrei	Wertingen.	Weißenhorn.	533	769 39	52 17¹/₈	Fugger'sches Seroriat.
Frühmeßbenefiz.		Wertingen.		347 58	10 22	"
Emmenhausen Pfarrei	Kaufbeuren.	Buchloe.	371	717 36⁷/₈	18 3¹/₈	S. M. b. Rönig.
Emmershofen Curat. = Ben.	Weißenhorn.	Illertissen.	137	462 18	6 36	Bischöfl. Coll.
Emskeim Pfarrei	Bergen.	Monheim.	167	667 8	39 17²/₈	S. M. b. Rönig.
Engetried Pfarrei	Ottobeuren.	Ottobeuren.	564	1442 46⁷/₈	328 28	"
Engishausen Curatie	"	Babenhausen.	223	463 15	63 4¹	"
Ensfeld Pfarrei	Bergen.	Monheim.	170	684 32	51 51⁶	Bischöfl. Coll.
Eppisburg Pfarrei	Wertingen.	Dillingen.	480	549 46¹/₂	14 10¹/₈	"
Eppishausen Pfarrei	Kirchheim.	Lirtheim.	635	1715 10¹/₉	115 2⁸/₈	Graf Fugger-Kirchheim.
Ensried Pfarrei	Mindelheim.	Mindelheim.	354	972 18	63 49⁶/₈	S. M. b. Rönig.
Erkheim Pfarrei	Ottobeuren.	Ottobeuren.	96	514 48	429 51⁶/₈	"
Felinghofen Pfarrei	Schrobenhausen.	Donauwörth.	7	497⁶/₈	15 12⁶	"

Ettenried Pfarrei . . .	Jettingen.	Zusmarshausen.	344	1009	26 [illegible]/8	65	20 [illegible]/8	Fugger'sches Seniorat.
Ettenbeuren Pfarrei . .	Ichenhausen.	Burgau.	1405	876	56 1/8	174	40 5/8	S. M. d. König.
" Frühmeß-Benefiz.	"	"	—	287	49 2/8	19	28 4/8	"
Ettringen Pfarrei . . .	Baisweil.	Türkheim.	727	1371	10	87	27 6/8	"
Eurishofen Pfarrei . . .	Kaufbeuren.	Buchloe.	212	934	56 6/8	29	18 7/8	"
Eutenhausen Pfarrei . .	Mindelheim.	Mindelheim.	312	1183	20	114	48	"
Faimingen Pf. m. Echenbrunn.	Lauingen.	Lauingen.	535	862	28	28	20	"
Finningen (Ob.- u. Unt.-) Pf.	Höchstädt.	Höchstädt.	805	841	9	55	26 7/8	"
Finningen Pfarrei . .	Weissenhorn.	Neu-Ulm.	286	879	3/8	50	20 2/8	"
Fischach Pfarrei . . .	Agawang.	Zusmarshausen.	618	690	57 4/8	46	27 5/8	"
Fischen Pfarrei	Stiefenhofen.	Immenstadt.	1903	679	10 4/8	64	53 5/8	"
" Capl. Benefiz. .	"	"	—	327	10	4	35	"
Fleinhausen Pfarrei . . .	Jettingen.	Zusmarshausen.	205	1072	55 6/8	68	48 7/8	"
Flotzheim Pfarrei . . .	Monheim.	Monheim.	369	698	54 4/8	56	56 4/8	"
Frankenhofen Pfarrei . .	Oberdorf.	Buchloe.	270	767	4	50	57	Bischöfl. Coll.
Frankenried Pfarrei . .	"	Kaufbeuren.	281	774	15 2/8	64	43 2/8	S. M. d. König.
Frauenriedhausen Curatie.	Lauingen.	Lauingen.	113	439	33	6	44 5/8	Bischöfl. Coll.
Frauenstetten Pfarrei . .	Wertingen.	Wertingen.	258	965	7 5/8	172	31 6/8	S. M. d. König.
Frauenzell Pfarrei . . .	Legau.	Grönenbach.	714	928	55 5/8	42	9 7/8	"
Frechenrieden Pfarrei . .	Ottobeuren.	Ottobeuren.	472	1295	51 7/8	61	35 7/8	"
Freihalden Pfarrei . . .	Jettingen.	Burgau.	322	924	41	103	4 7/8	Frhr. Schenk v. Staufenberg.
Fremdingen Pfarrei . .	Wallerstein.	Oettingen.	500	565	46	50	52 1/8	Fürst v. Oettingen-Spielberg.
Friesenried Pfarrei . . .	Oberdorf.	Obergünzburg.	629	715	45	29	2 2/8	S. M. d. König.
Fristingen Pfarrei . . .	Dillingen.	Dillingen.	617	830	38 3/8	110	2 6/8	Bischöfliches Coll. jus. nom. das Spital in Dillingen.
Fronhofen Pfarrei . . .	Donauwörth.	Hochstädt.	423	583	56 3/8	34	39 4/8	Fürst. v. Wallerstein.
Fünfstetten Pfarrei . . .	Wemding.	Monheim.	1078	1885	29 4/8	561	22	S. M. d. König.
Füssen Stadtpfarrei . . .	Füssen.	Füssen.	1737	1453	53	416	6	Frhr. v. Ponikau.
" Spit. Benefiz. z. hl. Geist	"	"	—	363	51	2	55	Stadtmagistrat Füssen.
Gabelbach Pfarrei . . .	Jettingen.	Zusmarshausen.	379	995	24 4/8	58	31 6/8	S. M. d. König.
Gabelbacherkreuth Benefiz.	"	"	—	531	35	20	19	"
Gablingen Pfarrei . . .	Westendorf.	Gögging en.	820	1058	8	20	12	Fürst Fugger.

Namen der Pfarreien und Benefizien.	Gehören zum Dekanate.	Gehören zum Landgerichte.	Seelenzahl.	Giltmäßiges Baßions-Eink. fl.	tr.	Kosten. fl.	tr.	Präsentations-Recht.
Ganuertshofen Pfarrei .	Oberroth.	Weissenhorn.	275	712	—	36	25/₈	Frhr. v. Welden.
Gansheim Pfarrei .	Burgheim.	Monheim.	448	1025	13⁶/₈	96	6⁴/₈	S. M. d. König.
" Schloßbenefiz.		"	—	390	7/₈	36	—	"
Geisenried Pfarrei .	Oberdorf.	Oberdorf.	399	785	35	57	45⁴/₈	Frhr. v. Pontau.
Gennach Pfarrei .	Schwabmünchen.	Schwabmünchen.	400	756	19⁷/₈	16	30⁷/₈	S. M. d. König.
Genderkingen Pfarrei .	Wessenberf.	Donauwörth.	536	1161	47	81	11⁵/₈	"
Gersthofen Pfarrei .	Archibiatonat.	Göggingen.	715	879	32⁴/₈	55	15	"
Gessertshausen Pfarrei	Kirchheim.	Krumbach.	405	1057	51	77	29³/₈	Fürst Wallerstein.
Gestratz Pfarrei .	Weiler.	Weiler.	1295	1519	18	421	85/₈	S. M. d. König.
" Manual-Capl.	"	"	—	320	2¹/₈	1	14	Pfarrer v. Gestraß.
Glauheim Curat-Benefiz.	Höchstädt.	Höchstädt.	—	614	35	75	32⁷/₈	S. M. d. König.
Glött Pfarrei .	Zettingen.	Dillingen.	627	823	17¹/₈	58	36⁶/₈	Graf Fugger-Glött.
Göggingen Pfarrei .	Archibiatonat.	Göggingen.	1110	1238	33¹/₈	545	59²/₈	Bischöfl. Toll.
Görisried Pfarrei .	Oberdorf.	Oberdorf.	664	671	12¹/₈	26	54⁴/₈	S. M. d. König.
Gossheim Pfarrei .	Bembing.	Monheim.	401	1071	2	66	48⁴/₈	"
Gottmanshofen Pfarrei .	Bertingen.	Mertingen.	392	985	19⁴/₈	54	41⁷/₈	"
Graben Pfarrei .	Schwabmünchen.	Schwabmünchen.	383	563	48	8	10	"
Gremheim Curatbenefiz.	Höchstädt.	Höchstädt.	—	496	50⁵/₈	38	30	"
Grimoldsried Pfarrei .	Kirchheim.	Türkheim.	324	902	6	46	33	"
Grönenbach Pfarrei .	Ottobeuren.	Grönenbach.	1181	1520	22	660	33⁷/₈	S. M. d. König altern. mit dem Stadtmagistrate Augsburg.
Grossaitingen Pfarrei .	Schwabmünchen.	Schwabmünchen.	1425	1217	46	317	43⁴/₈	S. M. d. König.
" Frühmeßbenefiz.	"	"	—	462	19	56	28⁵/₈	"
Grosskissendorf Pfarrei .	Ichenhausen.	Augsburg.	539	913	19²/₈	60	15⁴/₈	Frhr. v. Red altern. m. d. bischöfl. Coll. u. dem Stadtpf. in Günzburg.
Grosskitzighofen Pfarrei .	Schwabmünchen.	Buchsee.	296	827	14³/₈	53	10³/₈	S. M. d. König.
			—	305	45⁸	5	45⁵	Familie Wenhofer.

image
not
available

Haunstetten Pfarrei	Archidiakonat	Göggingen	900	1048 51 3/8	435 32 7/8	S. M. b. König.
" Benefizium		"	—	350. 7	2 17	"
Haupeltshofen Benefz.	Mindelheim	Krumbach	—	197 56	—	Frhr. v. Freyberg-Ranau.
Hausen Pfarrei	Lauingen	Lauingen	297	1068 17	65 9 3/8	Bischöfl. Coll.
" Curatie	Mindelheim	Mindelheim	450	590 39	35 36	S. M. b. König.
" Pfarrei	Wallerstein	Mindelheim	464	1617 24 2/8	693 47 5/8	Fürst Oettingen-Spielberg.
Hawangen Pfarrei	Ottobeuren	Dettingen	499	1214 43 3/8	70 16 2/8	S. M. b. König.
Hegelhofen Pfarrei	Weissenhorn	Ottobeuren	320	720 43 4/8	28 46 6/8	"
Hegnenbach Pfarrei	Wertingen	Weissenhorn	254	582 48 5/8	17 7 1/8	"
Heilig Kreuz Curatie	Kempten	Wertingen	816	471 34	6 4	"
Heimenkirch Pfarrei	Weiler	Kempten	1680	1083 12 5/8	31 32 8/8	Frhr. v. Sirgenstein.
" Manual-Caplanei		Weiler	—	357 6	1 23	Gemeinde Heimenkirch.
Heimertingen Pfarrei	Ottobeuren	Babenhausen	—	1181 33 5/8	56 54 1/8	Fürst Fugger.
" Benefizium		"	—	370 48	4 43	"
Hellengerst Pfarrei	Stiefenhofen	Kempten	400	423 6 4/8	9 26	S. M. b. König.
Herbertshofen Pfarrei	Westendorf	Wertingen	893	1240 10 2/8	77 21	"
Heretsried Pfarrei		"	334	642 27 1/8	23 36 4/8	Graf Fischler-Treuberg.
Hergensweiler Pfarrei	Lindau	Lindau	633	1286 13 2/8	353 20 2/8	S. M. b. König.
Herrenstetten Pfarrei	Oberroth	Jllertissen	357	1154 1	49 19 4/8	"
Hiltenfingen Pfarrei	Schwabmünchen	Schwabmünchen	820	933 49	34 36 4/8	"
Hindelang Pfarrei	Kempten	Sontofen	2173	804 19 4/8	43 51 2/8	"
" Benefizium		"	—	352 22	12 56 4/8	"
Hinterstein Manual Capl.	Archidiakonat	Göggingen	—	401 33 3/8	1 44	Bischöfl. Coll.
Hirblingen Pfarrei	Westendorf	Wertingen		50 37 1/8	9 13 1/8	S. M. b. König.

			Seelen	Mit der 3t. Det-tingen unirt.		Patron.
Hirschbrunn Curatie	Wallerstein	Dettingen	164	257 45⁴/₈	4 50²/₈	Fürst Dettingen-Spielberg.
Hirschzell Pfarrei	Kaufbeuren	Kaufbeuren	565	1339 11⁵/₈	212 57⁵/₈	S. M. b. König.
Hochaltingen Pfarrei	Wallerstein	Dettingen	—	483 50	19 26⁶/₈	Fürst Dettingen-Spielberg.
„ Beneficium	Wallerstein					„
Hochgreuth Expositur	Kempten	Kempten	239	398 36⁵/₈	4 11	S. M. b. König.
Hochwang Pfarrei	Ichenhausen	Günzburg	487	544 21²/₈	9 46	Pfarrer in Günzburg.
Höchstädt Pfarrei	Höchstädt	Höchstädt	2400	1532 47¹/₈	400 46⁴/₈	Magistrat Höchstädt.
„ Spital Benefiz.			—	548 3	19 19¹/₈	„
„ Ben. ad sanct. Vitum			—		13 4	„
Hörrmatshofen Benefiz.	Oberdorf	Oberdorf	—	506 32³/₈		„
Hohenreichen Beneficium	Wertingen	Wertingen	—	418 20³/₈	11 48³/₈	Bischöfl. Collegium.
Hollenbach Pfarrei	Neuburg	Neuburg	252	1327 14⁶/₈	93 30⁴/₈	M. b. Salesberg, in Beringen vereinigt.
Holzen Curatie	Westendorf	Wertingen	124	409 16	7 10	S. M. b. König.
Holzgünz Pfarrei	Ottobeuren	Ottobeuren	477	860 31	10 50³/₈	Graf Fischler-Treuberg.
Holzheim Pfarrei	Weißenhorn	Neuulm	682	1142 46³/₈	35 27⁶/₈	S. M. b. König.
„ Beneficium				581 26⁵/₈	26 29⁷/₈	„
„ Pfarrei	Wertingen	Dillingen	1253	652 24⁴/₈	52 24¹/₈	„
„ Beneficium				273 47	15 1	„
Honsolgen Pfarrei	Kaufbeuren	Buchloe	425	1014 19	69 41⁶/₈	Bischöfl. Coll.
Hopfen Pfarrei	Fülsen	Füssen	745	822 37⁴/₈	47 40⁵/₈	S. M. b. König.
Hopferau Benefiz.			—	293 32	2 44	Fürst Wallerstein.
Hopferbach Pfarrei	Ottobeuren	Obergünzburg	410	849 26	81 40⁵/₈	S. M. b. König.
Hoppingen Pfarrei	Donauwörth	Nördlingen	297	584 58	36	Fürst Wallerstein.
Horgau Pfarrei	Agawang	Zusmarshausen	1317	1374 32	367 54	Frhr. v. Rehling.
Huisheim Pfarrei	Wembing	Monheim	657	975 3	37 51	Magistrat Wembing.
Hütting Pfarrei	Burgheim	Neuburg	300	955 25	36 21³/₈	S. M. b. König.
Huttenwang Pfarrei	Oberdorf	Oberdorf	300	744 14⁸/₈	69 47¹/₈	Frhr. v. Bonitau.
Ichenhausen Pfarrei	Ichenhausen	Günzburg	1713	913 27⁵/₈	283 28⁴/₈	S. M. b. König.
„ Beneficium			—	405 37	6 36	Frhr. b. Stain.
Jedesheim Pfarrei	Oberroth	Illertissen	694	1244 36⁴/₈	50 17⁶/₈	S. M. b. König.
Jengen Pfarrei	Kaufbeuren	Buchloe	560	1014 19	69 41⁶/₈	Bischöfl. Coll.

Namen der Pfarreien und Benefizien.	Gehören zum Dekanate.	Gehören zum Landgerichte.	Seelenzahl.	Sollamtmäßige Einkommen. fl.	kr.	Kosten. fl.	kr.	Präsentations-Recht.
Jengen Benefiz. . . .	Kaufbeuren.	Buchloe.	—	327	51	16	1 7/8	Unentschieden.
Jettingen Pfarrei . .	Jettingen.	Burgau.	1513	1048	21	140	4 1/2	Frhr. Schenk v. Stauffenberg.
" Frühmeßbenefiz.	"	"	—	451	8	17	38 2/8	"
" Kapl. Benefiz.	"	"	—	458	31	17	53 2/8	"
Illerberg Pfarrei . .	Weißenhorn.	Illertissen.	644	2619	32	592	1 4/8	Graf Fugger-Kirchberg.
Illerbeuren Pfarrei .	Ottobeuren.	Grönenbach.	751	948	31	46	56	Frhr. v. Westernach.
Illereichen Pfarrei .	Oberroth.	Illertissen.	1047	1808	32	480	3 3/4	S. M. d. König.
" Benefiz. .	"	"	—	505	30 b/8	22	49 6/4	"
Illertissen Pfarrei .	"	"	1390	1336	33 3/8	172	15	"
" Benefiz. .	"	"	—	527	28 7/8	21	36 2/4	"
Illerzell Pfarrei . .	Kirchheim.	Türkheim.	143	603	39	4	58 3/4	Graf Fugger-Kirchberg-Weissenhorn.
Immelstetten Pfarrei	Stiefenhofen.	Immenstatt.	397	964	57	42	55 6/4	Fürst Fugger.
Immenstadt Pfarrei .	"	"	1871	1037	37 1/8	63	21	S. M. d. König.
" Spital-Benefiz.	"	"	—	439	14	14	2	"
" Ben. z. hl. Joh. v. Nep.	"	"	—	478	13	7	2	"
Ingenried Pfarrei . .	Schongau.	Oberdorf.	354	753	8 6/8	62	46 7/4	Frhr. v. Ponikau.
Ingenried Pfarrei . .	Baiswell.	Kaufbeuren.	173	881	12 4/8	32	52 3/4	S. M. d. König.
Joshofen Pfarrei . .	Bergen.	Neuburg.	218	961	53	57	47 6/4	"
Irsee Pfarrei . . .	Kaufbeuren.	Kaufbeuren.	833	944	—	12	44	"
Irsingen Pfarrei . .	Baiswell.	Türkheim.	226	839	19	16	13 1/4	"
Kadeltshofen Curatie	Weißenhorn.	Neu-Ulm.	375	590	56	22	38 4/4	Graf Fugger-Kirchberg zur vom.
Kaisheim Pfarrei . .	Burgheim.	Neuburg.	559	1077	51	320	36 6/4	Graf Fugger-Kirchberg, zur Gemeinde.
" Cur. im Strafarbeitsh.	"	"	—	810	18	30	36	S. M. der König.
Kamlach Pfarrei . .	Mindelheim.	Mindelheim.	1173	1116	14 6/8	65	3 1/8	"
" Benefiz. . .	"	"	—	574	20	37	2 3/4	"

Name			Seelen						Patron
Kappel Curatie-Benefiz.	Füssen.	Füssen.	—	300	27²/₈		4	31	Bischöfl. Coll.
Karlshuld Pfarrei	Neuburg.	Neuburg.	1614	1094	57		315	11³/₈	S. M. b. König.
Karlskron Pfarrei	"	"	1128	814	22⁵/₈		5	17¹/₈	"
Kaufbeuren Pfarrei	Kaufbeuren.	Kaufbeuren.	2410	1473	8²/₈		409	35³/₄	Magistr. Kaufbeuren.
" I. Hilfspriesterstelle	"	"	—	500			—		"
" II. Hilfspriesters- und Studienlehrerstelle	"	"	—	—			—		"
" III. Hilfspriesters- und Studienlehrerstelle	"	"	—	450			—		"
Kellmünz Pfarrei	Oberroth.	Mertissen.	519	858	29		32	34	S. M. b. König.
Kennath Pfarrei	Ichenhausen.	Burgau.	790	783	17³/₈		22	49²/₈	"
Kennath Pfarrei	Oberdorf.	Kaufbeuren.	230	497	9²/₈		4	33²/₈	"
Kempten Pfarrei (St. Lorenz)	Kempten.	Kempten.	8157	1498	40		8	54	"
Ketterschwang Pfarrei	Kaufbeuren.	Kaufbeuren.	310	899	43		47	39⁶/₈	"
Kettershausen Pfarrei	Oberroth.	Babenhausen.	820	1337	11		44	54	Fürst Fugger.
Kicklingen Pfarrei	Höchstädt.	Höchstädt.	642	1300	45⁵/₈		42	53²/₈	S. M. b. König.
Kinratshofen Pfarrei	Legau.	Grönenbach.	1135	1032	29⁶/₈		37	17⁶/₈	"
Kirchdorf Pfarrei	Baisweil.	Mindelheim.	466	1505	19⁴/₈		80	39⁵/₈	"
Kirchhaslach I. Curatben.	Oberroth.	Babenhausen.	1374	1418	45⁶/₈		275	36⁷/₈	Fürst Fugger.
" II. Curatben.	"	"	—	396			2	31	"
Kirchheim Pfarrei	Ströhheim.	Türkheim.	1418	1657	28		874	10¹/₈	Graf Fugger-Kirchheim-Hoheneg.
Kleinaitingen Pfarrei	Schwabmünchen.	Schwabmünchen.	333	690	51		38	46⁵/₈	S. M. b. König.
Kleinerdlingen Pfarrei	Donauwörth.	Nördlingen.	584	875	22⁷/₈		10	22⁷/₈	"
Kleinkitzighofen Pfarrei	Schwabmünchen.	Buchloe.	243	816	45		22	36⁵/₈	"
Kleinkötz Pfarrei	Ichenhausen.	Günzburg.	267	548	36		5	43	Stadtpfarrer v. Günzburg zu nen. v. Hoheneg.
Kleinweiler Pfarrei	Legau.	Kempten.	245	582	23		12	14³/₈	S. M. b. König.
Klimmach Pfarrei	Ströhheim.	Schwabmünchen.	363	734	15⁵/₈		48	44⁵/₈	"
Klosterbeuren Pfarrei	Oberroth.	Babenhausen.	378	743	23		9	58⁷/₈	"
" Benefizium	"	"	—	335	12		3	54⁷/₈	"
Knöringen Pfarrei	Ichenhausen.	Burgau.	1097	899	56		61	37³/₈	Frhr. v. Freyberg.
Knottenried Pfarrei	Stiefenhofen.	Immenstadt.	126	263	13³/₄		3	6⁴/₈	S. M. b. König.

Namen der Pfarreien und Benefizien	Gehören zum Dekanate.	Gehören zum Landgerichte.	Seelenzahl.	Kassenmäßiges Einkommen. fl.	kr.	Kosten. fl.	kr.	Präsentations-Recht.
Kobel Benefizium	Agawang.	Göggingen.	390	356	43	20	36	v. Langenmantel.
Küngetried Pfarrei	Mindelheim.	Mindelheim.	218	898	43 3/8	59	4 1/4	S. M. b. König.
Könghausen Pfarrei	Kirchheim.	Türkheim.	788	853	5 2/8	70	48 3/8	Graf Fugger-Kirchheim-Hohenegg.
Königsbrunn Pfarrei	Schwabmünchen.	Schwabmünchen.	936	731	51 2/8	17	19 1/8	Bischöfl. Coll.
Konradshofen Pfarrei	Kirchheim.	Türkheim.	342	564	10 3/8	5	40	S. M. b. König.
Konzenberg Pfarrcuratie	Jettingen.	Burgau.	753	371	45	6	39	Bischöfl. Coll.
Kreuzthal Pfarrei	Legau.	Kempten.	751	518	56	46	56	S. M. b. König.
Kronburg Pfarrei	Ottobeuren.	Grönenbach.	527	948	31	60	50	Frhr. v. Westernach.
Krugzell Pfarrei	Kempten.	Kempten.	1973	670	17 2/8	1216	19 3/8	S. M. b. König.
Krumbach Pfarrei	Mindelheim.	Krumbach.	375	3247	52 2/8	57	4 2/8	"
Kutzenhausen Pfarrei	Agawang.	Zusmarshausen.	402	1196	52 4/8	26	30	"
Lachen Pfarrei	Ottobeuren.	Ottobeuren.	411	452	25 4/8	24	29 4/8	"
Lamerdingen Pfarrei	Schwabmünchen.	Buchloe.	454	682	19	48	22 2/8	"
Landensberg Pfarrei	Jettingen.	Burgau.	1025	769	6 6/8	57	6 2/8	"
Langeneringen Pfarrei	Schwabmünchen.	Schwabmünchen.	516	1186	49	4	55	"
Benefizium	"	"		339	46	19	52 2/8	
Langenhaslach Pfarrei	Ichenhausen.	Krumbach.	1184	991	20 2/8	110	56 6/8	Graf Rechberg-Rothenlöwen.
Langenneufnach Pfarrei	Kirchheim.	Wertingen.	417	1268	2 4/8	100	53 2/8	Fürst Fugger.
Langenreichen Pfarrei	Westendorf.	Göggingen.	318	1040	48 5/8	25	37 1/8	S. M. b. König.
Langweid Pfarrei	Wallerstein.	Dettingen.	523	709	36 6/8	37	57 6/8	"
Laub Pfarrei	Baiswell.	Kaufbeuren.	295	658	47 1/8	25	29	"
Lauchdorf Pfarrei	Wertingen.	Wertingen.	789	927	2 2/8	63	36 2/8	"
Laugna Pfarrei	"	"	270	894	51 5/8	6	46 3/8	Fürstl. Taris'scher Rath Grimm.
Benefizium	"	"		270	34			
Lauingen Stadtpfarrei	Lauingen.	Lauingen	3695	911	31	18	14	Magistr. Lauingen.

Lauingen I. Capl. Benefiz.	Lauingen	Lauingen	—	—	493 40	10 51	Magiſtr. Lauingen.
" II. Capl. Benefiz.	"	"	—	—	495 7	10 51	"
" St. Andrä-Benefiz.	"	"	—	—	536 16	10 51	"
Lauterbach Pfarrei	Weſtendorf.	Donauwörth.	581	1009 47 1/8	50 12 6/8	S. M. d. König.
Lauterbrunn Pfarrei	"	Wertingen.	297	633 32 7/8	33 32 7/8	Jugger'ſches Seniorat
Lautrach Pfarrei	Legau.	Grönenbach.	700	921 11 4/8	35 50 8/8	S. M. d. König.
Lechbruck Pfarrei	Füſſen.	Füſſen.	1351	713 23 4/8	127 24 4/8	Biſchöfl. Coll.
Lechsend Pfarrei	Burgheim.	Monheim.	528	1165 35 3/8	127 17 4/8	S. M. d. König.
Leeder Pfarrei	Ebergau.	Buchloe.	719	1143 2 6/8	20 20 7/8	Biſchöfl. Coll.
Legau Pfarrei	Legau.	Grönenbach.	1763	2945 36	835 24	S. M. d. König.
Lehenbühl Benefizium		"	—	437 12	14 10	"
Leidling Pfarrei	Burgheim.	Neuburg.	253	895 44 7/8	111 5 4/8	Stadtpfarrer zu Günzburg.
Leinheim Pfarrcuratie	Ichenhauſen.	Günzburg.	239	472 42	17 —	S. M. d. König.
Leitershofen Pfarrei	Archidiakonat.	Göggingen.	299	516 8	26 11	Bilchöfl. Coll.
Lengenfeld Pfarrei	Kaufbeuren.	Buchloe.	217	957 23 1/8	44 37 2/8	"
Lengenwang Pfarrcuratie	Füſſen.	Füſſen.	644	537 22	4 37	S. M. d. König.
Lenzfried Pfarrei	Kempten.	Kempten.	1657	1079 31	307 41 6/8	Biſchöfl. Coll.
Leuterschach Pfarrei	Oberdorf.	Oberdorf.	458	671 46 5/8	58 10 4/8	"
" Benefizium	"	"	—	336 16	9 53 2/8	Pfarrer u. d. Gem. in Leuterſbach.
Lichtenau Benefizium	Neuburg.	Neuburg.	288	421 55	37 17 2/8	S. M. d. König.
Limpach Pfarrei	Ichenhauſen.	Burgau.	407	844 29 2/8	30 33 7/8	"
Lindau Stadtpfarrei	Lindau.	Lindau.	1200	1473 58	434 25 7/8	Biſchöfl. Coll.
Lindenberg Pfarrei	Kaufbeuren.	Buchloe.	334	608 14 4/8	54 5 5/8	S. M. d. König.
" Pfarrei	Weiler.	Weiler.	1324	1241 58	255 38 1/8	Gemeinde Lindenberg.
" Capl. Benefiz.		"	—	380 —	4 21	S. M. d. König.
Loppenhausen Pfarrei	Mindelheim.	Mindelheim.	534	2315 5 4/8	287 18 3/8	"
Ludwigsmoos Curatie	Neuburg.	Neuburg.	748	578 54	13 22	"
Lützelburg Pfarrei	Weſtendorf.	Göggingen.	403	639 58 5/8	11 27 5/8	"
Lutzingen Pfarrei	Höchſtädt.	Höchſtädt.	954	1361 16 3/8	571 17 2/8	"
Maierhöfen Pfarrei	Weiler.	Weiler.	1215	610 28	7 40	"
" Caplanei	"	"	—	232 12	1 23	"

Namen der Pfarreien und Benefizien.	Gehören zum Dekanate.	Gehören zum Landgerichte.	Seelenzahl.	Gassiens-mäßiges Ein-kommen. fl.	kr.	Kassen. fl.	kr.	Präsentations-Recht.
Maisolstein Pfarrei . . .	Stesienhofen.	Immenstadt.	195	447	14	5	4	S. M. d. König.
Maiselstein Pfarrei . . .	Kempten.	Sonthofen.	543	529	57¼	24	52⅝	"
Manching Pfarrei . . .	Neuburg.	Neuburg.	1163	1064	59¼	34	26³⁄₈	"
Margartshausen Schulben.	Agawang.	Göggingen.	346	424	52¼	7	18²⁄₈	"
Maria Rhein Pfarrei . .	Kempten.	Sonthofen.	381	1001	53¼	366	55⁷⁄₈	Bischöfl. Teil. v. Weinbach.
Maria Thann Pfarrei . .	Lindau.	Lindau.	501	1168	39¾	94	18	v. Weinbach.
" Benefizium			—	374	22	6	38	S. M. d. König.
Markt Penfiz. . . .	Westendorf.	Mertingen.	—	335	40	3	44	Fürst Fugger.
Marktoffingen Pfarrei .	Wallerstein.	Dettingen.	1131	1373	10⁶⁄₈	545	25¹⁄₈	S. M. d. König u. Fürst Wallerstein.
" Benefizium			—	575	12	5	10⁶⁄₈	Fürst Wallerstein.
Martinszell Pfarrei . .	Legau.	Kempten.	779	639	54⁷⁄₈	23	7	S. M. d. König.
Marxheim Pfarrei . . .	Burgheim.	Monheim.	1026	1025	55⁶⁄₈	42	51⁴⁄₈	"
Mattsies Pfarrei . . .	Baisweil.	Türkheim.	550	2373	43⁴⁄₈	193	33⁴⁄₈	Frhr. v. Freyberg.
Mauern Pfarrei . . .	Burgheim.	Wengheim.	134	1591	34⁴⁄₈	96	7⁶⁄₈	S. M. d. König.
Mauerstetten Pfarrei .	Kaufbeuren.	Kaufbeuren.	382	751	20⁴⁄₈	33	56²⁄₈	"
Maylingen Pfarrei . .	Wallerstein.	Dettingen.	671	696	22	19	7⁶⁄₈	Fürst Wallerstein.
" Benefizium			—	429.53		3	17	"
Medlingen Pfarrei . .	Dillingen.	Dillingen.	615	933	53	13	27	S. M. d. König.
Medlingen Pfarrei . .	Lauingen.	Lauingen.	711	1351	17	375	28	"
Megesheim Pfarrei . .	Bembing.	Dettingen.	625	770	15²⁄₈	87	23⁶⁄₈	Fürst Dettingen-Spielberg.
Meitingen Benefizium .	Westendorf.	Mertingen.	—	297	40	6	40	S. M. d. König.
Memhölz Pfarrei . . .	Legau.	Kempten.	437	386	25	2	56	"
Memmenhausen Pfarrei	Kirchheim.	Krumbach.	544	858	2¹⁄₈	49	19⁷⁄₈	"
Memmingen Stadtpfarrei	Ottobeuren.	Memmingen.	790	1462	24	423	34¹⁄₈	"
Mertingen Pfarrei . .	Westendorf.	Donauwörth.	1198	874	38⁶⁄₈	18	58⁶⁄₈	"

Pfarrei / Benefizium	Dekanat	Landgericht	Seelen			Patron
Mertingen Benefizium	Westendorf	Donauwörth.	—	485 59	16 14$\frac{5}{8}$	S. M. b. König.
Mickhausen Pfarrei	Krähheim	Schwabmünchen.	949	1008 13	41 59$\frac{1}{8}$	Graf Fugger-Nordendorf.
Mindelaltheim Pfarrei	Jettingen	Burgau.	153	735 26	53 33$\frac{7}{8}$	S. M. b. König.
Mindelau Pfarrei	Baisweil	Mindelheim.	380	706 57$\frac{6}{8}$	25 41	"
Mindelheim Stadtpfarrei	Mindelheim	"	3188	3040 51$\frac{3}{8}$	929 42	"
" Sylvester-Benefizium	"	"	—	508 24	37 21$\frac{5}{8}$	"
" hl. Geist-Benefizium	"	"	—	448 35$\frac{1}{8}$	29 6$\frac{5}{8}$	"
" hl. Kreuz-Benefizium	"	"	—	166 18	—	Bischöfl. Coll.
" St. Anna-Benefiz.	"	"	—	517 51	31 13$\frac{3}{8}$	S. M. b. König.
" Benefiz. an der Maria Verkündigungstirche	"	"	—	500 —	6 18	Gemeinde Mindelheim.
" Ben. zum hl. Sebastian	"	"	—	654 55	42 33$\frac{7}{8}$	Die St. Sebastians-Bruderschaft in Mindelheim.
" Schlößben. z. St. Georg	"	"	—	325 4$\frac{6}{8}$	2 16	S. M. b. König.
Mindelzell Pfarrei	Stiefenhofen	Immenstadt.	478	962 4	33 53$\frac{3}{8}$	"
Missen Pfarrei	Kempten	Kempten.	1036	1052 26	157 29$\frac{7}{8}$	"
" Capl. Benefiz.	"	"	—	339 34$\frac{4}{8}$	9 7$\frac{4}{8}$	Bischöfl. Coll.
Mittelberg Pfarrei	Kirchheim	Türkheim.	1525	769 34$\frac{4}{8}$	49 20$\frac{3}{8}$	S. M. b. König u. d. Stadtmagistr. Augsburg.
" Capl. Benefizium	"	"	—	322 49	1 39	S. M. b. König.
Mittelneufnach Pfarrei	Schwabmünchen	Schwabmünchen.	515	876 28	59 46	Fürst Oettingen-Wallerstein.
Mittelstetten Curatbenefiz.	Wertingen	Wertingen.	200	435 58	10 32	S. M. b. König.
Modelshausen Pfarrei	Jettingen	Burgau.	99	743 30	59 2$\frac{1}{8}$	Fürst Wallerstein.
Mönstetten Curatbenefiz.	Monheim	Monheim.	246	403 48$\frac{6}{8}$	4 48	Fürst Wallerstein.
Möhren Pfarrei	Kirchheim	Türkheim.	476	722 38$\frac{4}{8}$	94 41$\frac{5}{8}$	S. M. b. König.
Mörgen Pfarrei	Höchstädt	Höchstädt.	273	925 42	55 54$\frac{4}{8}$	Fürst Fugger.
Mörslingen Pfarrei	Mindelheim	Babenhausen.	998	1215 36	98 21	Bischöfl. Coll.
Mohrenhausen Pfarrcuratie	Kempten	Gonthofen.	202	472 56$\frac{7}{8}$	15 53	S. M. b. König.
Moosbach Pfarrei	Monheim	Monheim.	285	393 22	6 9	Fürst Oettingen-Wallerstein.
Monheim Pfarrei	Höchstädt	Donauwörth.	1901	2811 45	1632 10$\frac{3}{8}$	Bischöfl. Coll. u. Fürst Oettingen-Wallerstein.
Mündling Pfarrei	Jettingen	"	933	1352 34$\frac{2}{8}$	119 31$\frac{7}{8}$	Fürst Oettingen-Wallerstein.
Münster Pf. u. Erlingshofen	Höchstädt	Donauwörth.	723	606 49$\frac{7}{8}$	15 12$\frac{6}{8}$	S. M. b. König.
Münsterhausen Pfarrei	Jettingen	Krumbach.	1553	1035 21$\frac{2}{8}$	132 21$\frac{1}{8}$	Bischöfl. Coll.

Namen der Pfarreien und Benefizien.	Gehören zum Dekanate.	Gehören zum Landgerichte.	Seelenzahl.	Passions-mäßiges Einkommen. fl.	kr.	Kasten. fl.	kr.	Präsentations-Recht.
Münsterhausen Benefizium	Jettingen.	Krumbach.	—	432	37	19	26 2/8	Bischöfl. Coll.
Munningen Pfarrei	Wallerstein.	Dettingen.	312	839	58	18	14 4/8	Fürst Dettingen=Wallerstein.
Munzingen Pfarrei	"	Nördlingen.	358	624	58 6/8	25	14 3/8	Fürst Wallerstein.
Muthmannshofen Pfarrei	Legau.	Grönenbach.	388	862	20 4/8	73	42	S. M. d. König.
Myweiler Capl. Benefiz.	Weiler.	Weiler.	—	326	—	4	21	"
Nassenbeuren Pfarrei	Baisweil.	Mindelheim.	495	2277	1	216	58 6/8	Bischöfl. Coll.
Nattenhausen Pfarrei	Mindelheim.	Weissenhorn.	331	837	48	43	4 1/8	Bischöfl. Coll.
Neffsend Pf. (auch Schäfstall)	Burgheim.	Donauwörth.	174	1019	56 1/8	62	48 1/8	S. M. d. König.
Nesselwang Pfarrei	Kempten.	Füssen.	1548	987	16 1/8	445	34 6/8	"
— Spitalbenefiz.	"	"	—	386	15	4	11	"
Neuburg a. D. Stadtpfarrei zu St. Peter	Neuburg.	Neuburg.	2397	1397	57	51	58 5/8	"
" Stadtpfarrei zum hl. Geist	"	"	3376	2250	27	1015	59	"
" Stadtprädicatur	"	"	—	700	—	5	47	"
" Ben. z. St. Mar. Loretto	"	"	—	345	48	4	5	Kloster der Elisabetherinnen.
" Storr'sches Curatbene- fizium an der Hofkirche	"	"	—	400	—	4	5	"
Neuburg a. b. Kammel Pfarr.	Ichenhausen.	Krumbach.	841	1365	14	367	36 2/8	Bischöfl. Coll.
" Benefizium	"	"	—	546	11	45	18 3/8	Frhr. v. Aretin.
Neu-Ulm Pfarrei	Weissenhorn.	Neuulm.	259	700	—			S. M. d. König.
Niederdorf Pfarrcurate	Ottobeuren.	Ottobeuren.	1233	531	1 1/8	5	1 1/8	"
Niederraunau Pfarrei	Mindelheim.	Krumbach.	980	1234	2 7/8	68	51	"
Niederrieden Pfarrei	Ottobeuren.	Babenhausen.	459	1548	17	138	16 6/8	"
Niedersonthofen Pfarrei	Stiefenhofen.	Immenstadt.	933	542	58 6/8	19	18 5/8	"
" (Capl. Benefiz.)	"	"	—	284	54	5	38	"

image
not
available

Namen der Pfarreien und Benefizien.	Gehören zum Dekanate.	zum Landgerichte.	Seelenzahl.	Baßliches-mäßiges Eink-terminum. fl.	kr.	Taxen. fl.	kr.	Präsentations-Recht.
Oberrieden Pfarrei	Mindelheim.	Mindelheim.	712	618	6	46	7 7/8	Bischöfl. Coll.
Oberroth Pfarrei	Oberroth.	Illertissen.	620	1809	55 1/8	180	44 7/8	S. M. b. König.
" Benefizium	"	"	—	415	34	1	56	Pfarrer in Oberroth.
Oberstdorf Pfarrei	Kempten.	Sonthofen.	1854	890	51 3/8	424	58 6/8	Bischöfl. Coll.
" Benefizium	"	"	—	413	4	8	35	Bischöfl. Coll. jus nom. die Gemeinde.
Oberstimm Pfarrei	Neuburg.	Neuburg.	241	1035	26 3/8	68	5 3/8	S. M. b. König.
Oberthingau Pfarrei	Oberdorf.	Oberdorf.	439	656	26 3/8	26	9 6/8	"
Oberthürheim Pfarrcuratie	Wertingen.	Wertingen.	287	467	11 7/8	11	27 4/8	"
Oberwaldbach Pfarrei	Rettingen.	Burgau.	452	1233	39 4/8	83	59 6/8	Frhr. v. Stauffenberg.
Oettingen Pfarrei	Wallerstein.	Dettingen.	2040	2454	7	1527	13	Fürst Dettingen-Spielberg.
Ofingen Pfarrei	Ichenhausen.	Günzburg.	817	841	55 4/8	57	24 7/8	Frhr. v. Freyberg.
Ofterschwang Pfarrei	Stiefenhofen.	Immenstadt.	266	462	52 5/8	12	42	S. M. b. König.
Ollarzried Pfarrei	Ottobeuren.	Ottobeuren.	404	738	36	7	25 3/8	"
Opfenbach Pfarrei	Weiler.	Weiler.	1212	675	25	30	38 4/8	Gemeinde Opfenbach.
Ortlfing Pfarrei	Burgheim.	Neuburg.	192	1139	13	64	49 2/8	S. M. b. König.
Osterberg Pfarrei	Oberroth.	Illertissen.	686	1299	54 6/8	89	54 2/8	Frhr. v. Bonifau.
Osterbuch Pfarrei	Weltenbach.	Wertingen.	344	859	24	52	4	S. M. b. König alterni. mit Graf Fricker-Treuberg.
Osterzell Pfarrei	Oberdorf.	Sonthofen.	535	1050	42	23	48 4/8	S. M. b. König.
Ottacker Pfarrei	Kempten.	Monheim.	425	579	12 4/8	12	24 3/8	"
Otting Pfarrei	Neuburg.	Schwabmünchen.	429	933	43 4/8	49	4 6/8	Graf v. Ötting-Fünfstetten.
Ottmarshausen Pfarrei	Schwabmünchen.	Göggingen.	300	581	28 4/8	19	18 7/8	S. M. b. König.
Ottmarshausen Pfarrei	Aggawang.	Ottobeuren.	410	732	30 5/8	54	49 4/8	"
Ottobeuren Pfarrei	Ottobeuren.	Günzburg.	2523	3340	13 2/8	804	48 3/8	"
Oxenbrunn Pfarrei	Ichenhausen.	Kempten.	240	661	39 7/8	58	11 4/8	Stadtpfarrer v. Günzburg.
Oy Curat-Benefiz.	Kempten.		—	365	33	5	31	Bischöfl. Coll.

Namen der Pfarreien und Benefizien.	Gehören zum Dekanate.	Gehören zum Landgerichte.	Seelenzahl.	Baulions-mäßiges Einkommen. fl.	kr.	Kosten. fl.	kr.	Präsentations-Recht.
Rennertshofen Pfarrei	Oberroth	Weiffenhorn	360	958	39	19	187/8	S. M. b. König.
Rettenbach Pfarrei	Ichenhausen	Günzburg	712	817	18⁴	75	58³/6	Frhr. v. Riedheim.
„ Benefizium	„	„	—	366	40¹/8	7	24	„
Rettenbach Pfarrei	Oberdorf	Oberdorf	449	942	16	76	30⁷/8	Bischöfl. Coll.
Rettenbach Pfarrei	Ottobeuren	Ottobeuren	1121	1604	50⁵/8	439	49¹/8	Fürst Fugger.
„ Man. = Benefiz.	„	„		*		—	—	„
Rettenberg a. d. Burg Pfarr.	Kempten	Sonthofen	646	450	—	—	—	Bischöfl. Coll.
Reutern Curatbenefiz.	Wertingen	Zusmarshausen	396	818	38¹/8	74	7/	S. M. b. König.
Ried Pfarrei	Zettingen	Burgau	250	579	12⁴/8	12	24³/8	Frhr. v. Staufenberg.
Ried Pfarrei (f. auch Ottader)	Kempten	Kempten	425	789	56	20	47¹/8	S. M. b. König.
Ried Pfarrei	Neuburg	Neuburg	363	811	42	38	34⁵/8	„
Ried Pfarrei	Agawang	Zusmarshausen	260	559	19⁴/8	12	16⁶/8	Fürst v. Wallerstein.
Rieden Pfarrei	Füssen	Füssen	753	504	36⁶/8	11	33	Bischöfl. Coll.
Rieden a. d. Köß Pfarrei	Ichenhausen	Günzburg	446	546	31⁷/8	16	17	„
Rieden Pfarrei	Kaufbeuren	Kaufbeuren	250	926	55	123	27⁴/8	S. M. b. König.
Riedhausen Pfarrei	Ichenhausen	Günzburg	230	440	5²/8	16	33²/6	Graf Maldeghem.
Riedlingen Caplanei	Donauwörth	Donauwörth	454	473	13	5	28	S. M. b. König.
Ritzisried Curatbenefizium	Oberdorf	Mertlingen	215	727	49²/.	38	59⁴/8	„
Rögling Pfarrei	Monheim	Monheim	593	817	9⁴/8	41	50³/8	„
Röfingen Pfarrei	Zettingen	Burgau	647	748	36	76	40	„
Röthenbach Pfarrei	Weiler	Weiler	1174	451	21	4	33	Bischöfl. Coll.
Roggden Schulbenefiz.	Wertingen	Wertlingen	301					„
Roggenburg Pfarrei	Weiffenhorn	Weiffenhorn	871	1519	3³/8	450	6¹/8	S. M. b. König.

* Mit der Pfarrei Rettenbach unirt.

image
not
available

Namen der Pfarreien und Benefizien.	Gehören zum Dekanate.	zum Landgerichte.	Seelenzahl.	Gallione-mäßiges Einkommen. fl.	kr.	Zahlen. fl.	kr.	Präsentations-Recht.
Schwäbishofen Pfarrei	Kaufbeuren.	Kaufbeuren.	212	934	56⁶/₈	29	18⁷/₈	S. M. b. König.
Schwarzenberg Curatbenefiz.	Kempten.	Sonthofen.	—	540	31	7	23	Bischöfl. Coll.
Schwennenbach Pfarrei	Höchstädt.	Höchstädt.	275	1613	37⁷/₈	78	51⁷/₈	S. M. b. König.
Schwenningen Pfarrei	"	"	673	1102	48	109	23⁶/₈	v. Linder.
Seeg Pfarrei	Füssen.	Füssen.	2207	962	34⁶/₈	448	22	Bischöfl. Coll.
Seiboldsdorf Pfarrei	Neuburg.	Neuburg.	132	649	54⁴/₈	42	2	v. Gutor.
Seifriedsberg Pfarrei	Stiefenhofen.	Immenstadt.	1188	979	10⁵/₈	208	35⁵/₈	S. M. b. König.
Senden Curatie	Weißenhorn.	Neu-Ulm.	390	449	13	2	46	Graf Fugger-Kirchberg.
Siebnach Pfarrei	Kirchheim.	Türkheim.	672	1137	27	30	7³/₈	S. M. b. König.
Siegertshofen Pfarrei	"	Schwabmünchen.	270	888	26⁵/₈	74	53²/₈	Bischöfl. Coll.
Sigmarszell Pfarrei	Lindau.	Lindau.	318	663	49⁸/₈	38	25	S. M. b. König.
Simmerberg Benefizium	Weiler.	Weiler.	—	333	55	1	47	Gemeinde Simmerberg.
Sinning Pfarrei	Neuburg.	Neuburg.	377	875	4³/₈	69	57	S. M. b. König.
" Benefizium	"	"	—	377	46	5	9	Frhr. v. Weveld.
Sonderheim Pfarrei	Höchstädt.	Höchstädt.	174	1148	29	60	9¹/₈	S. M. b. König.
Sontheim Pfarrei	Ottobeuren.	Ottobeuren.	770	1027	25	36	16	"
Sonthofen Pfarrei	Kempten.	Sonthofen.	2456	1454	23⁴/₈	580	55⁴/₈	"
" Spitalbenefiz.			—	413	40⁴/₈	6	53	Bischöfl. Coll.
" Welf'sches Benefiz.	Archidiakonat.		—	466	18	12	11	Bischöf. geistl. Rath in Augsburg.
Stadtbergen Pfarrei		Göggingen.	820	475	33³/₈	17	53	Bischöfl. Coll.
Staufen Pfarred	Lauingen.	Lauingen.	1233	673	46¹/₈	20	3¹/₈	Bischöfl. Coll.
Staufen Pfarrei	Stiefenhofen.	Immenstadt.	2235	1703	43	669	50	S. M. b. König.
" Benefizium	"	"	—	353		1	22	"
Steibis Pfarrei	"	"	206	644	25	13	38	Bischöfl. Coll.
Stein Pfarrei	"	"	472	559	57³/₈	12	51	S. M. b. König.

image

not

available

Namen der Pfarreien und Benefizien.	Gehören zum Dekanate.	Gehören zum Landgerichte.	Seelenzahl.	Kasualien-mäßige Einkommen fl. | kr.	Kosten fl. | kr.	Präsentations-Recht.
Thannhausen Benefizium	Zettingen.	Krumbach.	—	442 | 10²/₉	23 | 24²/₄	S. M. b. König.
Tiefenbach Pfarrcuratie	Oberroth.	Illertissen.	360	404 | 30³/₈	18 | 21⁴/₈	"
" Pfarrei	Stiefenhofen.	Immenstadt.	508	422 | 21	7 | 4	"
Trugenhofen Pfarrei	Burgheim.	Monheim.	277	763 | 17⁴/₈	48 | 31⁷/₈	Graf du Moulin.
Türkheim Pfarrei	Baisweil.	Türkheim.	1344	1355 | 13²/₈	71 | 37²/₈	S. M. b. König.
" Benefizium	"	"		535 | 40	38 | 31¹/₈	"
Tussenhausen Pfarrei	Kirchheim.	"	754	887 | 52	93 | 8⁷/₈	
Uebersfeld Pfarrei	Burgheim.	Monheim.	488	923 | 20⁴/₈	104 | 20¹/₈	Graf Arco-Stepperg.
Ungerhausen Pfarrei	Ottobeuren.	Ottobeuren.	351	1090 | 4²/₈	44 | 51⁷/₈	S. M. b. König.
Unterdiessen Pfarrei	Schongau.	Buchloe.	750	760 | 44	13 | 22	Fürst v. b. Leyen.
Unteregg Pfarrei	Mindelheim.	Ottobeuren.	665	1153 | 49⁴/₈	106 | 12	S. M. b. König.
Untereichen Pfarrei	Oberroth.	Illertissen.	130	700 | 31⁴/₈	29 | 15⁶/₈	"
Unterelchingen Pfarrei	Weißenhorn.	Neu-Ulm.	652	883 | 16⁴/₉	24 | 21	"
Untergermaringen Pfarrei	Kaufbeuren.	Kaufbeuren.	250	1369 | 28	82 | 48⁴/₈	"
Unterhausen Pfarrei	Neuburg.	Neuburg.	201	901 | 26	51 | 55⁷/₈	"
Unterjoch Curatbenefiz.	Kempten.	Sonthofen.	—	401 | 33⁴/₈	1 | 44	Bischöfl. Coll.
Untermaxfeld Pfarrei	Neuburg.	Neuburg.	—	600	—	S. M. b. König.
Unterliezheim Pfarrei	Höchstädt.	Höchstädt.	355	663 | 49	13 | 15	"
Untermedlingen Pfarrei	Lauingen.	Lauingen.	711	1351 | 17	375 | 28	"
Unterneitingen Pfarrei	Schwabmünchen.	Schwabmünchen.	749	622 | 18	24 | 7	Frhr. v. Imhof.
Unterrammingen Pfarrei	Baisweil.	Türkheim.	650	1064 | 7⁶/₈	71 | 3³/₈	S. M. b. König.
Unterreitnau Pfarrei	Lindau.	Lindau.	618	893 | 41²/₄	74 | 45⁵/₈	Graf Quadt-Isny.
Unterrieden Pfarrei	Mindelheim.	Mindelheim.	326	626 | 12	7 | 49	S. M. b. König.
Unterroth Pfarrei	Oberroth.	Illertissen.	821	1862 | 58⁷/₈	460 | 20⁵/₈	"
Unterstall Pfarrei	Bergen.	Neuburg.	363	647 | 59⁷/₈	38 | 59⁷/₈	"

Name	Sitz	Dekanat	Seelen	Betrag I	Betrag II	Patron
Unterstall Benefizium	Bergen.	Neuburg.	—	424 43 2/8	24 43 2/8	S. M. d. König.
Unterthingau Pfarrei	Oberdorf.	Obergünzburg.	1580	1334 20	384 41 4/8	"
" Benefizium	"	"	—	394 14 2/8	6 15 1/8	"
Unterthürheim Pfarrei	Wertingen.	Wertingen.	652	599 22 3/8	6 65 3/8	"
Untrasried Pfarrei	Ottobeuren.	Obergünzburg.	608	1255 5	65 49 4/8	"
Ursberg Pfarrei	Minbelheim.	Krumbach.	1025	1514 51 1/8	436 44 1/8	Kloster St. Clara in Regensburg.
Ustersbach Pfarrei	Agawang.	Zusmarshausen.	582	806 8	17 26 7/8	Fürst Wallerstein.
Utzwingen Pfarrei	Wallerstein.	Dettingen.	427	871 10 2/8	46 31 7/8	S. M. d. König.
Vesperbild Benefizium	Jettingen.	Krumbach.	—	95	95	"
Villenbach Pfarrei	Wertingen.	Wertingen.	492	550 55 2/8	2 7 6/8	Fürst v. d. Leyen.
Violau Pfarrei	Weissenhorn.	Zusmarshausen.	805	750 43 4/8	18 11 2/8	S. M. d. König.
Vöhringen Pfarrei	Weissenhorn	Illertissen.	736	1454 32	53 43 4/8	Spital Landsberg.
Waal Pfarrei	Kaufbeuren.	Buchloe.	911	1788 32	79 7 7/8	Fürst Fugger.
" Benefizium	"	"	—	355 37 4/8	4 56	S. M. d. König.
Wagenhofen Pfarrei	Neuburg.	Neuburg.	392	1047 17	63 1	Fürst Fugger.
Wahlhaupten Pfarrei	Kaufbeuren.	Buchloe.	185	723 35 7/8	38 53 1/8	Frhr. v. Freyberg.
Wald Pfarrei	Kirchheim.	Türkheim.	1240	2479 42	548 9 8/8	S. M. d. König.
Wald Pfarrei	Oberdorf.	Oberdorf.	679	926 55 1/8	68 19 5/8	"
Waldberg Curatie	Kirchheim.	Göggingen.	629	590 16 4/8	17 20 7/8	"
Waldkirch Pfarrei	Jettingen.	Burgau.	565	749 32	64 1	Fürst Wallerstein.
Waldstetten Pfarrei.	Ichenhausen.	Günzburg.	816	1174 57 5/8	208 22 5/8	"
" Benefizium	"	"	—	355 15	11 24	"
Walkertshofen Pfarrei	Kirchheim.	Krumbach.	654	1243 54 6/8	68 31 2/8	
Wallenhausen Pfarrei	Weissenhorn.	Weissenhorn.	559	1127 39 5/8	21 2 7/8	
Wallerstein Pfarrei	Wallerstein.	Nördlingen.	1080	1245 51 4/8	224 58 1/8	Fürst Wallerstein.
" Benefiz. zu St. Gallus	"	"	—	400	—	
" Benefiz. zu St. Anna	"	"	—	400	—	
" Ben. zu St. Maternus	"	"	—	350	—	
Waltenhausen Pfarrei	Minbelheim.	Krumbach.	638	1023 47	34 18 2/8	Fugger'sches Seniorat.
Waltenhofen Pfarrei	Legau.	Kempten.	1170	1111 21 1/8	100 10 1/8	S. M. d. König.
Warmisried Pfarrei	Buisweil.	Minbelheim.	355	1055 5	81 50 5/8	"

Namen der Pfarreien und Benefizien.	Gehören zum Dekanate.	Gehören zum Landgerichte.	Seelenzahl.	Gaßlensmäßiges Gutkommen. fl.	kr.	Zahlen. fl.	kr.	Präsentations-Recht.
Wasserburg Pfarrei	Lindau.	Lindau.	1878	1047	53 7/8	944	8 6/8	S. M. d. König.
" Capl.-Benefiz.	"			435	52 4/8	4	19 1/8	"
Wattenweiler Pfarrei	Ichenhausen.	Weissenhorn.	646	918	29 6/8	26	36	"
Wehringen Pfarrei	Schwabmünchen.	Schwabmünchen.	722	918	29 7/8	712	9 3/8	Regens des Georgianums in München.
Weichering Pfarrei	Neuburg.	Neuburg.	768	1384	19 6/8	1081	1 2/8	S. M. d. König.
Weicht Pfarrei	Kaufbeuren.	Türkheim.	400	1033	29	104	46 5/8	S. M. d. König.
Weiler Pfarrei	Weiler.	Weiler.	2303	1231	19	136	5	S.M.k. Jun. vom Pfarr. z. Gemeint.
" Capl.-Benefiz.	"	"		409	6 7/8	6	54 1/8	Pfarrer.
" Schulbenefizium				353	36	4	21	Gemeinde.
Weilheim Pfarrei	Monheim.	Monheim.	535	1075	8 4/8	67	5	S. M. d. König.
Weinried Pfarrcuratie	Oberroth.	Babenhausen.	407	579	13 2/8	4	19	Fürst Fugger.
Weissenhorn Pfarrei	Weissenhorn.	Weissenhorn.	2392	1353	23 4/8	433	57 4/8	Graf Fugger-Kirchberg-Weissenhorn.
" Frühmeßbenefiz.	"	"		391	29 4/8	2	56	"
" Ben. zu St. Barb.	"	"		324	36 6/8	2	48 4/8	Magistrat Weissenhorn.
" Leprosen-Benefiz.	"	"		374	46	8	6	"
Weissensberg Pfarrei	Lindau.	Lindau.	610	561	25 4/8	12	28	S. M. d. König.
Weissensee Pfarrei	Füssen.	Füssen.	388	564	61	9	50	Frhr. v. Ponikau.
Weissingen Pfarrcuratie	Bertingen.	Dillingen.	602	465	11 1/8	35	6 2/8	S. M. d. König.
Weitnau Pfarrei	Stiefenhofen.	Kempten.	1068	974	29	163	34	"
" I. Capl. Benefiz.				272	5 6/8	4	9 2/8	
" II. Capl. Benefiz.				427	57	25	35 3/8	
Welden Pfarrei	Wertingen.	Zusmarshausen.	1215	889	59 6/8	40	59 7/8	Gemeinde.
" Benefizium				541	25 6/8	33	12 6/8	Bischof in Augsburg.
Wemding Stadtpfarrei	Wemding.	Monheim.	2400	2868	52	871	31	S. M. d. König.
" Spitalpfarrei	"	"	33	656	9 7/8	36	31	Magistrat Wemding.

image
not
available

Namen der Pfarreien und Benefizien.	Gehören zum Dekanate.	Gehören zum Landgerichte.	Seelenzahl.	Gottesdienstmäßige Einkommen. fl.	kr.	Lasten. fl.	kr.	Präsentations-Recht.
Wörnitzstein Pfarrei	Donauwörth.	Donauwörth.	1124	663	45³/₈	40	56²/₈	S. M. b. König.
Wombrechts Pfarrei	Lindau.	Lindau.	514	762	40³/₈	25	34⁴/₈	"
Wolfertschwenden Pfarrei	Ottobeuren.	Ottobeuren.	492	602	29⁵/₈	8	42⁴/₈	"
Wolferstadt Pfarrei	Wemding.	Monheim.	1055	1682	44¹/₈	575	50¹/₈	"
Wollbach Pfarrei	Agawang.	Zusmarshausen.	236	586	7¹/₈	4	49³/₈	"
Wollmetshofen Benefiz.	"		—	576	12	17	47	
Wortelstetten Pfarrei	Westendorf.	Wertingen.	1133	1656	48⁶	399	25¹/₈	Graf Fugger-Kirchberg.
Wullenstetten Pfarrei	Weißenhorn.	Neu-Ulm.	450	2183	43²/₈	218	57⁵/₈	"
Zaiertshofen Pfarrei	Mindelheim.	Weißenhorn.	255	661	24⁷/₈	26	3⁷/₈	S. M. b. König.
Zaisertshofen Pfarrei	Kirchheim.	Türkheim.	569	1804	50	91	11¹/₈	"
Zell Pfarrei	Füssen.	Füssen.	580	557	39	4	43⁴/₈	Frhr. v. Freyberg.
Zell Pfarrei	Neuburg.	Neuburg.	647	1045	7⁷/₈	49	29³/₈	S. M. b. König.
Zell Pfarrei	Ottobeuren.	Grönenbach.	311	803	29	37	42³/₈	Fürst Wallerstein.
Ziemetshausen Pfarrei	Zettingen.	Krumbach.	1175	2722	17	619	36¹/₈	Fürst Wallerstein.
" Benefizium			—	573	25²/₈	25	43	
Ziertheim Pfarrei	Lauingen.	Lauingen.	823	1310	23	338	43	Fürst v. Thurn u. Taris.
Zirgesheim Pfarrei	Donauwörth.	Donauwörth.	394	887	16	31	4⁶/₈	Magistrat Donauwörth.
Zöschingen Pfarrei	Lauingen.	Lauingen.	667	1027	12	35	47	S. M. b. König.
Zuchering Pfarrei	Neuburg.	Neuburg.	778	1109	10	77	43⁴/₈	Universität München.
Zusamaltheim Pfarrei	Wertingen.	Wertingen.	1325	1395	5¹/₈	317	37¹/₈	S. M. b. König.
" Benefizium	"	"	—	331	36	6	53⁴/₈	"
Zusamzell Pfarrei	"	"	256	564	35⁴/₈	9	17⁵/₈	"
Zusmarshausen Pfarrei	Agawang.	Zusmarshausen.	1120	1370	3⁶/₈	88	4⁶/₈	Bischöfl. Coll.
" Benefizium	"	"	—	519	14⁶/₈	23	25²/₈	"

Verzeichniß

der vorhandenen Manns- und Frauenklöster.

Orte.	Eigenschaft.
	A. Mannsklöster.
Augsburg . .	Benediktiner-Abtei St. Stephan.
„	Capuziner-Hospizium zu St. Sebastian.
Dillingen . .	Capuziner-Kloster.
Füssen . . .	Franziskaner-Hospizium.
Immenstadt . .	Capuziner-Kloster.
Kaisheim . .	Convent des Ordens der barmherzigen Brüder zum heil. Bernhard im Strafarbeitshause.
Lechfeld . . .	Franziskaner-Kloster.
Mussenhausen .	Capuziner-Hospizium.
Neuburg a. D. .	Barmherzige Brüder.
Ottobeuren . .	Benediktiner-Priorat.
Türkheim. . .	Capuzinerkloster.
	B. Frauenklöster.
Augsburg . .	Institut der englischen Fräulein.
„	Kloster vom Orden des heil. Franziskus bei St. Maria Stern.
„	Kloster vom Orden des heil. Dominikus bei St. Ursula.
„	Filial-Institut der barmherzigen Schwestern im städtischen Kranken- und Bach'schen Seelhause.
„	Filial-Institut der armen Schulschwestern im katholischen Waisen- und Armenkinderhause.
Altenberg . .	Kloster vom Orden des heil. Franziskus.
Burgheim . .	Filial-Institut der armen Schulschwestern.
Dillingen . .	Kloster vom Orden des heil. Franziskus.
„	Filial-Institut der barmherzigen Schwestern im Spitale.
Dinkelscherben.	Filial-Institut der barmherzigen Schwestern im Krankenhause und Spitale.
Donauwörth . .	Kloster vom Orden des heil. Dominikus (Filiale des Klosters zu St. Ursula) in Augsburg.
„	Filial-Institute der barmherzigen Schwestern im Bürger-Spitale und im Krankenhause.

Orte.	Eigenschaft.
Fremdingen . .	Kloster vom Orden des heil. Dominikus.
Füssen . . .	Filial=Institute der armen Schulschwestern.
Günzburg . .	Institut der englischen Fräulein.
„	Filiale der armen Franziskanerinen (Tertiarerinen) zu Pirmasens im Krankenhause und Hospitale.
Höchstädt . .	Kloster vom Orden des heil. Franziskus (Filiale des Klosters in Dillingen).
Immenstadt . .	Filial=Institut der barmherzigen Schwestern im Spitale.
Karlshuld . .	Filial=Institut der armen Schulschwestern.
Karlskron . .	Filial=Institut der armen Schulschwestern.
Kaufbeuren . .	Frauenkloster vom Orden des heil. Franziskus.
Kempten . . .	Filial=Institut der barmherzigen Schwestern im Krankenhause und Spitale.
„	Filial=Institut der armen Schulschwestern.
Krumbach . .	Filial=Institut der armen Schulschwestern.
Lauingen. . .	Kloster vom Orden des heil. Franziskus (Filiale des Klosters in Dillingen).
Legau . . .	Kloster vom Orden des heil. Franziskus (Filiale des Klosters St. Maria Stern in Augsburg).
Lenzfried. . .	Filial=Institut der armen Schulschwestern.
Lindau . . .	Institut der englischen Fräulein.
Medingen . .	Kloster vom Orden des heil. Franziskus (Filiale des Klosters in Dillingen).
Mindelheim. . .	Institut der englischen Fräulein.
„	Kloster vom Orden des heil. Franziskus zum hl. Kreuz.
Neuburg a. D. .	Institut der englischen Fräulein.
„	Kloster vom Orden der Elisabethinerinen.
Obergünzburg .	Kloster vom Orden des heil. Franziskus (Filiale des Klosters in Kaufbeuren).
Oberschönenfeld	Kloster vom Cisterzienser=Orden.
Ottobeuren . .	Kloster vom Orden des heil. Franziskus.
„	Filial=Institut der barmherzigen Schwestern im Krankenhause und Spitale.
Sonthofen . .	Filial=Institut der barmherzigen Schwestern im Distrikts= Spitale.
Türkheim . .	Kloster vom Orden des heil. Dominikus (Filiale des Klosters in Wörishofen).
Wallerstein . .	Institut der englischen Fräulein (Filiale des Instituts der englischen Fräulein in Mindelheim).
Wertingen . .	Kloster vom Orden des heil. Franziskus (Filiale des Klosters St. Maria Stern in Augsburg).
Wörishofen . .	Kloster vom Orden des heil. Dominikus.

B.

Protestantischer Cultus.

Consistorium zu Ansbach.

Dekanate.

Sitz des Dekanats.	Namen der Dekane.
Augsburg	Dr. Georg Chr. August Bomharb.
Ebermergen . . .	Joh. Gottlieb Schmidt.
Kempten	Dr. Joh. Friedrich Linde.
Leipheim	Joh. Christ. Friedr. Würth.
Memmingen . . .	Wilhelm Eugen Fries.
Nördlingen	Sebald Friedrich Ebermayer.
Oettingen	Conrad Albrecht Siebenkäs.

Verzeichniß
der
protestantischen Pfarreien, unter Angabe ihrer Seelenzahl und Reinerträgnisse.

Namen der Pfarreien.	Gehören zum Dekanate.	zum Landgerichte.	Seelenzahl.	Reines besthConstmäßiges Einkommen. fl. | kr.	Besetzungs= u. Präsentations= Recht.
Aeschach	Kempten.	Lindau.	1146	791|15	S. M. b. König.
Allerheim	Ebermergen.	Nördlingen.	831	1888|16	Frst. Oett.-Spielb.
Appetshofen . . .	"	"	513	791|12	Frst.Oett.Wallerst.
Arlesried	Memmingen.	Ottobeuren.	184	762.52	S. M. b. König.
Aufhausen. . . .	Nördlingen.	Nördlingen.	353	596|25	S. M. b. König alter mit Frst. Wallerstein.
Augsburg St. Anna	Augsburg.	Augsburg.	3247		Fürsämmtl.Pfarr= stellen in Augs= burg der dortige Kirchen=Vorstand mit den protest. Mitgliedern des Magistrats und des Collegiums der Gemeindebe= vollmächtigten.
" 1. Pfarrer	"	"	—	1116|44	
" 2. Pfarrer	"	"	—	954|24	
" St. Ulrich.	"	"	3029		
" 1. Pfarrer	"	"	—	1219|18	
" 2. Pfarrer	"	"	—	1005|18	
" Barfüßer	"	"	3295		
" 1. Pfarrer	"	"	—	1138|57	
" 2. Pfarrer	"	"	—	1047|—	
" St. Jakob	"	"	2475		
" 1. Pfarrer	"	"	—	1122.50	
" 2. Pfarrer	"	"	—	974.48	
" Heil. Kreuz	"	"	1885	899| 6	

Namen der Pfarreien.	Gehören zum Dekanate.	zum Landgerichte.	Seelenzahl	Reines faßionsmäßiges Einkommen. fl.	tr.	Besetzungs= u. Präsentations= Recht.
Auhausen	Oettingen.	Oettingen	458	719	3	Frst.Oett.-Spielb.
Bachingen a. Brenz	Leipheim.	Lauingen.	694	577	53	Frhr. v. Süßkind.
Baldingen	Nördlingen.	Nördlingen.	556	716	48	Stadtm.Nördling.
Balgheim	"	"	424	594	9	Fürst Wallerstein.
Berg (Memminger) .	Memmingen.	Memmingen.	369	629	—	S. M. d. König.
Brachstadt . . .	s. Oppertshofen					
Bühl	Ebermergen	Nördlingen.	250	708	49	Fürst Wallerstein.
Burtenbach . . .	Leipheim.	Burgau.	1145	532	34	v. Stetten.
Burach	Memmingen.	Memmingen.	196	592	15	S. M. d. König.
Deiningen . . .	Nördlingen.	Nördlingen.	522	615	35	Fürst Wallerstein
Dickenreishausen .	Memmingen.	Memmingen.	391	748	15	S. M. d. König.
Dillingen ständ.Vic.	Leipheim.	Dillingen.	297	—	—	
Donauwörth ständ.Vic.	Ebermergen.	Donauwörth.	193	—	—	
Dornstadt . . .	Oettingen.	Oettingen.	288	602	15	Frst.Oett.-Spielb.
Dürrenzimmern . .	"	"	266	665	47	Frst.Oett.Wallerst.
Ebermergen . . .	Ebermergen.	Donauwörth.	90	1116	33	S. M. d. König.
Ederheim	Nördlingen.	Nördlingen.	390	544	10	
Ehringen	"	"	333	502	57	S.M.d.K. atter. m. Frst.Oett.Wallerst.
Enkingen	siehe Möttingen.					
Erkheim	Memmingen.	Ottobeuren.	170	736	44	S. M. d. König.
Fessenheim . . .	Nördlingen.	Oettingen.	281	1076	36	Frst.Oett.-Spielb.
Förheim	"	Nördlingen.	361	645	44	Fürst Wallerstein.
Frickenhausen . .	Memmingen.	Ottobeuren.	346	784	18	S. M. d. König.
Grönenbach (reform.)	"	Grönenbach.	571	438	40	Die Kirchengem.
Grosselfingen . .	Nördlingen.	Nördlingen.	381	673	51	Frst.Oett.Wallerst.
Grossorheim . . .	siehe Kleinsorheim					
Harburg	Ebermergen.	Donauwörth.	1208	1038	15	"
Haunsheim . . .	Leipheim.	Lauingen.	685	528	14	Frhr. v. Holz.
Herbishofen (reform.)	Memmingen.	Ottobeuren.	198	582	25	Die Kirchengem.
Heroldingen . . .	Ebermergen.	Nördlingen.	448	1207	47	Frst.Oett.Wallerst.
Heuberg	Oettingen.	Oettingen.	840	455	49	Frst.Oett.-Spielb.
Hohenaltheim . .	Nördlingen.	Nördlingen.	761	733	8	Frst.Oett.Wallerst.
Holzkirchen . . .	Oettingen.	Oettingen.	358	772	13	"
Holzschwang . . .	Leibheim.	Neu-Ulm.	511	535	43	S. M. d. König.
Hürnheim	Nördlingen.	Nördlingen.	459	705	22	Fürst Wallerstein
Karlshuld . . .	Augsburg.	Neuburg.	249	534	45	S. M. d. König.
Kaufbeuren 1. Pfarrer	Kempten.	Kaufbeuren.	1938	762	27	Kirchenvorst. mit den prot. Mitgl.
" 2. Pfarrer	"	"	—	630	2	des Magistrats Kaufbeuren.
Kempten 1. Pfarrer	"	Kempten.	3031	902	27	Kirchgemeinde durch den Kirchenvorstand.
" 2. Pfarrer	"	"	—	783	15	
" 3. Pfarrer	"	"	—	580	18	
Kleinsorheim . .	Ebermergen.	Nördlingen.	359	661	14	Frst.Oett.Wallerst.
Klosterzimmern .	siehe Deiningen.					
Königsbrunn Vicariat	Augsburg.	Schwabmünchen.	302	—	—	
Langerringen . .	"	"	155	434	24	S. M. d. König.
Lauben . . , .	Memmingen.	Ottobeuren.	476	787	18	"
Lehmingen . . .	Oettingen.	Oettingen.	286	740	10	Frst.Oett.-Spielb.
Leipheim 1. Pfarrer	Leipheim.	Günzburg.	1695	742	34	S. M. d. König.
" 2. Pfarrer	"	"	—	545	27	"

Namen der Pfarreien.	Gehören zum Dekanate.	zum Landgerichte.	Seelenzahl.	Neues kirchenmäßiges Einkommen. fl. | kr.	Besetzungs= u. Präsentations= Recht.
Lindau 1. Pfarrer .	Kempten.	Lindau.	2285	865 43	Kirchenvorst. mit d. prot. Mitgl.d. Magistr. Lindau.
„ 2. Pfarrer .	„	„	—	868 46	
Löpsingen . . .	Nördlingen.	Nördlingen.	812	656 1	Fürst Wallerstein.
Ludwigsmoos Vicariat	Augsburg.	Neuburg.	350	— —	
Marienheim reform.	„	„	519	400 —	S. M. d. König.
Mauren	Ebermergen.	Donauwörth.	570	720 29	Frst.Oett.Wallerst.
Memmingen 1.Pfarrer	Memmingen.	Memmingen.	3910	1040 27	Mag. Memmingen
„ 2.Pfarrer	„	„	—	809 42	„
„ 3.Pfarrer	„	„	—	761 32	„
„ Z u.l Frauen	„	„	2041	862 20	„
Memmingerberg .	s. Berg.				
Mönchsdeggingen .	Ebermergen.	Nördlingen.	792	726 4	Frst.Oett.Wallerst.
Möttingen . . .	Nördlingen.	„	503	931 4	S. M. d. König.
Nabermemmingen .	„	„	574	722 20	
Neuburg	Augsburg.	Neuburg.	600	327 18	
Neu-Ulm . . .	eine prot. Kirchen-gemeinde, welche von	Pfarl	—	aus pastorirt wird.	
Nördlingen Hauptpred.	Nördlingen.	Nördlingen.	6896	1686 2	Mag. Nördlingen.
„ 1. Pfarrer	„	„	—	1106 51	„
„ 2. Pfarrer	„	„	—	877 43	„
„ 3. Pfarrer	„	„	—	591 34	„
Oberwechingen . .	siehe Wechingen.				
Oettingen 1. Pfarrer	Oettingen.	Oettingen.	1804	1395 16	Frst Oett.-Spielb.
„ 2. Pfarrer	„	„	—	605 41	„
„ 3. Pfarrer	„	„	—	471 36	„
Oppertshofen . .	Ebermergen.	Höchstädt.	290	774 3	Frst.Oett.Wallerst.
Pfäfflingen . . .	Nördlingen.	Oettingen.	401	720 31	Fürst Wallerstein.
Pfuhl	Leipheim.	Neu-Ulm.	2436	739 46	S. M. d. König.
Reuti ob d. Donau .	„	„	278	446 27	Gutsbes. Kißpert.
Reutin	Kempten.	Lindau.	806	779 50	S. M. d. König.
Riedheim	Leipheim.	Günzburg.	448	769 44	„
Rudelstetten . . .	s. Wörnitzostheim.				
Schafhausen . . .	siehe Mauren.				
Schmähingen . . .	Nördlingen.	Nördlingen.	369	1100 53	S. M. d. König.
Sebopflohe . . .	Oettingen.	Oettingen.	110	611 24	Hospitalstiftung Dinkelsbühl.
Steinheim	Leipheim.	Neu-Ulm.	329	607 42	S. M. d. König.
Steinheim	Memmingen.	Ottobeuren.	438	619 9	„
Theinselberg . .	siehe Herbishofen.				
Untermagerbein .	Ebermergen.	Nördlingen.	273	815 18	Frst.Oett.Wallerst.
Untermaxfeld . .	Augsburg.	Neuburg.	394	462 50	S. M. d. König.
Unterringingen . .	Ebermergen.	Höchstädt.	607	489 3	Frst.Oett.Wallerst.
Volkratshofen . .	Memmingen.	Memmingen.	325	712 1	S. M. d. König.
Wallerstein . . .	siehe Ehringen.				
Wechingen . . .	Oettingen.	Oettingen.	392	967 4	Frst. Oett.-Spielb.
Wörnitzostheim . .	Ebermergen.	Nördlingen.	203	740 52	Frst.Oett Wallerst.
Woringen	Memmingen.	Memmingen.	736	791 42	S. M. d. König.

Israelitischer Cultus.

Namen der Rabbinate.	Gehört zum Landgerichte.	Namen der dazu gehörigen Gemeinden.	Seelenzahl.
Altenstadt .	Illertissen.	Altenstadt.	212
Binswangen .	Wertingen.	Binswangen.	378
Buttenwiesen .	„	Buttenwiesen.	397
Fischach . . .	Zusmarshausen.	Fischach.	259
Fellheim . . .	Babenhausen.	Fellheim.	317
Harburg . . .	Donauwörth.	Harburg und Deggingen.	215 291 } 506
Hürben . . .	Krumbach.	Hürben.	559
Ichenhausen . .	Günzburg.	Osterberg und Ichenhausen.	93 841 } 934
Kriegshaber	Göggingen.	Kriegshaber, Pfersee, Steppach und Schlippsheim.	520
Oettingen . .	Oettingen.	Hainsfahrt u. Oettingen.	532 396 } 928
Wallerstein . .	Nördlingen.	Eberheim u. Kleinerblingen.	93 190 } 283

Unterrichts- und Bildungsanstalten, Volksschulen.

Kreis-Scholarchat.

Herr Jof. Carl v. Ahorner, beider Rechte Doktor, k. Regierungsrath, Ritter des Verdienstordens der bayerischen Krone und des Verdienst-Ordens vom heil. Michael I. Classe.

„ Casp. Metzger, Doktor der Philosophie, k. Stubienrektor und Gymnasial-Professor an der prot. Stubienanstalt St. Anna, Kreis- und Stadtbibliothekar, Ritter des Verdienstordens vom heil. Michael.

„ Joh. Aug. Kraus, I. prot. Stadtpfarrer bei St. Anna in Augsburg.

„ P. Math. Rauch, k. Stubienrektor bei St. Stephan, Lycealprofessor und Conventual des Benediktinerstifts zu St. Stephan.

„ Franz X. Bronnenmayr, Domkapitular des Bisthums Augsburg.

Ersatzmänner.

Herr Lor. Clem. Gratz, Dr. theol., Domkapitular, Generalvikar und Dom-Scholastikus, Ritter des Verdienstordens vom heil. Michael.

„ Andr. Büschl, Stadtpfarrer bei St. Mar in Augsburg.

Studienanstalten.

Lyceum bei St. Stephan in Augsburg.

Rector: Hr. P. Math. Rauch, zugleich k. Lycealprofessor der Anthropologie und Pädagogik, Kreis-Scholarch.

Professoren: Hr. Theodor Gangauf, freiresignirter Abt, Professor der Logik, Metaphysik, Encyclopädie u. prakt. Philosophie.

„ P. Ludw. Preyßinger, Professor der Chemie, Physik, Astronomie, Mathematik und Naturgeschichte.

„ P. Barthol. Zenetti, Professor der Aesthetik, Philologie, Welt- und Kunstgeschichte.

„ Math. Zillober, Professor der hebräischen Sprache.

Lyceum in Dillingen.

Rector: Hr. Dr. Franz X. Pollack.

Professoren: Hr. Joh. Evang. Wagner, bischöfl. geistl. Rath, für Dogmatik,

„ Dr. Adam Jos. Uhrig, für Kirchenrecht und Kirchengeschichte,

„ Dr. Valentin Thalhofer, für Exegese und hebräische Sprache.

„ Dr. Franz Xav. Pollack, für Physik u. Chemie,

„ Valentin Seibel, für Geschichte und Philologie,

„ Dr. Alois Schmid, für Philosophie,

„ Dr. Andr. May, für Mathematik und Naturgeschichte,

Theologische Section.

Philosophische Section.

Katholisches Gymnasium St. Stephan in Augsburg.

Rector: Herr P. Math. Rauch.

Professoren: HH. P. Math. Zillober für die IV. Classe, — P. Raphael Mertl Stiftsabt, III. Cl., — P. Thomas Kramer, II. Cl., — P. Pius Reinlein, I Cl., — P. Luitpold Brunner, Religion, — P. Ludw. Preyßinger, Mathematik in den beiden obern, P. Clem. Rosa, Mathematik in den beiden untern Cl., — P. Bened. Permanne, französische Sprache.

Lateinische Schule.

Studienlehrer: HH. P. Joseph Nagler für die IV. Cl. A., — P. Otto Ziereis, IV. Cl. B., — P. Jakob Seibenbusch, III. Cl. A., — P. Carl Berchtold, III. Cl. B., — P. Caspar Kuhn, II. Cl. A., — P. Anselm Bunk, II. Cl. B., — P. Ildefons Lindemaier, I. Cl. A., — P. Steph. Stengel, I. Cl. B., — P. Clemens Rosa, Arithmetik in der III. und IV. Classe.

Protestantisches Gymnasium St. Anna in Augsburg.

Rector: Herr Dr. Gg. Caspar Metzger, Ritter des Verdienstordens vom hl. Michael.

Professoren: HH. Dr. Georg Caspar Metzger für die IV. Classe, — Carl Dorfmüller, III. Cl., — Carl Oppenrieder, II. Cl., —

6

Dr. Chr. Wilh. Jof. Cron, I. Cl., — Rector Dr. Metzger und Profeffor Dorfmüller, Religion, — Carl Fr. Ludwig Otto Wucherer, Mathematik, — Jof. Etienne Rouffel, Lehrer der franzöfifchen Sprache.

Lateinifche Schule.

Studienlehrer: HH. Auguft Bauer für die IV. Claffe, — Beneb. Greif, III. Cl., — Heinr. Gürfching, II. Cl., — Moritz Metzger, I. Cl.

Gymnafium in Dillingen.

Rector: Herr Carl Pleitner.
Professoren: HH. Carl Pleitner für die IV. Claffe, — Ludw. Göbel, III. Cl., — Joh. Gottfr. Günder, II. Cl., — Lorenz Körner, I. Cl., — Martin Piller, Mathematik und Phyfik.

Lateinifche Schule.

Studienlehrer: HH. Joh. Bapt. Gerlinger für die IV. Claffe, — Anton Miller, III. Cl., — Joseph Bayer, II. Cl., — Simon Huber, I. Cl., — Valentin Seibel, k. Lyceal-Profeffor für franz. Sprache.

Gymnafium in Kempten.

Rector: Herr Philipp Hannwacker.
Professoren: HH.: Philipp Hannwacker für die IV. Claffe, — Dr. Math. Weishaupt, III. Cl., — Ludw. Gerhäufer, II. Cl., — Barthol. Beck, I. Cl., — Joh. Hiltensberger, kathol. Religion, — Emil Holzhaufer, proteftant. Religion, — Dr. Mathias Weißhaupt, franz. Sprache.

Lateinifche Schule.

Studienlehrer: HH. Alois Ebenböck für die IV. Claffe, — Conrad Geift, III. Cl., — Franz Ser. Scharrer, II. Cl., — Luitpold von Teng, I. Cl., — für Religion diefelben Lehrer wie am Gymnafium.

Gymnafium in Neuburg.

Rector: Herr Jof. Wilh. Thumm, zugleich Seminardirektor.
Professoren: HH. Franz Ser. Romeis, für die IV. Claffe, — Wilhelm Nickl, III. Cl., — Valentin Mayring, II. Cl., — Ignaz Ratzinger, I. Cl., — Adam Waldvogel, Seminarpräfect für Religion, — Auguft Ducrue, Mathematik und Phyfik, — Max Eichheim, franzöfifche Sprache.

Lateinifche Schule.

Studienlehrer: HH. Michael Daifenberger für die IV. Claffe, — Ludwig Mehltretter, III. Cl., — Joh. Bapt. Puftl, II. Cl., — Mark. Loher, I. Cl., — Vinc. Kaußler, Seminarpräfect für Religion.

Ifolirte lateinifche Schulen.

In Günzburg.

Subrector: Herr Johann Boll, zugleich Lehrer der III. und IV. Claffe.
Studienlehrer: Herr Thomas Kraus, Lehrer der I. und II. Cl.

In Kaufbeuren.

Suberctor: Herr Cosmas Damian Dopfer, Stadtpfarrer.
Studienlehrer: HH. Georg Weinhart, Lehrer der III. u. IV. Classe, — Michael Eisele, Verweser der II. Cl. — Pankraz Martin, Verweser der I. Cl.

In Lindau.

Studienlehrer: Herr Cassian Kellner, prot. Pfarrabjunct und Verweser der I. Lehrstelle.

In Memmingen.

Subrector: Herr Friedr. Carl Weber.
Studienlehrer: HH. Fr. Carl Weber für die IV. Cl., — Eugen Rehm, III. Cl., — Heinr. Stabelmann, II. Cl., — Adam Kohl, I. Cl.

In Nördlingen.

Subrector: Herr Alexander Stählin.
Professoren: HH. Alexander Stählin für die IV. Classe, — Gottlieb Laible, III. Cl. — Mich. Heß, II. Cl., — Ludw. Müller, I. Cl.

In Oberdorf.

Herr Simon Baumann, Verweser.

In Oettingen.

Subrector: Herr Ph. Aug. Friedr. Bußler, zugleich Lehrer der III. und IV. Classe.
Studienlehrer: Herr Emil Bacher, Lehrer der I. u. II. Classe.
Realienlehrer: Hr. Joh. Gg. Leibig.

In Sonthofen.

Herr Cordian Hartmann, Verweser.

In Wallerstein.

Subrector: Herr Jos. Ziegler, Verweser der III. u. IV. Classe.
Studienlehrer: Herr Carl Cramer, I. u. II. Classe.

In Weißenhorn.

Herr Jos. Jäckle.

Technische Unterrichts-Anstalten.

Polytechnische Schule in Augsburg.

Rector: Herr Dr. Franz Leo, Ritter des Verdienstordens vom hl. Michael.
Professoren und Lehrer: HH. Dr. Franz Leo, für theoretische und praktische Chemie, — Albert Riedel, kathol. Religionslehre, — Johann Friedr. Scheuermann, 2. prot. Pfarrer bei St. Anna, protestant. Religionslehre, — Joh. Oeßer, Figurenzeichnen, — Joseph von Kramer, Baukunde, Architektur und Manufakturzeichnen, — Georg Decher, rationelle und angewandte Mechanik und prakt. Geometrie, — Carl Walter, Maschinenzeichnen, Maschinenkunde und prakt.

6*

Mechanik, Dirigent der mechan. Werkstätte, — Joh. Conrad Ullherr, Trigonometrie und analytische Geometrie, Analysis, Differential= und Integral=Rechnung, — Georg Füchtbauer, Physik, descriptive Geometrie, elementare Mechanik.

Kreis=Landwirthschafts= und Gewerbsschule Augsburg.

Rector: Hr. Dr. Franz Leo.

Lehrer: HH. Jos. Bräuhäuser, für Arithmetik, Algebra und Trigonometrie, — Friedrich Simon, Chemie, Physik und Mineralogie, — Albert Riebel, kathol. Religionslehre, — Joh. Friedr. Scheuermann, zweiter Pfarrer bei St. Anna, protestant. Religionslehre, — Moriz Schäzler, Realien, — Carl Wolfrum, kaufmännische Lehrfächer, — August Schmid, Bossiren, — Felix Bourier, den Unterricht in der franz. u. italienischen Sprache, — Johann Albrecht Petry, Botanik, Zoologie, Gewerbs=Encyclopädie und deutsche Sprache, — Adolph Pola, Linear= und Freihandzeichnen, — Julius Knoll, II. Lehrer, Zeichnen=unterricht, — Wilhelm Handschuch, Arithmetik und Realien, — Jakob Holzinger, Kalligraphie.

Landwirthschafts= und Gewerbsschule I. Classe Kempten.

Rector: Herr August Helmsauer.

Lehrer: HH. August Helmsauer, für Naturgeschichte und Landwirthschafts=Encyclopädie, — Wilh. Math. Elias Köllner, kaufmännische Wissenschaften, franz. u. engl. Sprache, — Christoph Barnikel, Mathematik, — Otto Frz. Jos. Reinbel, Physik, Chemie, Mineralogie u. Gewerbskunde, — Ludwig Edelmann, Zeichnen und Bossiren, — Richard Jakobi, Realien, — Barthol. Ponholzer, Stadtkaplan, kathol. Religionslehre, — St. Ruß, III. protestant. Pfarrer, protestant. Religionsunterricht.

Landwirthschafts= u. Gewerbsschule I. Classe Nördlingen.

Rector: Herr Joh. Paul Haid.

Lehrer: HH. Joh. Paul Haid, für Arithmetik, Geometrie, Stereometrie, Buchhaltung und deutsche Sprache, — Heinrich Daur, Linear= und Ornamentenzeichnen, Bossiren und Modelliren, — Erhard Walder, Physik, Mechanik, Algebra, descriptive Geometrie und Trigonometrie, — Georg Hauser, Zoologie, Botanik, Geographie, Geschichte, deutsche Sprache, Buchhaltung und protestant. Religionslehre, — Carl Röthe, Chemie, Technologie, Mineralogie und Landwirthschaft, — Christ. Fink, Pfarrer, kathol. Religionslehre und Geschichte, — Mich. Heß, Studienlehrer, franz. Sprache, — Christ. Leitner, Schullehrer, Kalligraphie.

Landwirthschafts= und Gewerbsschule Kaufbeuren.

Rector: Herr Adam Buchner, Ritter des Verdienstordens vom hl. Michael.

Lehrer: HH. Adam Buchner, für Mathematik und Geschichte, — Dr. Christoph Hammon, Naturgeschichte, Chemie, Physik und Technologie, — Anton Nägerl, deutsche und französische Sprache, Buchhaltung, Geographie und Geschichte, — Jakob Köchel, Zeichnungsunterricht, Modelliren und Bossiren, — Jakob Christa, II. Pfarrer, protest.

Religionslehre, — Georg Weinhart, Studienlehrer, kathol. Religions=
lehre, — J. Heckel, Elementarlehrer, Calligraphie.

Landwirthschafts= und Gewerbsschule Neuburg.

Rector: Herr Carl Reithner.
Lehrer: HH. Dr. Leonhard Jörg, für kathol. Religion und Mathematik,
— Carl Reithner, Naturgeschichte, Physik und Chemie, — Friedrich
Brühl, den Gesammtunterricht im Zeichnen, — . . . .
deutsche Sprache, — Ludwig Mehltretter, kgl. Studienlehrer, franz.
Sprache, — Hyacinth Abele, Elementarlehrer, Calligraphie.

Handels= und Gewerbsschule Lindau.

Rector: Herr Dr. Carl Lintner.
Lehrer: HH. Dr. Carl Lintner, für Naturgeschichte und Chemie, —
Emanuel Schobloch, Realunterricht mit Calligraphie, dann Buchhalt=
ung und Handelskunde, — Leonh. König, Mathematik und Physik, —
Jos. Dostler, Zeichnungsunterricht und Bossiren, — Louis Bondon,
französischen Sprachunterricht.

Sonstige Anstalten für Bildung und Unterricht.

Katholisches Studien=Seminar St. Joseph in Augsburg.

Director: Herr P. Mathäus Rauch, Studienrector (f. o.)
Präfecten: HH. P. Ildefons Lindemaier, — P. Anselm Bunk, —
P. Theob. Rummel.

Katholisches Knaben=Erziehungs=Institut für höhere Bildung.

Director: Herr P. Hieronymus Gratzmüller.
Präfecten: HH. P. Clemens Rosa, — Jakob Wagner, zugleich Lehrer
der franz. Sprache.

Protestantisches Collegium zu St. Anna.

Vorstände: HH. Dr. G. Caspar Metzger (f. o.), — Dr. August Bom=
hard, Kirchenrath, Decan, Ritter des Verdienstordens vom hl. Michael.
Inspectoren: HH. Friedr. Metzger, — Ferdinand Schöntag.

Studien=Seminar in Neuburg.

Director: Herr Jos. Wilh. Thumm, Studienrector.
Präfecten: HH. Ludwig Kerler, — Joh. Adam Walbvogel, — Vin=
cenz Kaußler, — . . . .

Katholisches Schullehrer=Seminar in Lauingen.

Inspector: Herr Dr. Mauritius Moritz.
Präfect: Herr Melchior Berchtold.
Lehrer: HH. Gregor Buchner, Seminarlehrer, — Friedrich Kempter,
Seminar= und Musiklehrer, — Johann Schöner, Zeichnungslehrer, —
Otto Zeitlmann, Schreiblehrer, Turnlehrer und Lehrer der Seminar=
schule, — Jos. Fischer, Hilfslehrer.

Kreis-Erziehungs-Anstalt für taubstumme Knaben in Augsburg.

Special-Inspector und Verwalter: Herr Alois Max Scheuermayer, Curatbenefiziat.

Lehrer: Herr Sebastian Koch, Verweser.

Hilfslehrer: Herr Wilhelm Greiner.

Kreis-Erziehungs-Anstalt für taubstumme Mädchen im Kloster der Franziskanerinnen zu Dillingen.

Special-Inspector: Herr Remigius Vogel, bischöflicher geistlicher Rath, Dekan und Stadtpfarrer in Dillingen, dann Landtagsabgeordneter.

Taubstummenlehrerinnen: Frauen Maximiliana Messerer und Ubalrika Boustel.

Höhere Töchterschulen.

a) Katholische.

Ort.	Orden, unter dessen Leitung sie stehen	Namen der Institutsvorsteherin.
Augsburg . .	Englische Fräulein.	Fr. Philomena Whakowsky.
Günzburg . .	" "	" Caroline Benz.
Lindau . . .	" "	" Friederike Striegl.
Mindelheim .	" "	" Marianne Nastler.
Neuburg . .	" "	" Adelheid Kuißl.

b) Protestantische.

Ort.	Bezeichnung des Instituts.	Namen der Institutsvorsteherin.
Augsburg . .	Anna Barb. v. Stetten'sches Erziehungsinstitut	Fr. Maria Schmidt.

Oeffentliche Erziehungs-Anstalten
für arme verlassene Kinder.

1) Für Knaben.

Ort.	Orden, unter dessen Leitung sie stehen	Name des Anstalts-Vorstandes.
Ottobeuren .	Benediktinerstift.	Hr. P. Phil. Cramer, Stiftsprior.

2) Für Mädchen.

Ort.	Orden, unter dessen Leitung sie stehen	Namen der Anstalts-Vorsteherinnen.
Medingen . .	Franziskanerinnen.	Fr. M. Th. Haselmaier, Oberin.
Wörishofen .	Dominikanerinnen.	Fr. M. Aug. Miller, Priorin.

86

Deutsche Volksschulen.

Katholische Lokal-Schul-Commissionen.

Lokal-Schul-Commission.	Vorstand	Inspektor
	der Lokal-Schul-Commission.	
Augsburg . .	Hr. Bürgerm. v. Fornbran.	Hr. Stadtpfarrer Büschl.
Donauwörth .	" " Förg.	" " Muff.
Kaufbeuren .	" " Walch.	" " Dopfer.
Kempten . .	" " Arnold.	" " Dobler.
Lindau . .	" " Stobäus.	" " Ziegler.
Memmingen .	" " v. Zoller.	" " Egger.
Neuburg . .	" " Sing.	" " Förg und
		" " Aufschläger.
Nördlingen .	" " Erhard.	" " Fink.

Katholische Distrikts-Schul-Inspektionen.

Name der Distrikts-Schul-Inspektion.	Name der Distrikts-Schul-Inspektoren.
Babenhausen .	Herr Friedr. Rothhammer, Pfarrer in Winterrieden.
Buchloe . . .	" Anton Michel, Pfarrer in Waal.
Burgau . . .	" Jakob Geist, Pfarrer in Deubach.
Dillingen . . .	" Carl Hocheisen, Pfarrer in Aislingen.
Donauwörth . .	" Cölestin Meff, Decan u. Stadtpfarrer in Donauwörth.
Füssen . . .	" Anton Mayr, Pfarrer in Füssen.
Göggingen I .	" Alois Uhlemayr, Pfarrer in Leitershofen.
Göggingen II .	" Jos. Eberle, Pfarrer in Steppach.
Grönenbach . .	" Meinrad Hartung, Pfarrer in Legau.
Günzburg . .	" Alois Wolf, Decan u. Pfarrer in Deffingen.
Höchstädt . .	" Anton Holzmann, Pfarrer in Schwennenbach.
Illertissen . .	" Anton Schneider, Pfarrer in Kellmünz.
Immenstadt . .	" Frz. Jos. Sinz, Pfarrer in Staufen.
Kaufbeuren . .	" Wendelin Gschwend, Pfarrer in Pforzen.
Kempten . . .	" Joh. Bapt. Maier, Pfarrer in Durach.
Krumbach I .	" Jos. Zanker, Pfarrer in Krumbach.
Krumbach II .	" Jos. Math. Bach, Pfarrer in Ziemetshausen.

Name der Distrikts-Schul-Inspektion.	Name der Distrikt-Schul-Inspektoren.
Lauingen . . .	Herr Gottfried Schlichting, Pfarrer in Hausen.
Lindau . . .	" Georg Ziegler, Stadtpfarrer in Lindau.
Mindelheim I. .	" Jos. Achberger, Pfarrer in Kirchdorf.
Mindelheim II. .	" Jos. Renz, Pfarrer in Pfaffenhausen.
Monheim I . .	" Friedr. Kaufmann, Decan und Stadtpfarrer in
Monheim II . .	" Joh. Math. Schneider, Decan und Stadtpfarrer in Wemding.
Neuburg I . .	" Frz. Jos. Aufschläger, Stadtpfarrer in Neuburg.
Neuburg II . .	" Dr. Gottfried Stingl, Pfarrer in Bergheim.
Neu-Ulm. . .	" Wilhelm Groß, Pfarrer in Oberfahlheim.
Nördlingen . .	" Jos. Fink, Stadtpfarrer in Nördlingen.
Oberdorf . . .	" Jos. Ant. Steible, Pfarrer in Altdorf.
Obergünzburg .	" Joh. Ulrich Engstler, Pfarrer in Hopferbach.
Oettingen . .	" Joh. Bapt. Messerschmied, Decan und Stadtpfarrer in Oettingen.
Ottobeuren . .	" Joh. Mich. Eggensberger, Pfarrer in Burheim.
Schwabmünchen	" Jos. Ant. Schweizer, Pfarrer in Graben.
Sonthofen . .	" Jos. Lutz, Pfarrer in Rettenberg.
Türkheim I . .	" Thomas Völk, Pfarrer in Türkheim.
Türkheim II . .	" Jos. Sirch, Decan und Pfarrer in Zaisershofen.
Weiler . . .	" Joh. Jakob Lau, Dekan u. Pfarrer in Opfenbach.
Weissenhorn .	" Joh. Georg Lenzer, Pfarrer in Oberhausen.
Wertingen I .	" Frz. Jos. Häußler, Decan und Stadtpfarrer in Wertingen.
Wertingen II .	" Mich. Huber, Capitels-Kämmerer und Pfarrer in Hirschbach.
Zusmarshausen .	" Jos. Kirschner, Decan u. Pfarrer in Zusmarshausen.

Katholische Volksschulen.

Name der Schule.	Gehört zur Distrikts-Schul-Inspektion.	zum Stadtgerichte.	Reines Einkommen. fl. kr.	Bemerkungen.
Augsburg*). 1. Knabenschule der Dompfarrei. III. Classe	Lokalschul-Com. Augsburg.	Augsburg.	550 —	und freie Wohnung.
II. "	"	"	550 —	u. 75. fl. Mieth.-Verg.
I. "	"	"	550 —	"

*) Die Gehaltsbezüge der sämmtlichen Schullehrer zu Augsburg beginnen bei der ersten definitiven Anstellung mit 400 fl. nebst freier Wohnung oder 50 fl. Miethzins-Vergütung und steigen nach zehnjähriger Dienstleistung von 5 zu 5 Jahren um 50 bis zu 550 fl. und freier Wohnung oder 75 fl. Miethzinsvergütung.

Name der Schule.	Gehört zur Distrikts-Schul-Inspektion.	zum Stadtgerichte.	Reines Einkommen fl. kr.	Bemerkungen.
2. Knabenschule der St. Moritz-Pfarrei.	Lokalschul-Com.			
III. Classe	Augsburg.	Augsburg.	550 —	u. 75 fl. Miethz.-Berg
II. „	„	„	550 —	dtto.
I. „	„	„	550 —	dtto.
3. Knabenschule der St. Ulrich-Pfarrei.				
III. Classe	„	„	650 —	und freie Wohnung.
II. „	„	„	550 —	dtto.
I. „	„	„	550 —	dtto.
4. Knabenschule der St. Georg-Pfarrei.				
III. Classe	„	„	550 —	u. 75 fl. Miethz.-Entschäd
II. „	„	„	550 —	dtto.
I. „	„	„	500 —	dtto.
5. Knabenschule der St. Max-Pfarrei.				
III. Classe	„	„	550 —	dtto.
II. „	„	„	400 —	u. 50 fl. Miethz.-Entsch.
I. „	„	„	500 —	u. 75 fl. Miethz.-Entsch.
6. Knabenschule im kath. Waisenhause.				
1. Hilfslehrerstelle	„	„	130 —	nebst freier Wohnung u.
II. „	„	„	130 —	Verpflegung.
Benefiziaten- u. Katecheten-Stelle.	„	„	500 —	nebst freier Wohnung u. Beheizung.
Donauwörth.				
1. Knabenschule.	Lokalschul-Com.			
III. Classe	Donauwörth.	Donauwörth.	549 37	u. 55 fl. Miethz.-Entsch.
II. „	„	„	459 37	dtto.
I. „	„	„	205 —	u. 18 fl. Miethz.-Entsch
Kaufbeuren.				
Knabenschule. III. Classe	Kaufbeuren.	Kaufbeuren.	566 7	nebst freier Wohnung.
II. „	„	„	466 46	dtto.
I. „	„	„	466 —	dtto.
Kempten.*)				
1. Knabenschule.				
III. Classe	Kempten.	Kempten.	500 —	u. 50 fl. Miethz.-Entsch.
II. „	„	„	500 —	und freier Wohnung.
I. „	„	„	500 —	dtto.
2. Mädchenschule.				
III. Classe	„	„	500 —	u. 50 fl. Miethz.-Entsch.
II. „	„	„	450 —	dtto.
I. „	„	„	300 —	und freier Wohnung.

*) Die Gehaltsbezüge der Schullehrer in Kempten beginnen bei der ersten definitiven Anstellung mit 300 fl. nebst freier Wohnung oder 50 fl. Miethzinsentschädigung und steigen von 5 zu 5 Jahren um 50 bis zu 550 fl. und freier Wohnung oder 50 fl. Miethzinsentschädigung.

Name der Schule.	Gehört		Reines Einkommen. fl. kr.	Bemerkungen.
	zur Diſtrikts-Schul-Inſpektion.	zum Stabtgerichte.		
Lindau.				
Knabenſchule.				
Obere Claſſe	Lindau.	Lindau.	575 —	
Untere Claſſe	"	"	400 —	
Memmingen.				
Obere Claſſe	Memmingen.	Memmingen.	582 —	u. 40 fl. Miethz.-Entſch.
Untere Claſſe	"	"	350 —	
Neuburg.*)				
V. Claſſe	Neuburg.	Neuburg.	500 —	unb freie Wohnung.
IV. "	"	"	500 —	dtto.
III. "	"	"	450 —	u. 50 fl. Miethz.-Entſch.
II. "	"	"	400 —	dtto.
I. "	"	"	300 —	unb freie Wohnung.
Nordlingen. Nördlingen.	Nördlingen.	Nördlingen.	402 3	dtto.

Name der Schule.	Gehören		Caſſions-mäßiges Einkommen fl. kr.	Auf-beſſerung aus Kreis-fonds. fl. kr.
	zur Diſtrikts-Schul-Inſpektion.	zum Landgerichte.		
Aach	Immenſtabt.	Immenſtabt.	136 30	163 30
Achsheim	Gögginen II.	Augsburg.	300 —	
Adelsried	Zusmarshauſen.	Zusmarshauſen.	321 52	
Aeschach	Lindau.	Lindau.	380 48	
Affaltern	Wertingen. I.	Wertingen.	257 54	42 6
Agawang	Zusmarshauſen.	Zusmarshauſen.	287 5	12 55
Aichen	Krumbach II.	Krumbach.	220 15	79 45
Aislingen	Dillingen.	Dillingen.	539 —	
Aitrang . . .	Obergünzburg.	Obergünzburg.	392 53	
Akams . . .	Immenſtabt.	Immenſtabt.	216 2	83 58
Aletshausen . .	Krumbach I.	Krumbach.	424 44	
Allerheim . .	Nördlingen.	Nördlingen.	395 19	
Allmannshofen .	Wertingen II.	Wertingen.	309 55	
Altdorf	Oberdorf.	Oberdorf.	441 28	
Altenbaindt . . .	Dillingen.	Dillingen.	167 39	132 21
Altenberg **) . . .	Lauingen.	Lauingen.	300 —	100 —
Altenmünster . . .	Zusmarshauſen.	Zusmarshauſen.	389 47	

*) Wie in Kempten.
**) Schulbenefizium.

Name der Schule.	Gehören zur Distrikts-Schul-Inspektion.	zum Landgerichte.	Kassionsmäßige Einkommen fl.	kr.	Aufbesserung aus Kreisfonds. fl.	kr.
Altisheim	Donauwörth.	Donauwörth.	205	43	94	17
Altstätten	Sonthofen.	Sonthofen.	314	44		
Altusried	Grönenbach.	Grönenbach.	424	—		
Ambach	Neuburg I.	Neuburg.	102	4	197	56
Amberg	Türkheim I.	Türkheim.	252	52	47	8
Amendingen	Memmingen.	Memmingen.	300	—		
Amerdingen	Nördlingen.	Nördlingen.	421	51		
Ammerbach	Oettingen.	Oettingen.	284	23	15	37
Ammerfeld	Monheim.	Monheim.	204	54	95	6
Anhausen	Göggingen I.	Augsburg.	300	—		
Anhofen	Günzburg.	Günzburg.	257	55	42	5
Anried	Zusmarshausen.	Zusmarshausen.	235	—	65	—
Apfeltrach	Mindelheim I.	Mindelheim.	350	49		
Apfeltrang	Kaufbeuren.	Kaufbeuren.	283	33	16	27
Aretsried	Zusmarshausen.	Zusmarshausen.	300	—		
Asbach	Donauwörth.	Donauwörth.	350	—		
Asch	Buchloe.	Buchloe.	428	29		
Attenfeld	Neuburg II.	Neuburg.	179	5	120	55
Attenhausen	Krumbach I.	Krumbach.	240	—	60	—
Attenhausen . . .	Ottobeuren.	Ottobeuren.	303	—		
Attenhofen	Weissenhorn.	Weissenhorn.	301	31		
Au	Illertissen.	Illertissen.	251	25	48	32
Auchsesheim	Donauwörth.	Donauwörth.	305	33		
Auers	Weiler.	Weiler.	123	15	76	45
Aufheim	Neu-Ulm.	Neu-Ulm.	311	—		
Aufkirch	Buchloe.	Buchloe.	454	56		
Autenried	Günzburg.	Günzburg.	300	—		
Aystetten	Göggingen.	Augsburg.	257	35	42	25
Baar	Neuburg II.	Neuburg.	310	51		
Babenhausen . . .	Babenhausen.	Babenhausen.	569	21		
Bachhagel	Lauingen.	Lauingen.	323	47		
Bachtel	Kempten.	Kempten.	100	—	100	—
Bayerfeld	Donauwörth.	Donauwörth.	300	—		
Baiersried	Obergünzburg.	Obergünzburg.	94	31	205	29
Baisweil	Kaufbeuren.	Kaufbeuren.	453	27		
Balderschwang . . .	Immenstadt.	Immenstadt.	162	39	137	21
Balzhausen	Krumbach II.	Krumbach.	220	15	79	45
Batzenhofen	Göggingen II.	Augsburg.	383	30		
Baumgarten	Dillingen.	Dillingen.	388	48	11	12
Bayershofen	Dillingen.	Dillingen.	263	13	36	47
Beckstetten	Türkheim I.	Türkheim.	270	—	30	—

Name der Schule.	Gehören		Gassions-mäßiges Einkommen		Aufbesserung aus Kreis-fonds.	
	zur Distrikts-Schul-Inspektion.	zum Landgerichte.	fl.	kr.	fl.	kr.
Bedernau	Mindelheim II.	Mindelheim.	452	35		
Behlingen	Krumbach I.	Krumbach.	344	32		
Bellenberg . . .	Illertissen.	Illertissen.	298	46	1	14
Belzheim	Oettingen.	Oettingen.	249	—	51	—
Benningen	Memmingen.	Memmingen.	306	12		
Berg	Donauwörth.	Donauwörth.	270	24	29	36
Bergen . .	Grönenbach.	Grönenbach.	150	—	50	—
Bergen	Neuburg II.	Neuburg.	454	11		
Bergheim	Dillingen.	Dillingen.	443	21		
Bergheim	Göggingen I.	Augsburg.	300	—		
Bergheim	Neuburg II.	Neuburg.	384	58		
Berghofen	Sonthofen.	Sonthofen.	255	57	24	3
Bernbach	Oberdorf.	Oberdorf.	215	5	84	55
Bertholdshofen . . .	"	"	489	35		
Bertholdsheim . . .	Monheim.	Monheim.	371	54		
Bettrichs	Grönenbach.	Grönenbach.	165	—	35	
Betzigau	Kempten.	Kempten.	394	50		
Beuren	Weissenhorn.	Weissenhorn.	215	56	84	4
Biberach	"	"	300	—		
Biberachzell . . .	"	"	300	—		
Biberbach	Wertingen II.	Wertingen.	524	41		
Biberberg	Weissenhorn.	Weissenhorn.	267	23	62	37
Biburg	Zusmarshausen.	Zusmarshausen.	247	41	52	19
Bidingen	Oberdorf.	Oberdorf.	501	53		
Billenhausen . . .	Krumbach I.	Krumbach.	300	—		
Binswangen	Wertingen I.	Wertingen.	300	—		
Birkach*)	Weiler.	Weiler.	150	15	49	45
Birkhausen . . .	Nördlingen.	Nördlingen.	228	24	71	36
Bissingen	Höchstädt	Höchstädt.	605	22		
Bittenbrunn . . .	Neuburg I.	Neuburg.	216	—	84	—
Blaichach	Immenstadt.	Immenstadt.	241	57	58	3
Bliensbach	Wertingen I.	Wertingen.	449	18		
Blindheim	Höchstädt.	Höchstädt.	601	24		
Blöcktach	Obergünzburg.	Obergünzburg.	151	27	148	33
Blossenau	Monheim.	Monheim.	196	7	103	53
Bobingen	Schwabmünchen.	Schwabmünchen.	712	55		
Bodelsberg **) . . .	Kempten.	Kempten.	187	57	12	3
Bodolz ***)	Lindau.	Lindau.	155	—	45	—
Böhen	Ottobeuren.	Ottobeuren.	282	22	17	38

*) Filialschule. — **) Filialschule. — ***) Filialschule.

Name der Schule.	Gehören zur Distrikts-Schul-Inspektion.	zum Landgerichte.	Fassionsmäßiges Einkommen. fl. | kr.	Aufbesserung aus Kreisfonds. fl. | kr.
Börlas *)	Immenstadt.	Immenstadt.	162 | 2	37 | 58
Börwang **)	Kempten.	Kempten.	218 | 37	
Bösenreute	Linbau.	Linbau.	262 | 54	37 | 6
Bollstadt	Nörblingen.	Nörblingen.	250 | —	50 | —
Bolsterlang . . .	Immenstadt.	Immenstadt.	225 | —	75 | —
Bonnstetten	Zusmarshausen.	Zusmarshausen.	256 | 30	43 | 30
Boos	Babenhausen.	Babenhausen.	484 | 17	
Breitenbrunn . .	Mindelheim II.	Mindelheim.	441 | 42	
Breitenbrunn . . .	Zusmarshausen.	Zusmarshausen.	225 | 26	74 | 34
Breitenthal	Weissenhorn.	Weissenhorn.	300 | —	
Bronnen ***) . . .	Buchloe.	Buchloe.	200 | —	
Bronnen	Mindelheim II.	Mindelheim.	197 | —	103 | —
Bubenhausen . . .	Weissenhorn.	Weissenhorn.	306 | 34	
Bubesheim	Günzburg.	Günzburg.	328 | 47	
Buch	Illertissen.	Illertissen.	412 | 14	
Buchdorf	Donauwörth.	Donauwörth.	426 | 45	
Buchenberg	Kempten.	Kempten.	406 | 6	
Buchloe	Buchloe.	Buchloe.	485 | 15	
Bühl	Günzburg.	Günzburg.	389 | 6	
Burgau	Burgau.	Burgau.	554 | 27	
Burgberg	Sonthofen.	Sonthofen.	413 | 39	
Burghagel . . .	Lauingen.	Lauingen.	300 | —	
Burgheim	Neuburg I.	Neuburg.	414 | 27	
Burk	Krumbach II.	Krumbach.	220 | —	80 | —
Burlafingen . . .	Neu-Ulm.	Neu-Ulm.	325 | —	
Buttenwiesen . .	Wertingen I.	Wertingen.	327 | 19	
Buxheim	Memmingen.	Memmingen.	348 | 17	
Daiting	Monheim.	Monheim.	462 | 9	
Dattenhausen . . .	Lauingen.	Lauingen.	300 | —	
Daxberg †)	Ottobeuren.	Ottobeuren.	142 | —	68 | —
Deffingen	Günzburg.	Günzburg.	253 | 40	46 | 20
Deggingen . . .	Nörblingen.	Nörblingen.	161 | 36	138 | 24
Deiningen . .	"	"	363 | 28	
Deisenhofen . .	Höchstädt.	Höchstädt.	320 | —	
Deisenhausen . .	Krumbach I.	Krumbach.	333 | 18	
Denklingen . . .	Buchloe.	Buchloe.	517 | 17	
Deubach	Burgau.	Burgau.	300 | —	
Detzenacker . . .	Neuburg I.	Neuburg.	180 | 52	119 | 8
Diedorf	Göggingen I.	Augsburg.	300 | —	

*) Filialschule. — **) Filialschule. — ***) Filialschule. — †) Filialschule.

Name der Schule.	Gehören zur Distrikts-Schul-Inspektion.	zum Landgerichte.	Saffionsmäßiges Einkommen fl. | kr.	Aufbefferung aus Kreisfonds. fl. | kr.
Diemantstein . . .	Höchstädt.	Höchstädt.	339 | 5	
Diepolz	Immenstadt.	Immenstadt.	204 | —	96 | —
Diesenbach *) . . .	Grönenbach.	Grönenbach.	147 | 36	52 | 24
Dietershofen . . .	Babenhausen.	Babenhausen.	308 | 23	
Dietkirch	Göggingen I.	Augsburg.	380 | 6	
Dietmannsried . . .	Grönenbach.	Grönenbach.	403 | 46	
Dillingen	Dillingen.	Dillingen.	504 | 45 454 | 45	407 | —
Dillishausen	Buchloe.	Buchloe.	318 | 28	
Dingisweiler**) . . .	Obergünzburg.	Obergünzburg.	120 | —	80 | —
Dinkelscherben . . .	Zusmarshausen.	Zusmarshausen.	409 | 54	
Dirlewang	Mindelheim I.	Mindelheim.	499 | 23	
Dirrlauingen . . .	Burgau.	Burgau.	306 | 24	
Döpshofen	Göggingen I.	Augsburg.	188 | 51	111 | 9
Dösingen	Kaufbeuren.	Kaufbeuren.	314 | 46	
Donaualtheim . . .	Dillingen.	Dillingen.	475 | 4	
Dorschhausen . . .	Mindelheim I.	Mindelheim.	266 | 33	33 | 27
Dressen***)	Weiler.	Weiler.	75 | —	25 | —
Druisheim	Wertingen II.	Wertingen.	290 | 43	9 | 17
Durach	Kempten.	Kempten.	404 | 31	
Ebenhausen	Neuburg.	Neuburg.	250 | 38	49 | 22
Ebenhofen	Oberdorf.	Oberdorf.	228 | 16	71 | 44
Ebersbach	Obergünzburg.	Obergünzburg.	305 | 15	
Ebershausen	Weißenhorn.	Weißenhorn.	361 | 53	
Ebratshofen	Weiler.	Weiler.	275 | 15	24 | 45
Echenbrunn	Lauingen.	Lauingen.	312 | —	
Echlishausen . . .	Günzburg.	Günzburg.	227 | 28	72 | 32
Edelstetten	Krumbach I.	Krumbach.	626 | 46	
Edenhausen	Krumbach I.	Krumbach.	180 | —	120 | —
Egelhofen	Mindelheim II.	Mindelheim.	230 | —	70 | —
Egg a/Günz	Ottobeuren.	Ottobeuren.	357 | 33	
Eggenthal	Kaufbeuren.	Kaufbeuren.	337 | 27	
Ehekirchen	Neuburg I.	Neuburg.	274 | 49	25 | 11
Ehingen	Wertingen II.	Wertingen.	439 | 40	
Ehingen	Oettingen.	Oettingen.	300 | —	
Eisenburg†)	Memmingen.	Memmingen.	150 | —	50 | —
Eckarts	Immenstadt.	Immenstadt.	235 | 28	64 | 32
Ellerbach	Dillingen»	Dillingen.	254 | 21	45 | 39
Ellgau††)	Donauwörth.	Donauwörth.	368 | 52	31 | 8

*) Filialschule. — **) Filialschule. — ***) Winterschule. — †) Filialschule. —
††) Filialschule und Schulbenefizium.

Name der Schule.	Gehören		Confessions- mäßiges Einkommen		Auf- besserung aus Kreis- fonds.	
	zur Diftrikts-Schul- Inspektion.	zum Landgerichte.	fl.	kr.	fl.	kr.
Ellhofen	Weiler.	Weiler.	244	—	56	—
Ellzee	Weissenhorn.	Weissenhorn.	208	45	91	15
Emmenhausen . . .	Buchloe.	Buchloe.	148	44	151	16
Emmersacker . . .	Wertingen I.	Wertingen.	364	—		
Emmershofen *). . .	Illertissen.	Illertissen.	455	42		
Emskeim	Monheim.	Monheim.	199	—	101	—
Engelwarz **) . . .	Kempten.	Kempten.	151	40	48	20
Engetried	Ottobeuren.	Ottobeuren.	241	11	58	49
Engishausen . . .	Babenhausen.	Babenhausen.	250	—	50	—
Ensfeld	Monheim.	Monheim.	221	36	78	24
Eppisburg	Dillingen.	Dillingen.	246	—	54	--
Eppishausen . . .	Türkheim II.	Türkheim.	400	43		
Erisried	Mindelheim I.	Mindelheim.	222	8	77	52
Erkheim	Ottobeuren.	Ottobeuren.	390	34		
Ermengerst	Kempten.	Kempten.	162	—	118	—
Eschach	"	"	152	51	47	9
Ettelried	Zusmarshausen.	Zusmarshausen.	261	30	38	30
Ettenbeuren . . .	Burgau.	Burgau.	420	43		
Ettensberg	Kempten.	Kempten.	130	—	20	—
Ettlishofen . . .	Neuulm.	Neuulm.	300	—		
Ettringen . . .	Türkheim I.	Türkheim.	591	16		
Eurishofen . . .	Buchloe.	Buchloe.	257	52	412	8
Eutenhausen . . .	Mindelheim I.	Mindelheim.	325	10		
Faimingen	Lauingen.	Lauingen.	199	39	100	21
Fellheim	Babenhausen.	Babenhausen.	255	—	45	—
Finningen	Neuulm.	Neuulm.	252	13	47	47
Fischach	Zusmarshausen.	Zusmarshausen.	361	43		
Fischen	Immenstadt.	Immenstadt.	340	—		
Fleinhausen	Zusmarshausen.	Zusmarshausen.	198	33	101	27
Flotzheim	Monheim.	Monheim.	300	—		
Frankenhofen . . .	Buchloe.	Buchloe.	196	47	103	13
Frankenried . . .	Kaufbeuren.	Kaufbeuren.	223	19		
Frauenriedhausen . .	Lauingen.	Lauingen.	203	41	91	19
Frauenstetten . . .	Wertingen I.	Wertingen.	240	39	59	21
Frauenzell	Grönenbach.	Grönenbach.	310	—		
Frechenrieden . . .	Ottobeuren.	Ottobeuren.	300	—		
Freihalden	Burgau.	Burgau.	179	42	70	18
Fremdingen	Oettingen.	Oettingen.	312	32		
Friesenried	Obergünzburg.	Obergünzburg.	300	—		

*) Schulbenefizium. — **) Filialschule.

Name der Schule.	Gehören zur Diftrikts-Schul-Inspektion.	zum Landgerichte.	Fassionsmäßiges Einkommen. fl. | kr.	Aufbesserung aus Kreisfonds. fl. | kr.
Fristingen	Dillingen.	Dillingen.	402 | 23	
Fronhofen	Höchstädt.	Höchstädt.	300 | —	
Fünfstetten	Monheim II.	Monheim.	356 | 17	
Füssen *)	Füssen.	Füssen.	571 | 25	
Gabelbach	Zusmarshausen.	Zusmarshausen.	228 | 42	71 | 18
Gabelbachergreuth **)	"	"	511 | 16	
Gablingen	Göggingen II.	Augsburg.	379 | 9	
Gaunertshofen . . .	Weissenhorn.	Weissenhorn.	238 | 37	61 | 23
Gansheim	Monheim.	Monheim.	354 | 21	
Geisenried	Oberdorf.	Oberdorf.	337 | —	
Genderkingen . . .	Donauwörth.	Donauwörth.	397 | 40	
Genhofen ***) . . .	Immenstadt.	Immenstadt.	200 | —	
Gennach	Schwabmünchen.	Schwabmünchen.	420 | 21	
Gersthofen	Göggingen II.	Augsburg.	391 | 27	
Gestraz	Weiler.	Weiler.	289 | 56	10 | 4
Glött	Dillingen.	Dillingen.	353 | 48	
Gemeinschwenden †) .	Grönenbach.	Grönenbach.	175 | —	25 | —
Göggingen	Göggingen I.	Augsburg.	404 | 18	
Görisried	Oberdorf.	Oberdorf.	239 | 31	60 | 29
Goldbach ††) . . .	Burgau.	Burgau.	150 | —	50 | —
Gossheim	Monheim II.	Monheim.	366 | 40	
Gottmannshofen . .	Wertingen I.	Wertingen.	443 | 25	
Graben	Schwabmünchen.	Schwabmünchen.	380 | 38	
Grafertshofen . . .	Weissenhorn.	Weissenhorn.	225 | 57	74 | 3
Gremheim	Höchstädt.	Höchstädt.	319 | 13	
Grimoldsried . . .	Türkheim II.	Türkheim.	229 | 48	70 | 12
Grönenbach	Grönenbach.	Grönenbach.	472 | 10	
Grossaitingen . . .	Schwabmünchen.	Schwabmünchen.	585 | 15	
Grosskitzighofen . .	Buchloe.	Buchloe.	364 | —	
Grosskissendorf . .	Günzburg.	Günzburg.	316 | 41	
Grosskötz	"	"	414 | 53	
Grünenbaindt . . .	Zusmarshausen.	Zusmarshausen.	232 | 13	67 | 46
Grünenbach	Weiler.	Weiler.	251 | 8	48 | 52
Günz	Ottobeuren.	Ottobeuren.	291 | 48	8 | 12
Günzach	Obergünzburg.	Obergünzburg.	161 | 48	38 | 12
Günzburg III. Classe			400 | —	
II. Classe			400 | —	
I. Classe	Günzburg.	Günzburg.	400 | —	
Vorbereitungs-Classe			350 | —	

*) 2. Schulstelle mit einem Ertrag von 400 fl. z. Z. erledigt. — **) Schulbeneficium. — ***) Filialschule. — †) Filialschule. — ††) Filialschule.

Name der Schule.	Gehören zur Diſtrikts-Schul-Inſpektion.	zum Landgerichte.	Kaſſenmäßige Einkommen fl.	kr.	Aufbeſſerung aus Kreis-fonds. fl.	kr.
Gundelfingen						
III. u. II. Claſſe *)			612	26		
I. Claſſe	Lauingen.	Lauingen.	332	7		
III. u. II. Claſſe **)			477	11		
I. Claſſe			423	46		
Gundelsheim . . .	Monheim.	Monheim.	222	15	77	45
Gundremmingen . .	Dillingen.	Dillingen.	433	52		
Gunzenheim	Donauwörth.	Donauwörth.	202	6	97	52
Gunzesried	Immenſtadt.	Immenſtadt.	200	—	80	—
Gutenberg	Kaufbeuren.	Kaufbeuren.	250	—	50	
Häder	Zusmarshauſen.	Zusmarshauſen.	346	53		
Hafenhofen	Burgau.	Burgau.	256	—	44	—
Hafenreuth	Donauwörth.	Donauwörth.	117	49	62	11
Hainhofen	Göggingen.	Augsburg.	486	1		
Hainsfarth	Oettingen.	Oettingen.	351	22		
Haldenwang . ' . .	Kempten.	Kempten.	300	—		
Haldenwang	Burgau.	Burgau.	318	7		
Happareuthe . . .	Weiler.	Weiler.	209	43		
Hasberg	Mindelheim II.	Mindelheim.	312	35		
Haselbach	Türkheim II.	Türkheim.	379	55		
Haunstetten	Göggingen I.	Augsburg.	416	39		
Hausen	Lauingen.	Lauingen.	301	49		
Hausen	Mindelheim II.	Mindelheim.	314	23		
Hausen	Oettingen.	Oettingen.	300	—		
Hawangen	Ottobeuren.	Ottobeuren.	393	—		
Hegelhofen	Reggenburg.	Weiſſenhorn.	230	16	69	44
Hegnenbach . . .	Wertingen I.	Wertingen.	185	26	114	34
Heilig Kreuz . . .	Kempten.	Kempten.	261	49	38	11
Heimenkirch . . .	Weiler.	Weiler.	301	13		
Heimertingen . . .	Babenhauſen.	Babenhauſen.	388	54		
Heinrichsheim . . .	Neuburg I.	Neuburg.	51	40	148	20
Heissen	Obergünzburg.	Obergünzburg.	130	11	69	49
Hellengerst	Kempten.	Kempten.	188	26	111	34
Heretsried	Wertingen I.	Wertingen.	212	5	87	55
Herbertshofen . . .	Wertingen II.	„	545	24		
Hergensweiler . . .	Lindau.	Lindau.	340	34		
Herkheim	Nördlingen.	Nördlingen.	150	14	129	46
Herrenstetten . . .	Illertiſſen.	Illertiſſen.	300	—		
Hiltenfingen	Schwabmünchen.	Schwabmünchen.	550	56		

*) Knabenſchule. - **) Mädchenſchule..

7

Name der Schule.	Gehören zur Distrikts-Schul-Inspektion.	zum Landgerichte.	Fassionsmäßiges Einkommen. fl. kr.	Aufbesserung aus Kreisfonds. fl. kr.
Hindelang	Sonthofen.	Sonthofen.	386 52	
Hinterstein	"	"	140 53	159 7
Hirblingen	Göggingen II.	Augsburg.	300 —	
Hirschbach	Wertingen II.	Wertingen.	243 30	56 30
Hirschbrunn	Oettingen.	Oettingen.	113 35	186 25
Hirschzell	Kaufbeuren.	Kaufbeuren.	147 18	152 42
Hochaltingen . . .	Oettingen.	Oettingen.	628 45	
Hochgreuth	Kempten.	Kempten.	215 2	84 58
Hochwang	Günzburg.	Günzburg.	240 26	59 34
Höchstädt III. Classe			474 50	
II. Classe	Höchstädt.	Höchstädt.	382 49	
I. Classe			366 10	
Höfen	Immenstadt.	Immenstadt.	140 —	141 —
Hofs	Ottobeuren.	Ottobeuren.	157 46	42 14
Hollenbach	Neuburg I.	Neuburg.	365 22	
Holzgünz	Ottobeuren.	Ottobeuren.	339 59	
Holzheim	Dillingen.	Dillingen.	506 57	
Holzheim	Neu-Ulm.	Neu-Ulm.	414 14	
Holzstetten	Obergünzburg.	Obergünzburg.	140 18	59 42
Honsolgen	Buchloe.	Buchloe.	483 33	
Hopfen	Füssen.	Füssen.	259 51	40 9
Hopferau			334 —	
Hopferbach	Obergünzburg.	Obergünzburg.	300 —	
Hoppingen	Nördlingen.	Nördlingen.	213 42	86 18
Horgau	Zusmarshausen.	Zusmarshausen.	615 35	
Horgauergreuth . .	"	"	300 —	
Hütting	Neuburg II.	Neuburg.	230 16	69 44
Huisheim	Monheim II.	Monheim.	353 47	
Huttenwang	Obergünzburg.	Obergünzburg.	189 22	110 38
Ichenhausen	Günzburg.	Günzburg.	568 6	
Jedesheim	Illertissen.	Illertissen.	395 11	
Jengen	Buchloe.	Buchloe.	401 52	
Jettingen	Burgau.	Burgau.	378 —	
Illereichen	Illertissen.	Illertissen.	500 18	
Illerberg	"	"	427 1	
Illerbeuren	Grönenbach.	Grönenbach.	305 10	
Illertissen	Illertissen.	Illertissen.	373 54	
Illerzell	"	"	116 43	183 17
Imberg*)	Sonthofen.	Sonthofen.	150 —	50 —

*) Filialschule.

Name der Schule.	Gehören zur Distrikts-Schul-Inspektion.	zum Landgerichte.	Faktionsmäßiges Einkommen. fl.	kr.	Aufbefferung aus Kreisfonds. fl.	kr.
Immelstetten . . .	Türkheim II.	Türkheim.	330	33		
Immenstadt	Immenstadt.	Immenstadt.	550	45	350	—
Ingenried	Kaufbeuren.	Kaufbeuren.	276	13	22	47
Ingenried	Oberdorf.	Oberdorf.	250	—	50	—
Inningen	Göggingen L	Augsburg.	384	39		
Joshofen	Neuburg II.	Neuburg.	163	—	137	—
Irsee	Kaufbeuren.	Kaufbeuren.	465	29		
Irrsingen	Türkheim I.	Türkheim I.	249	—	51	—
Ittelsburg *) . . .	Grönenbach.	Grönenbach.	80	—	120	—
Itzing	Monheim.	Monheim.	204	25	96	35
Kadeltshofen . . .	Neu-Ulm.	Neu-Ulm.	307	37		
Kaisheim	Donauwörth.	Donauwörth.	509	10		
Kappel **)	Füssen.	Füssen.	102	16	97	44
Karlshuld	Neuburg I.	Neuburg.	357	23		
Karlskron	Neuburg II.	"	629	20		
Kellmünz	Illertissen.	Illertissen.	377	6		
Kemnath	Burgau.	Burgau.	350	—		
Kettershausen . . .	Babenhausen.	Babenhausen.	541	23		
Ketterschwang . . .	Kaufbeuren.	Ketterschwang.	259	43	40	17
Kicklingen	Höchstädt.	Höchstädt.	381	33		
Kimrathshofen . . .	Grönenbach.	Grönenbach.	304	30		
Kirchdorf	Mindelheim I.	Mindelheim.	308	52		
Kirchhaslach . . .	Babenhausen.	Babenhausen.	477	40		
Kirchheim	Türkheim II.	Türkheim.	520	34		
Kleinaitingen . . .	Schwabmünchen.	Schwabmünchen.	285	5	14	55
Kleinkemnath . . .	Kaufbeuren.	Kaufbeuren.	183	2	116	58
Kleinkitzighofen . .	Buchloe.	Buchloe.	300	—		
Kleinkötz	Günzburg.	Günzburg.	190	52	109	8
Kleinnördlingen . .	Nördlingen.	Nördlingen.	512	40		
Kleinweiler	Kempten.	Kempten.	244	49	55	11
Klimmach	Schwabmünchen.	Schwabmünchen.	221	13	78	47
Klingsmoos	Neuburg I.	Neuburg.	69	36	130	24
Klosterbeuren . . .	Babenhausen.	Babenhausen.	280	42	19	18
Köngetried	Mindelheim I.	Mindelheim.	257	40	42	20
Könghausen	Türkheim II.	Türkheim.	216	19	83	41
Königsbrunn . . .	Schwabmünchen.	Schwabmünchen.	309	50		
Konradshofen . . .	Türkheim I.	Türkheim.	256	26	43	34
Konzenberg	Burgau.	Burgau.	243	40	56	20
Kornau	Sonthofen.	Sonthofen.	50	—	50	—

*) Filialschule. — **) Filialschule.

Name der Schule.	Gehören		Faſſions-mäßiges Einkommen		Aufbeſſerung aus Kreisfonds.	
	zur Diſtrikts-Schul-Inſpektion.	zum Landgerichte.	fl.	kr.	fl.	kr.
Kuttern *)	Kempten.	Kempten.	360	—		
Kraftisried	Obergünzburg.	Obergünzburg.	231	5	48	55
Kranzegg	Sonthofen.	Sonthofen.	50	—	50	—
Kreuzthal	Kempten.	Kempten.	363	13		
Kriegshaber	Göggingen II.	Augsburg.	459	44		
Kristertshofen . . .	Reggenburg.	Weiſſenhorn.	156	46	143	14
Kronburg	Grönenbach.	Grönenbach.	233	19	66	41
Krugzell	Kempten.	Kempten.	260	—	40	—
Krumbach	Krumbach I.	Krumbach.	538	11		
Kutzenhausen . . .	Zusmarshausen.	Zusmarshausen.	509	13		
Lachen	Ottobeuren.	Ottobeuren.	199	45	100	15
Lamerdingen . . .	Buchloe.	Buchloe.	385	7		
Landensberg . . .	Burgau.	Burgau.	300	—		
Landholz	Grönenbach.	Grönenbach.	132	36	67	24
Landshausen . . .	Lauingen.	Lauingen.	218	56	81	4
Langenneufnach . .	Krumbach II.	Krumbach.	435	5		
Langenerringen . .	Schwabmünchen.	Schwabmünchen.	670	26		
Langenhaslach . . .	Krumbach I.	Krumbach.	300	32		
Langenreichen . . .	Wertingen II.	Wertingen.	288		12	—
Langenwang . . .	Immenſtadt.	Immenſtadt.	175	30	24	30
Langweid	Göggingen II.	Augsburg.	300	—		
Laub	Oettingen.	Oettingen.	348	12		
Lauben	Kempten.	Kempten.	227	28	72	32
Lauchdorf	Kaufbeuren.	Kaufbeuren.	357	13		
Laufenegg	Immenſtadt.	Immenſtadt.	88	—	112	—
Laugna	Wertingen I.	Wertingen.	492	29		
Lauingen III. Claſſe			460	56		
II. Claſſe	Lauingen.	Lauingen.	450	—		
I. Claſſe			440	15		
Lauingen **)	"	"	400	—		
Lauterbach	Donauwörth.	Donauwörth.	465	41		
Lauterbrunn	Wertingen I.	Wertingen.	216	31	83	29
Lautrach	Grönenbach.	Grönenbach.	259	—	41	—
Lechbruck	Füſſen.	Füſſen.	322	13		
Lechsend	Monheim.	Monheim.	330	—		
Leeder	Buchloe.	Buchloe.	499	51		
Legau	Grönenbach.	Grönenbach.	503	51		
Leidling	Neuburg I.	Neuburg.	163	20	136	40
Leinheim	Günzburg.	Günzburg.	185	15	114	45

*) Fabrikſchule. — **) Knabenſchule im Schullehrer-Seminar.

Name der Schule.	Gehören		Cassionsmäßiges Einkommen		Aufbesserung aus Kreisfonds.	
	zur Distrikts-Schul-Inspektion.	zum Landgerichte.	fl.	kr.	fl.	kr.
Leinschwenden *) . .	Kempten.	Kempten.	160	—	40	—
Leitershofen . . .	Göggingen I.	Augsburg.	203	55	96	5
Lengenfeld	Buchloe.	Buchloe.	273	14	26	46
Lengenwang . . .	Füssen.	Füssen.	348	54		
Lenzfried	Kempten.	Kempten.	369	8		
Leubas	"	"	200	—	80	—
Leuterschach . . .	Oberdorf.	Oberdorf.	361	33		
Lichtenau	Neuburg II.	Neuburg.	182	29	117	41
Limpach	Burgau.	Burgau.	256	13	43	47
Lindenberg	Buchloe.	Buchloe.	360	59		
Lindenberg	Weiler.	Weiler.	300	—		
Loppenhausen . .	Mindelheim II.	Mindelheim.	391	16		
Ludwigsmoos **) . .	Neuburg I.	Neuburg.	365	22	200	—
Lützelburg	Göggingen II.	Augsburg.	261	25	38	35
Lutzingen	Höchstädt.	Höchstädt.	471	53		
Maihingen	Oettingen.	Oettingen.	336	32		
Maiselstein	Sonthofen.	Sonthofen.	261	47	43	21
Manching	Neuburg II.	Neuburg.	435	8		
Margertshausen ***) .	Göggingen.	Augsburg.	400	—		
Mariaberg	Kempten.	Kempten.	144	—	136	—
Maria Rhein . . .	"	"	367	27		
Mariathan	Lindau.	Lindau.	335	23		
Marktoffingen . . .	Oettingen.	Oettingen.	417	32		
Martinszell	Kempten.	Kempten.	313	25		
Masers †)	"	"	70	—	130	—
Marxheim	Monheim.	Monheim.	474	41		
Mattsis	Türkheim II.	Türkheim.	501	16		
Mauern	Monheim	Monheim.	287	43	12	17
Mauerstetten . . .	Kaufbeuren.	Kaufbeuren.	300	—		
Mayerhöfen	Weiler.	Weiler.	309	27		
Medingen	Dillingen.	Dillingen.	351	37		
Memhölz	Kempten.	Kempten.	250	—	50	—
Memmenhausen . .	Krumbach II.	Krumbach.	329	25		
Mertingen	Donauwörth.	Donauwörth.	411	41		
Mickhausen	Schwabmünchen.	Schwabmünchen.	335	27		
Mindelaltheim . . .	Burgau.	Burgau.	186	47	113	13
Mindelau	Mindelheim I.	Mindelheim.	300	—		
Mindelheim III. Classe	Mindelheim I.	Mindelheim.	487	14		
II. Classe			481	11		

*) Filialschule. — **) Schulbenefizium. — ***) Schulbenefizium. — †) Filialschule.

Name der Schule.	Gehören zur Distrikts-Schul-Inspektion.	zum Landgerichte.	Pastionsmäßiges Einkommen. fl. | kr.	Aufbesserung aus Kreisfonds. fl. | kr.
Mindelheim I. Classe	Mindelheim I.	Mindelheim.	356 | 20	
Mindelzell	Krumbach I.	Krumbach.	259 | 30	40 | 30
Minderoffingen . . .	Oettingen.	Oettingen.	223 | 31	76 | 29
Missen	Immenstadt.	Immenstadt.	300 | —	
Mittelberg	Kempten.	Kempten.	364 | 37	
Mittelneufnach . . .	Türkheim II.	Türkheim.	472 | 56	
Mittelstetten*) . . .	Schwabmünchen.	Schwabmünchen.	402 | 9	
Modelshausen . . .	Wertlingen I.	Wertlingen	121 | 52	178 | 8
Mögesheim	Oettingen.	Oettingen.	394 | 24	
Möhren	Monheim.	Monheim.	304 | —	
Mönstetten	Burgau.	Burgau.	157 | 57	142 | 3
Mörgen	Türkheim II.	Türkheim.	302 | 6	
Mörslingen	Höchstädt.	Höchstädt.	384 | 3	
Mohrenhausen . . .	Babenhausen.	Babenhausen.	150 | 3	149 | 57
Monheim III. u. II. Cl.			650 | 52	
III. u. II. Cl.	Monheim.	Monheim.	300 | —	
I. Classe .			300 | —	
Moosbach	Sonthofen.	Sonthofen.	209 | 18	90 | 42
Mündling	Donauwörth.	Donauwörth.	340 | 57	
Münster	"	"	342 | 12	
Münsterhausen . .	Krumbach II.	Krumbach.	583 | 46	
Munningen	Oettingen.	Oettingen.	241 | 40	59 | 20
Munzingen	Nördlingen.	Nördlingen.	224 | 55	75 | 5
Muthmanshofen . .	Grönenbach.	Grönenbach.	204 | 8	95 | 52
Nassenbeuren . . .	Mindelheim II.	Mindelheim.	521 | 16	
Nattenhausen . . .	Roggenburg.	Weissenhorn.	235 | 37	64 | 23
Nersingen	Neu-Ulm.	Neu-Ulm.	331 | 40	
Nesselwang	Füssen.	Füssen.	357 | 39	
Neuburg a/Kammel .	Krumbach I.	Krumbach.	405 | 38	
Neumünster	Zusmarshausen.	Zusmarshausen.	155 | 18	144 | 42
Neuried**)	Obergünzburg.	Obergünzburg.	100 | —	100 | —
Neu-Ulm	Neu-Ulm.	Neu-Ulm.	141 | 30	158 | 30
Niederdorf***) . . .	Ottobeuren.	Ottobeuren.	526 | —	
Niederhausen†) . . .	Roggenburg.	Weissenhorn.	174 | 51	25 | 9
Niederraunau . . .	Krumbach I.	Krumbach.	540 | 53	
Niederrieden	Babenhausen.	Babenhausen.	420 | 18	
Niedersonthofen . .	Immenstadt.	Immenstadt.	241 | 8	58 | 52
Niederstaufen . . .	Weiler.	Weiler.	300 | —	
Nonnenhorn	Lindau.	Lindau.	343 | 12	

*) Schulbenefizium. — **) Filialschule. — ***) Schulbenefizium. — †) Filialschule.

Name der Schule.	Gehören		Faſſionsmäßige Einkommen		Aufbeſſerung aus Kreisfonds.	
	zur Diſtrikts-Schul-Inſpektion.	zum Landgerichte.	fl.	kr.	fl.	kr.
Nordendorf*) . . .	Wertingen. II.	Wertingen.	481	31		
Ob	Oberdorf.	Oberdorf.	112	57	187	3
Obenhausen	Roggenburg.	Weiſſenhorn.	393	4		
Oberauerbach . . .	Minbelheim I.	Minbelheim.	300	—		
Oberbechingen . . .	Lauingen.	Lauingen.	277	47	22	13
Oberbeuren	Kaufbeure.	Kaufbeuren.	344	—		
Oberdiessen	Buchloe.	Buchloe.	201	35	98	25
Oberdorf	Oberdorf.	Oberdorf.	632	54		
Oberdorf	Sonthofen.	Sonthofen.	175	40	104	20
Oberegg	Ottobeuren.	Ottobeuren.	169	16	30	44
Oberelchingen . .	Neu-Ulm.	Neu-Ulm.	338	35		
Oberfahlheim . . .	"	"	387	43		
Obergermaringen . .	Kaufbeuren.	Kaufbeuren.	340	—		
Obergessertshausen .	Krumbach II.	Krumbach.	300	—		
Oberglauheim . . .	Höchſtädt.	Höchſtädt.	193		107	—
Obergünzburg . . .	Obergünzburg.	Obergünzburg.	393	30		
Oberhausen	Göggingen II.	Augsburg.	495	16		
Oberhausen	Neuburg I.	Neuburg.	130	—	170	—
Oberhausen	Roggenburg.	Weiſſenhorn.	300	—		
Oberkammlach . . .	Minbelheim I.	Minbelheim.	524	45		
Oberliezheim . . .	Höchſtädt.	Höchſtädt.	186	4	113	56
Obermedlingen . . .	Lauingen.	Lauingen.	565	14		
Obermeiselstein . .	Immenſtabt.	Immenſtabt.	213	30	86	30
Oberndorf	Donauwörth.	Donauwörth.	370	56		
Oberostendorf . . .	Buchloe.	Buchloe.	427	23		
Oberreitnau	Lindau.	Lindau.	300			
Oberreute	Weiler.	Weiler.	283	35	16	25
Oberrieden	Minbelheim II.	Minbelheim.	399	—		
Oberroth	Illertiſſen.	Illertiſſen.	372	21		
Oberschöneberg . .	Zusmarshauſen.	Zusmarshauſen.	350	2		
Oberstorf	Sonthofen.	Sonthofen.	400			
Oberstimm	Neuburg II.	Neuburg.	180	—	20	—
Oberthingau . . .	Oberdorf.	Oberdorf.	283	2	{16	58
Oberthürheim . . .	Wertingen I.	Wertingen.	250	—	50	—
Oberwaldbach . . .	Burgau.	Burgau.	328	50		
Oberwiesenbach . .	Roggenburg.	Weiſſenhorn.	445	31		
Oettingen I. Schulſtelle	Oettingen.	Oettingen.	354	50		
II. Schulſtelle			345	37		
Offingen	Günzburg.	Günzburg.	424	50		

*) Schulbenefizium.

Name der Schule.	Gehören zur Distrikts-Schul-Inspektion.	zum Landgerichte.	Fassions-mäßiges Einkommen fl.	tr.	Auf-besserung aus Kreis-fonds. fl.	tr.
Osterschwang . . .	Immenstadt.	Immenstadt.	209	12	90	48
Ollazried	Ottobeuren.	Ottobeuren.	304	57		
Opfenbach	Weiler.	Weiler.	280	26	19	34
Ortlfing . . , . .	Neuburg I.	Neuburg.	154	33	145	27
Osterberg	Illertissen.	Illertissen.	332	43		
Osterbuch	Wertingen I.	Wertingen.	280	54	19	6
Osterzell	Kaufbeuren.	Kaufbeuren.	391	36		
Ottacker	Sonthofen.	Sonthofen.	229	54	70	6
Ottmarshausen . . .	Schwabmünchen.	Schwabmünchen.	237	21	62	39
Ottmarshausen . . .	Göggingen II.	Augsburg.	204	33	95	27
Otting	Monheim II.	Monheim.	274	48	25	12
Ottobeuren	Ottobeuren.	Ottobeuren.	466	6		
Oxenbrunn	Günzburg.	Günzburg.	300	—		
Oy	Kempten.	Kempten.	245	28	54	32
Petersthal	"	Sonthofen.	375	30		
Peterswörth	Lauingen.	Lauingen.	274	23	25	37
Pfaffenhausen . . .	Mindelheim II.	Mindelheim.	579	38		
Pfaffenhofen . . .	Neu-Ulm.	Neu-Ulm.	397	50		
Pfaffenhofen . . .	Wertingen I.	Wertingen.	522	55		
Pfersee	Göggingen I.	Augsburg.	450	43		
Pforzen	Kaufbeuren.	Kaufbeuren.	354	14		
Pfronten	Füssen.	Füssen.	366	33		
Pless	Babenhausen.	Babenhausen.	472	33		
Prettelshofen . . .	Wertingen II.	Wertingen.	384	6		
Probstried	Grönenbach.	Grönenbach.	300	45		
Radholz	Immenstadt.	Immenstadt.	132	3	67	57
Rauhenzell	Sonthofen.	Sonthofen.	150	—	50	—
Raustetten	Oettingen.	Oettingen.	211	42	88	18
Rechbergreuthen . .	Dillingen.	Dillingen.	204	53	95	7
Rechtis	Kempten.	Kempten.	243	39	56	21
Reichau	Babenhausen	Babenhausen.	191	9	109	51
Reichenbach (Ober-) .	Roggenburg.	Weissenhorn.	141	57	158	3
Reichertshofen . . .	Neuburg II.	Neuburg.	488	18		
Reichertshofen . . .	Krumbach II.	Krumbach.	167	—	133	—
Reichholzried . . .	Grönenbach.	Grönenbach.	300	—		
Reimlingen	Nördlingen.	Nördlingen.	417	12		
Reinhardshausen . .	Göggingen I.	Augsburg.	264	29	35	31
Reinhardshofen . .	Schwabmünchen.	Schwabmünchen.	90	21	109	39
Reinhardsried . . .	Obergünzburg.	Obergünzburg.	116	44	83	16
Reisensburg	Günzburg.	Günzburg.	334	14		
Reistingen	Dillingen.	Dillingen.	237	24	62	36

Name der Schule.	Gehören		Faſſionsmäßiges Einkommen		Aufbeſſerung aus Kreisfonds.	
	zur Diſtrikts-Schul-Inſpektion.	zum Landgerichte.	fl.	kr.	fl.	kr.
Remnatsried . . .	Oberdorf.	Oberdorf.	109	26	190	34
Remshard	Günzburg.	Günzburg.	300	—		
Rennertshofen . .	Monheim.	Monheim.	419	4		
Rennertshofen . .	Roggenburg.	Weiſſenhorn.	300	–		
Rettenbach	Günzburg.	Günzburg.	381	43		
Rettenbach	Oberdorf.	Oberdorf.	235	56	64	4
Rettenbach	Ottobeuren.	Ottobeuren.	500	20		
Reutern	Zusmarshauſen.	Zusmarshauſen.	211	36	88	24
Ried	Burgau.	Burgau.	98	26	101	34
Ried	Neuburg I.	Neuburg.	304	24		
Ried	Zusmarshauſen.	Zusmarshauſen.	349	42		
Riedensheim	Neuburg I.	Neuburg.	132	57	167	3
Rieden	Füſſen.	Füſſen.	341	2		
Rieden a/Kötz . . .	Günzburg.	Günzburg.	300	30		
Rieden	Kaufbeuren.	Kaufbeuren.	268	31	31	27
Rieder	Oberdorf.	Oberdorf.	140	6	159	54
Riedhausen	Günzburg.	Günzburg.	229	7	70	56
Riedholz	Weiler.	Weiler.	150	—	50	—
Riedlingen . . .	Donauwörth.	Donauwörth.	353	58		
Ritzisried*) . . .	Jllertiſſen.	Jllertiſſen.	467	45		
Röfingen	Burgau.	Burgau.	319	45		
Rögling	Monheim.	Monheim.	330	17		
Röthenbach	Weiler.	Weiler.	250	—	50	—
Roggden	Wertingen I.	Wertingen.	446	48		
Roggenburg . . .	Roggenburg.	Weiſſenhorn.	403	21		
Rohrbach	Monheim.	Monheim.	283	28	16	32
Rohrenfels . . .	Neuburg I.	Neuburg.	376	5		
Rommelsried . . .	Zusmarshauſen.	Zusmarshauſen.	175	31	124	29
Ronsberg	Obergünzburg.	Obergünzburg.	252	52	47	8
Rosshaupten	Füſſen.	Füſſen.	353	54		
Roth	Neu-Ulm.	Neu-Ulm.	229	41	50	15
Rottach	Sonthofen.	Sonthofen.	174	47	125	13
Ruderatshofen . .	Oberdorf.	Oberdorf.	385	—		
Rückholz	Füſſen.	Füſſen.	256	52	43	8
Salgen	Mindelheim II.	Mindelheim.	310	50		
Sameister	Füſſen.	Füſſen.	124	31	75	29
Schabringen	Dillingen.	Dillingen.	161	12		
Schäfstall	Donauwörth.	Donauwörth.	153	12	146	48
Scheffau	Weiler.	Weiler.	217	33	82	27

*) Schulbeneſtzium.

Name der Schule.	Gehören zur Distrikts-Schul-Inspektion.	zum Landgerichte.	Faßionsmäßiges Einkommen		Aufbesserung aus Kreisfonds.	
			fl.	tr.	fl.	tr.
Scheidegg	Weiler.	Weiler.	336	36		
Scheppach	Burgau.	Burgau.	370	43		
Scherstetten. . . .	Türkheim II.	Türkheim.	318	55		
Schiessen	Roggenburg.	Weissenhorn.	366	55		
Schlegelsberg . . .	Ottobeuren.	Ottobeuren.	176	43	23	17
Schlingen	Kaufbeuren.	Kaufbeuren.	391	32		
Schmidsreuthe . . .	Kempten.	Kempten.	101	26	98	34
Schnellers	Weiler.	Weiler.	120	51	79	9
Schöllang	Sonthofen.	Sonthofen.	300			
Schönau	Weiler.	Weiler.	200	—		
Schönenbach *) . .	Zusmarshausen.	Zusmarshausen.	400	—		
Schönenberg . . .	Burgau.	Burgau.	213	38	86	22
Schöneberg	Mindelheim II.	Mindelheim.	276	35	23	25
Schopflohe	Oettingen.	Oettingen.	171	26	12	34
Schrattenbach . . .	Grönenbach.	Grönenbach.	175	—	25	—
Schretsheim. . . .	Dillingen.	Dillingen.	250	—	91	—
Schwabmünchen . .	Schwabmünchen.	Schwabmünchen.	805	45		
Schwabeck	Türkheim I.	Türkheim.	217	27	82	33
Schwabmühlhausen .	Schwabmünchen.	Schwabmünchen.	354	17		
Schwarzenberg **) .	Kempten.	Kempten.	533	8		
Schwennenbach . .	Höchstädt.	Höchstädt.	209	58	90	2
Schwenningen . . .	"	"	350	32		
Schwörsheim . . .	Oettingen.	Oettingen.	198	50	81	10
See am Büchel . . .	Immenstadt.	Immenstadt.	226	54	73	6
Seeg	Füssen.	Füssen.	551	28		
Seestall	Buchloe.	Buchloe.	159	15	40	45
Seifriedsberg . . .	Immenstadt.	Immenstadt.	300	—		
Sellthürn	Obergünzburg.	Obergünzburg.	110	—	90	—
Senden	Neu-Ulm.	Neu-Ulm.	260	—	40	—
Siebnach	Türkheim I.	Türkheim.	592	42		
Siebratshofen . . .	Kempten.	Kempten.	150	—	50	—
Siegertshofen . . .	Schwabmünchen.	Schwabmünchen.	108	53	141	57
Sigishofen	Immenstadt.	Immenstadt.	205	29	74	31
Sigmarszell	Lindau.	Lindau.	292	42	7	18
Simmerberg ***) . .	Weiler.	Weiler.	314	10		
Sinning	Neuburg I.	Neuburg.	268	43	31	17
Sonderheim	Höchstädt.	Höchstädt.	209	39	90	21
Sontheim	Ottobeuren.	Ottobeuren.	444	27		
Sonthofen	Sonthofen.	Sonthofen.	569	30		

*) Schulbenefizium. — **) Schulbenefizium. — ***) Schulbenefizium.

Name der Schule.	Gehören		Foffions-mäßiges Einkommen		Auf-besserung aus Kreis-fonds.	
	zur Diftrikts-Schul-Inspektion.	zum Landgerichte.	fl.	kr.	fl.	kr.
Stadtbergen	Gögglngen I.	Augsburg.	339	32		
Staig	Kempten.	Kempten.	74	30	125	30
Staufen	Immenstadt.	Immenstadt.	403	44		
Staufen	Lauingen.	"	331	21		
Steibis	Immenstadt.	Lauingen.	120	—	180	—
Stein	"	Immenstadt.	300	—		
Steinbach	Grönenbach.	Grönenbach.	475	10		
Steinekirch	Zusmarshausen.	Zusmarshausen.	315	—		
Steinheim	Höchstädt.	Höchstädt.	524	34		
Stephansrettenberg .	Sonthofen.	Sonthofen.	349	44		
Stephansried . . .	Ottobeuren.	Ottobeuren.	83	36	116	24
Steppach	Gögglngen II.	Augsburg.	250	—	50	—
Stepperg	Neuburg I.	Neuburg.	278	19	21	41
Stetten	Mindelheim I.	Mindelheim.	200	—		
Stettenhofen	Gögglngen II.	Augsburg.	62	—	138	—
Steufzgen	Kempten.	Kempten.	129	—	71	—
Stiefenhofen	Immenstadt.	Immenstadt.	356	35		
Stittnau	Höchstädt.	Höchstädt.	339	19		
Stockheim	Türkheim I.	Türkheim.	427	7		
Stötten	Oberdorf.	Oberdorf.	510	19		
Stöttwang	Kaufbeuren.	Kaufbeuren.	522	—		
Stoffenried	Roggenburg.	Weissenhorn.	330	30		
Strass	Neu-Ulm.	Neu-Ulm.	300	—		
Strass	Neuburg I.	Neuburg.	255	32	44	28
Strassberg	Schwabmünchen.	Schwabmünchen.	450	—		
Streitheim	Zusmarshausen.	Zusmarshausen.	450	31		
Suiters	Kempten.	Kempten.	70	3	129	57
Sulzberg	"	"	400	—		
Sulzdorf	Donauwörth.	Donauwörth.	337	34		
Sulzschneid	Oberdorf.	Oberdorf.	300	—		
Täfertingen	Gögglngen II.	Augsburg.	300	—		
Tafertshofen . . .	Roggenburg.	Weissenhorn.	230	37	69	23
Tagmersheim . . .	Monheim.	Monheim.	354	44		
Tapfheim	Höchstädt.	Höchstädt.	455	17		
Thalfingen	Neu-Ulm.	Neu-Ulm.	267	10	32	20
Thalhofen	Oberdorf.	Oberdorf.	204	6	95	54
Thalkirchdorf . . .	Immenstadt.	Immenstadt.	340	—	60	—
Thannhausen . . .	Krumbach II.	Krumbach.	776	17		
Tiefenbach	Immenstadt.	Immenstadt.	258	—	42	—
Tiefenbach	Sonthofen.	Sonthofen.	112	30	87	30
Tiefenbach	Illertissen.	Illertissen.	313	27		

Name der Schule.	Gehören zur Distrikts-Schul-Inspektion.	zum Landgerichte.	Zassionsmäßiges Einkommen fl.	tr.	Aufbefferung aus Kreisfonde. fl.	tr.
Trugenhofen . . .	Monheim.	Monheim.	217	20	82	40
Trunkelsberg . . .	Memmingen.	Memmingen.	82	26	117	34
Türkheim	Türkheim I.	Türkheim.	730	20		
Tussenhausen . . .	Türkheim II.	"	707	13		
Ueberbach	Grönenbach.	Grönenbach.	217	55	62	5
Ungerhausen . . .	Ottobeuren.	Ottobeuren.	310	8		
Unterbechingen . .	Lauingen.	Lauingen.	306	47		
Unterblaichen . . .	Krumbach I.	Krumbach.	280	30	19	30
Unterdiessen . . .	Buchloe.	Buchloe.	425	19		
Unteregg	Ottobeuren.	Ottobeuren.	228	25	71	35
Untereichen	Illertiffen.	Illertiffen.	164	47	135	13
Unterelchingen . . .	Neu-Ulm.	Neu-Ulm.	327	47		
Unterfinningen . . .	Höchstädt.	Höchstädt.	453	21		
Untergassen	Sonthofen.	Sonthofen.	125	22	74	38
Untergermaringen . .	Kaufbeuren.	Kaufbeuren.	300	—		
Unterglauheim . . .	Höchstädt.	Höchstädt.	300	—		
Unterhausen . . .	Neuburg I.	Neuburg.	179	38	120	22
Unterjoch	Sonthofen.	Sonthofen.	174	44	125	16
Unterkammlach . .	Mindelheim I.	Mindelheim.	524	45		
Unterknöringen . .	Burgau.	Burgau.	453	23		
Unterliezheim . . .	Höchstädt.	Höchstädt.	363	6		
Untermedlingen . .	Lauingen.	Lauingen.	268	35	31	25
Untermoitingen . . .	Schwabmünchen.	Schwabmünchen.	389	55		
Untermühlegg . . .	Immenstadt.	Immenstadt.	151	57	48	3
Unterrammingen . .	Türkheim II.	Türkheim.	524	29		
Unterreitnau . . .	Lindau.	Lindau.	341	36		
Unterrieden	Mindelheim. II.	Mindelheim.	357	—		
Unterroth	Illertiffen.	Illertiffen.	371	52		
Unterschöneberg . .	Zusmarshausen.	Zusmarshausen.	221	34	78	26
Unterstall	Neuburg II.	Neuburg.	320	57		
Unterthürheim . . .	Wertingen I.	Wertingen.	461	5		
Unterthingau . . .	Obergünzburg.	Obergünzburg.	372	17		
Untrasried	"	"	308	23		
Ursberg	Krumbach I.	Krumbach.	383	42		
Ustersbach	Zusmarshausen.	Zusmarshausen.	308	25		
Utzwingen	Oettingen.	Oettingen.	256	22	43	38
Veitriedhausen . . .	Lauingen.	Lauingen.	203	15	96	45
Villenbach	Wertingen I.	Wertingen.	300	—		
Vöhringen	Illertiffen.	Illertiffen.	404	18		
Vorderburg	Sonthofen.	Sonthofen.	316	35		
Vorderhindelang . .	"	"	165	30	114	30

Name der Schule.	Gehören zur Distrikts-Schul-Inspektion.	zum Landgerichte.	Passionsmäßiges Einkommen fl.	kr.	Aufbesserung aus dem Kreisfonds. fl.	kr.
Waal	Buchloe.	Buchloe.	591	20		
Waalhaupten	"	"	286	6	13	54
Wagenhofen	Neuburg I.	Neuburg.	300	—		
Wald	Oberdorf.	Oberdorf.	410	45		
Wald	Türkheim I.	Türkheim.	499	24		
Waldberg	Göggingen I.	Augsburg.	233	14	66	46
Waldkirch	Burgau.	Burgau.	251	26	48	34
Waldstetten	Günzburg.	Günzburg.	468	—		
Walkertshofen	Krumbach II.	Krumbach.	375	13		
Wallenhausen	Roggenburg.	Weissenhorn.	300	—		
Wallerstein	Nördlingen.	Nördlingen.	300	—		
Waltenhausen	Krumbach I.	Krumbach.	440	36		
Waltenhofen	Kempten.	Kempten.	362	46		
Walzlings	Grönenbach.	Grönenbach.	125	—	75	—
Warching	Monheim.	Monheim.	227	49	72	11
Warmisried	Mindelheim I.	Mindelheim.	300	—		
Wasserburg	Lindau.	Lindau.	414	45		
Wattenweiler	Roggenburg.	Weissenhorn.	348	9		
Wehringen	Schwabmünchen.	Schwabmünchen.	412	21		
Weichering	Neuburg II.	Neuburg.	300	—		
Weicht	Türkheim I.	Türkheim.	273	5	26	55
Weiler	Weiler.	Weiler.	471	—		
Weiler	Illertissen.	Illertissen.	200	—		
Weilheim	Monheim.	Monheim.	273	9	26	51
Weinhausen	Kaufbeuren.	Kaufbeuren.	226	54	73	6
Weinried	Babenhausen.	Babenhausen.	300	—		
Weissenhorn III. Classe			482	54		
II. Classe	Roggenburg.	Weissenhorn.	320	20		
I. Classe			311	40		
Weissensberg	Lindau.	Lindau.	288	41	11	19
Weissensee	Füssen.	Füssen.	275	21	24	39
Weissingen	Dillingen.	Dillingen.	313	22		
Weitnau	Kempten.	Kempten.	350	38		
Welden	Zusmarshausen.	Zusmarshausen.	537	23		
Wemding III. Classe			472	36		
II. Classe	Monheim II.	Monheim.	432	6		
I. Classe			397	30		
Wengen	Kempten.	Kempten.	225	11	74	49
Wengen	Wertingen I.	Wertingen.	275	32	24	28
Wertach	Sonthofen.	Sonthofen.	300	—		
Wertingen	Wertingen I.	Wertingen.	522	25		

Name der Schule.	Gehören zur Distrikts-Schul-Inspektion.	zum Landgerichte.	Kassions- mäßige Einkommen fl.	kr.	Auf- besserung aus Kreis- fonds. fl.	kr.
Westendorf	Kaufbeuren.	Kaufbeuren.	300	—		
Westendorf	Wertingen II.	Wertingen.	782	52		
Westerheim	Ottobeuren.	Ottobeuren.	336	32		
Westernach	Minbelheim I.	Minbelheim.	277	29	22	31
Wettenhausen . . .	Burgau.	Burgau.	448	9		
Wiedergeltingen . .	Türkheim I.	Türkheim.	316	53		
Wiederhofen . . .	Immenstadt.	Immenstadt.	100	—	100	—
Wierlings	Kempten.	Kempten.	200	—	80	—
Wiggensbach . . .	"	"	453	—		
Wildberg	Oberdorf.	Oberdorf.	75	—	125	—
Wildpoldsried . . .	Kempten.	Kempten.	419	40		
Willhams	Immenstadt.	Immenstadt.	100	—	100	—
Willishausen . . .	Zusmarshausen.	Zusmarshausen.	278	40	21	20
Willmetshofen . . .	"	"	243	46	56	14
Willofs	Obergünzburg.	Obergünzburg.	150	—	50	—
Winterbach	Dillingen.	Dillingen.	210	21	89	39
Winterrieden . . .	Babenhausen.	Babenhausen.	300	—		
Winzer	Minbelheim II.	Minbelheim.	300	—		
Wittesheim	Monheim.	Monheim.	265	29	34	31
Wittislingen	Dillingen.	Dillingen.	607	54		
Witzighausen . . .	Neu-Ulm.	Neu-Ulm.	251	55	48	5
Wörishofen	Türkheim I.	Türkheim.	442	20		
Wörleschwang . . .	Zusmarshausen.	Zusmarshausen.	302	43		
Wernitzstein . . .	Donauwörth.	Donauwörth.	334	9		
Wohmbrechts . . .	Lindau.	Lindau.	302	41		
Wolferstadt	Monheim II.	Monheim.	508	41		
Wolfertschwenden . .	Ottobeuren.	Ottobeuren.	244	50	55	10
Wollbach	Zusmarshausen.	Zusmarshausen.	252	5	47	55
Wollmetshofen *) . .	"	"	400	—		
Wortelstetten . . .	Wertingen II.	Wertingen.	280	—	20	—
Wullenstetten . . .	Neu-Ulm.	Neu-Ulm.	391	9		
Zaiertshofen	Roggenburg.	Weissenhorn.	209	45	90	15
Zaiertshofen	Türkheim II.	Türkheim.	486	44		
Zell	Füssen.	Füssen.	297	39	2	27
Zell	Grönenbach.	Grönenbach.	231	45	68	15
Zell	Neuburg II.	Neuburg.	488	55		
Ziemetshausen . . .	Krumbach II.	Krumbach.	943	5		
Ziertheim	Lauingen.	Lauingen.	310	21		
Zirgesheim	Donauwörth.	Donauwörth.	225	34	54	26

*) Schulbeneffzium.

Name der Schule.	Gehören		Kassions-mäßiges Einkommen		Aufbesserung aus Kreisfonds.	
	zur Distrikts-Schul-Inspektion.	zum Landgerichte.	fl.	kr.	fl.	kr.
Zöschingen	Lauingen.	Lauingen.	452	29		
Zollhaus	Kempten.	Kempten.	106	6	93	54
Zuchering	Neuburg II.	Neuburg.	436	23		
Zusamaltheim . . .	Wertingen I.	Wertingen.	469	28		
Zusamzell	"	"	250	54	49	6
Zusmarshausen . . .	Zusmarshausen.	Zusmarshausen.	639	42		

Katholische Mädchenschulen unter Leitung kirchlicher Orden.

a) Unmittelbare Städte.

Name der Schule.	Name des Ordens.	Bezüge des Ordens.
Augsburg.		
Dompfarrschule . . .	Englische Fräulein.	} 700 fl. aus Communal-Mitteln.
St. Georgspfarrei-Schule	dtto.	
Schule im Kloster Maria Stern	Franziskanerinnen.	1200 fl. aus Communal-Mitteln.
Schule im Kloster St. Ursula	Dominikanerinnen.	dtto.
Schule im katholischen Waisen- und Armen-kinderhause . . .	Arme Schulschwest.	600 fl. aus dem Waisen-hausfonde.
Donauwörth.	Dominikanerinnen.	700 fl. aus Communal-Mitteln.
Kaufbeuren.	Franziskanerinnen.	400 fl. aus dem Kreisschul-fonde und 322 fl. aus Lokal-Schulfondsmitteln.
Kempten.	Englische Fräulein.	
Lindau.	dtto.	500 fl. aus Lokalmitteln.
Neuburg a. d. D.	dtto.	Für jede im Institute zu Neu-burg verwendete Lehrerin 150 fl. aus dem Ursuliner-fonde.

b) Mittelbare Städte, Märkte und Gemeinden.

Name der Schule u. des Ordens.	Gehört zur Distrikts-Schul-Inspektion.	Bezüge des Ordens.	Bemerkungen.
Altenberg. Franziskanerinnen	Lauingen.	400 fl. aus dem Kreisschulfonde.	
Burgheim. Arme Schulschwestern	Neuburg I.	jährlich 400 fl.	
Dillingen. Franziskanerinnen	Dillingen.	1100 fl. aus dem Kreisschulfonde und 600 fl. a. Lokalmittel.	
Füssen. Arme Schulschwestern	Füssen.	500 fl. aus Lokal-mitteln.	
Günzburg. Englische Fräulein	Günzburg.		
Höchstädt. Franziskanerinnen	Höchstädt.	400 fl. aus Lokal-mitteln.	
Karlshuld. Arme Schulschwestern	Neuburg I.	400 fl. aus dem Kreisschulfonde.	Mit einer Kinderbe-wahranstalt.
Karlskron. Arme Schulschwestern	"	400 fl.	dtto.
Krumbach. Arme Schulschwestern	Krumbach.	400 fl. aus Lokal-mitteln.	
Lauingen. Franziskanerinnen	Lauingen.	800 fl. aus Lokal-mitteln.	
Legau. Franziskanerinnen	Grönenbach.	400 fl.	
Lenzfried. Arme Schulschwestern	Kempten.	300 fl.	
Maria Medingen. Franziskanerinnen	Dillingen.		Filiale des Frauenklost. in Dillingen, Lehr- u. Erziehungs-Institut.
Mindelheim. Englische Fräulein	Mindelheim.		Mit einem Lehr- und Erziehungs-Institute.
Obergünzburg. Franziskanerinnen	Obergünzbrg.	Nebst dem Bezuge des Schulgeldes 202 fl. aus Lokalmitteln.	
Ottobeuren. Franziskanerinnen	Ottobeuren.	459 fl. 59 kr.	
Türkheim. Dominikanerinnen	Türkheim I.	400 fl. aus Lokal-mitteln.	Filiale des Klosters Wörrishofen.

Name der Schule u. des Ordens.	Gehört zur Distrikts-Schul-Inspektion.	Bezüge des Ordens.	Bemerkungen.
Wallerstein. Englische Fräulein .	Nördlingen.	700 fl.	Filiale des Instituts Mindelheim.
Wertingen. Franziskanerinnen .	Wertingen.	304 fl. u. 8 Klafter Holz.	Filiale des Kl. Maria Stern in Augsburg.
Wörrishofen. Dominikanerinnen .	Türkheim I.	Nebst dem Bezuge des Schulgeldes 50 fl. aus dem Kreisschul-fonde u. 6 Klftr. Holz aus Lokalmitteln.	

II.
Protestantische Lokalschul-Commissionen.

Lokal-Schul-Commission.	Vorstand	Inspektor
	der Lokal = Schul = Commission.	
Augsburg . .	v. Fornbran, I. rechtsk. Brgrm.	Dr. Göringer, 2. Pf. b. St. Ulr.
Kaufbeuren .	Bürgerm., Kaufmann Walch.	Stadtpfarrer Königsheim.
Kempten . .	Arnold, rechtsk. Bürgerm.	Dek. u. Stadtpf. Lindemann.
Lindau . .	Stobäus, rechtsk. Bürgerm.	Stadtpfarrer Leithner.
Memmingen .	v. Zoller, rechtsk. Bürgerm.	Dekan u. Stadtpfarrer Fries.
Neuburg . .	Sing, rechtsk. Bürgerm.	Stadtpfarrer Walther.
Nördlingen .	Erhardt, rechtsk. Bürgerm.	Dekan Ebermayer.

Protestantische Distrikts-Schul-Inspektionen.

Name der Distrikts = Schul-Inspektion	Sitz	Name des Distrikts-Schul-Inspektors.
Augsburg . .	Augsburg.	Dr. Göringer, 2. Pfarrer bei St. Ulrich
Ebermergen .	Ebermergen.	Dekan Schmidt, Pfarrer in Ebermergen.
Grönenbach .	Grönenbach.	Pfarrer Vorbrugg in Grönenbach.
Leipheim . .	Leipheim.	Dekan Baur, Pfarrer in Leipheim.
Lindau . .	Lindau.	Stadtpfarrer Leithner in Lindau.
Neuburg a./D.	Neuburg.	Stadtpfarrer Walther in Neuburg.
Nördlingen .	Nördlingen.	Dek. Ebermayer, Hauptpred. in Nördlingen.
Oettingen .	Oettingen.	Dekan Siebenläs, Pfarrer in Oettingen.
Ottobeuren .	Lauben.	Pfarrer Dietlen in Lauben.

8

Protestantische Schulen.

A. Unmittelbare Städte.

Name der Schule.	Eigenschaft der Schule.	Name der Schule.	Eigenschaft der Schule.	Bemerkungen.
1) Augsburg.		Barfüßer . .	Mädchenschule.	Die Gehaltsbezüge der sämmtl. Schullehrer in Augsburg beginnen bei der 1. zeniit Anmeldung mit 4?? fl. nebst freier Wohnung od. 50 fl. Miethz.-Entschädg.
St. Anna . .	Knabenschule.	St. Jakob . .	Knabenschule.	
St. Anna . .	Mädchenschule.	St. Jakob . .	Mädchenschule.	
Hl. Kreuz . .	Combinirte Cl.	Schule im protest.	combinirt.	
St. Ulrich . .	Knabenschule.	Armenkinderhaus		
St. Ulrich . .	Mädchenschule.	Schule im protest.	combinirt.	
Barfüßer . .	Knabenschule.	Waisenhause .		

Eigenschaft der Schule.	Bezüge des Lehrerpersonals.	
	fl. | **kr.**	
2) Kaufbeuren.		
Knabenschule III. Cl.	627 39	nebst freier Wohnung und Beheizung.
II. Cl.	353 42	und 50 fl. Wohnungs-Entschädigung.
I. Cl.	350 —	dtto.
Mädchenschule III. Cl.	616 19	nebst freier Wohnung.
II. Cl.	350 —	dtto.
I. Cl.	300 —	und 20 fl. Wohnungs-Entschädigung.
3) Kempten.		Die Gehaltsbezüge der Lehrer in Kempten beginnen bei der ersten definitiven Anstellung mit 300 fl. und steigen von 5 zu 5 Jahren um 50 fl. bis zu 500 fl. nebst freier Wohnung oder 50 fl. Vergütung.
Knabenschule.		
Mädchenschule.		
4) Lindau.		Die Gehaltsbezüge der Lehrer in Lindau beginnen bei der ersten definitiven Anstellung mit 400 fl. und steigen von 5 zu 5 Jahren mit je 25 fl. bis zu 600 fl.
Knabenschule.		
Mädchenschule.		
5) Memmingen.		
Knabenschule VI. Cl.	550 —	
V. Cl.	500 —	
IV. Cl.	500 —	
III. Cl.	400 —	
II. Cl.	250 —	und 100 fl. als Lehrer der Fabrikschule. (Hilfslehrer.)
I. Cl.	200 —	(Hilfslehrer).
Mädchenschule VI. Cl.	550 —	
V. Cl.	500 —	
IV. Cl.	500 —	
III. Cl.	400 —	
II. Cl.	250 —	(Hilfslehrer.)
I. Cl.	200 —	(Hilfslehrer.)
Schule in der Kleinkinderbewahranstalt.	120 —	
5) Neuburg.		
Combinirte Schule.	138 —	aus Lokalmitteln und 162 fl. Congrual-Ergänzung.
6) Nördlingen.		Die Gehaltsbezüge der Lehrer in Nördlingen beginnen mit der ersten definitiven Anstellung mit 300 fl. und steigen von Jahr zu Jahr um 50 fl. bis zu 500 fl.; jene der Verweser beginnen mit 200 fl. und steigen von 5 zu 5 Jahren um 25 fl. bis zu 300 fl.
Knabenschule.		
Mädchenschule.		

Name der Schule.	Gehören zur Distrikts-Schul-Inspektion.	zum Landgerichte.	Passions-mäßige Einkommen. fl.	kr.	Auf-besserung aus Kreis-fonde. fl.	kr.
Aeschach	Lindau.	Lindau.	380	48		
Allerheim	Ebermergen.	Nördlingen.	395	19		
Appetshofen . . .	"	"	372	—		
Arlesried	Ottobeuren.	Ottobeuren.	193	6	106	44
Aufhausen	Nördlingen.	Nördlingen.	251	51	48	9
Auhausen	Oettingen.	Oettingen.	516	—		
Bächingen a. d. Brenz	Leipheim.	Lauingen.	301	16		
Baldingen	Nördlingen.	Nördlingen.	313	12		
Balgheim	"	"	337	5		
Bühl	Ebermergen.	"	253	40	46	20
Burtenbach	Leipheim.	Burgau.	496	30		
Buxach	Grönenbach.	Memmingen.	300	—		
Deggingen	Ebermergen.	Nördlingen.	458	10		
Deiningen	Nördlingen.	"	482	57		
Dickenreishausen . .	Grönenbach.	Memmingen.	300	—		
Dornstadt	Oettingen.	Oettingen.	230	10	69	50
Dürrenzimmern . .	"	"	184	21	115	39
Ebermergen	Ebermergen.	Donauwörth.	418	23		
Ederheim	Nördlingen.	Nördlingen.	310	14		
Ehingen	Oettingen.	Oettingen.	272	34	27	26
Ehringen	Nördlingen.	Nördlingen.	221	32	78	28
Enkingen	"	"	300	18		
Erkheim	Ottobeuren.	Ottobeuren.	278	49	21	11
Fessenheim	Nördlingen.	Oettingen.	300	—		
Forheim	"	Nördlingen.	257	17	42	43
Frickenhausen . . .	Ottobeuren.	Ottobeuren.	309	28		
Grönenbach	Grönenbach.	Grönenbach.	275	12	24	48
Grosselfingen . . .	Nördlingen.	Nördlingen.	300	3		
Grossorheim . . .	Ebermergen.	"	257	49	42	11
Hainsfarth	Oettingen.	Oettingen.	167	53	112	7
Harburg	Ebermergen.	Donauwörth.	384	56		
Haunsheim	Leipheim.	Lauingen.	391	11		
Herbishofen . . .	Ottobeuren.	Ottobeuren.	166	39	133	21
Herkheim	Nördlingen.	Nördlingen.	80	—	120	—
Heroldingen . . .	"	"	308	40		
Heuberg	Oettingen.	Oettingen.	208	4	91	56
Hohenaltheim . . .	Nördlingen.	Nördlingen.	440	37		
Holzkirchen . . .	Oettingen.	Oettingen.	226	55	73	5
Holzschwang . . .	Leipheim.	Neu-Ulm.	348	26		
Hürnheim	Nördlingen.	Nördlingen.	305	15		
Ittelsburg	Grönenbach.	Grönenbach.	94	36	105	24

8*

Name der Schule.	Gehören zur Distrikts-Schul-Inspektion.	zum Landgerichte.	Faßions-mäßiges Einkommen fl. | kr.	Auf-besserung aus Kreis-fonds. fl. | kr.
Karlshuld	Neuburg.	Neuburg.	66 | 17	233 | 43
Kleinsorheim . . .	Ebermergen.	Nördlingen.	300 | 51	
Klingsmoos . . .	Neuburg.	Neuburg.	30 | 43	169 | 17
Königsbrunn . . .	Augsburg.	Schwabmünchen.	68 | 33	131 | 27
Langerringen . . .	"	"	111 | 24	88 | 36
Lauben	Ottobeuren.	Ottobeuren.	365 | 53	
Lehmingen	Oettingen.	Oettingen.	236 | 38	63 | 22
Leipheim Knabenschule Obere Classe	Leipheim.	Günzburg.	387 | 24	
Untere Classe			301 | —	
Leipheim Mädchenschule Obere Classe	"	"	342 | —	
Untere Classe			313 | 32	
Löpsingen	Nördlingen.	Nördlingen.	510 | 36	
Ludwigsmoos . . .	Neuburg.	Neuburg.	106 | 45	93 | 15
Marienheim *) . . .	"	"	153 | 35	146 | 25
Mauren	Ebermergen.	Donauwörth.	328 | 23	
Maxweiler	Neuburg.	Neuburg.	50 | —	150 | —
Memmingerberg . .	Ottobeuren.	Memmingen.	302 | 19	
Möttingen	Nördlingen.	Nördlingen.	441 | 27	
Munningen	Oettingen.	Oettingen.	200 | 44	99 | 16
Nähermemmingen . .	Nördlingen.	Nördlingen.	333 | 29	
Neuschwetzingen . .	Neuburg.	Neuburg.	141 | 23	58 | 37
Neu-Ulm	Leipheim.	Neu-Ulm.	141 | 45	158 | 15
Obermaxfeld . . .	Neuburg.	Neuburg.	172 | 45	107 | 15
Oettingen Obere Classe			378 | 51	
Untere Classe	Oettingen.	Oettingen.	347 | —	
Waisenhausch. **)			140 | —	
Oppertshofen . . .	Ebermergen.	Höchstädt.	357 | 2	
Pfäfflingen	Nördlingen.	Oettingen.	563 | 15	
Pfuhl	Leipheim.	Neu-Ulm.	429 | 47	
Reutin	Lindau.	Lindau.	386 | 4	
Reuttin	Leipheim.	Neu-Ulm.	250 | —	50 | —
Riedheim	"	Günzburg.	300 | —	
Rudelstetten . . .	Ebermergen.	Nördlingen.	250 | 34	49 | 26
Schafhausen	"	"	300 | —	
Schmähingen . . .	Nördlingen.	"	275 | 30	24 | 30
Schopflohe	Oettingen.	Oettingen.	166 | 22	133 | 38
Schwörsheim . . .	"	"	221 | 54	78 | 6

*) Reformirtes Pfarrdorf. — **) Und freie Verpflegung.

Name der Schule.	Gehören zur Distrikts-Schul-Inspektion.	zum Landgerichte.	Faßionsmäßiges Einkommen. fl.	kr.	Aufbeßerung aus Kreisfonds. fl.	kr.
Steinheim	Leibheim.	Neu=Ulm.	328	23		
Steinheim	Ottobeuren.	Memmingen.	369	33		
Untermagerbein . .	Ebermergen.	Nördlingen.	301	3		
Untermaxfeld . . .	Neuburg.	Neuburg.	339	19		
Unterringingen . . .	Ebermergen.	Höchstädt.	340	38		
Volkratshofen . . .	Grönenbach.	Memmingen.	300	—		
Wechingen	Oettingen.	Oettinge n.	394	4		
Wörnitzostheim . .	Ebermergen	Nördlingen.	253	55	46	5
Woringen	Grönenbach.	Memmingen.	423	44		

Israelitische Schulen.

1) Deutsche Schulen.

Name der Schule.	Gehört zur Distrikts-Schul-Inspektion.	zum Rabbinate.	zum Landgerichte.	Dienstes-Erträgnisse. fl.	kr.	Bemerkungen.
Altenstadt . .	Illertissen.	Altenstadt.	Illertissen.	500	—	zugleich Religionssch.
Buttenwiesen .	Wertingen I.	Buttenwiesen.	Wertingen.	325	—	dtto.
Deggingen . .	Ebermergen.	Harburg.	Nördlingen.	325	—	dtto.
Ederheim*) . .	Nördlingen.	Wallerstein.	"	178	30	dtto.
Fellheim . .	Babenhausen.	Fellheim.	Babenhausen.	322	—	
Hainsfarth . .	Oettingen.	Oettingen.	Oettingen.	300	—	dtto.
Harburg . . .	Ebermergen.	Harburg.	Donauwörth.	300	—	dtto.
Hürben . .	Krumbach I.	Hürben.	Krumbach.	350	—	
Ichenhausen .	Günzburg.	Ichenhausen.	Günzburg.	413	20	dtto.
Oettingen . .	Oettingen.	Oettingen.	Oettingen.	313	20	dtto.
Osterberg . .	Illertissen.	Ichenhausen.	Illertissen.	454	—	dtto.
Steppach**) .	Göggingen II.	Kriegshaber.	Augsburg.	253	24	dtto.

2) Israelitische Religionsschulen.

Name der Schule.	zur Distrikts-Schul-Inspektion.	zum Rabbinate.	zum Landgerichte.	fl.	kr.	Bemerkungen.
Binswängen .	Wertingen I.	Binswangen.	Wertingen.	268	45	
Fellheim . .	Babenhausen.	Fellheim.	Babenhausen.	270	—	
Fischach . .	Zusmarshausen.	Fischach.	Zusmarshausen.	400	—	
Hürben . .	Krumbach.	Hürben.	Krumbach.	300	—	
Kleinnördlingen	Nördlingen.	Wallerstein.	Nördlingen.	250	—	
Kriegshaber .	Göggingen II.	Kriegshaber.	Augsburg.	300	—	
Pfersee . .	"	"	"	263	2	
Wallerstein .	Nördlingen.	Wallerstein.	Nördlingen.	250	—	

*) 121 fl. 30 kr. Zuschuß aus Kreisfonds. — **) 46 fl. 36 kr. Zuschuß aus Kreisfonds.

Verzeichniß sämmtlicher

unter Angabe ihrer Familien= und Seelenzahl, des treffen=
und Forstamtes, der Baubehörde,

Name der Gemeinde.	Eigen= schaft	Familien.	Seelen.	Gehört zum Bezirksamte.	zum Landgerichte.	zum Bezirks= gerichte.
Ach	Pfarrdorf.	157	625	Sonthofen.	Immenstadt.	Kempten.
Achsheim	"	79	393	Augsburg.	Augsburg.	Augsburg.
Adelsried	"	155	550	Zusmarshausen.	Zusmarshausen.	Augsburg.
Aeschach	"	193	820	Lindau.	Lindau.	Kempten.
Affaltern	"	70	309	Wertingen.	Wertingen.	Augsburg.
Agawang	"	87	311	Zusmarshausen.	Zusmarshausen.	Augsburg.
Aichen	"	85	327	Krumbach.	Krumbach.	Memmingen.
Aislingen	Markt.	291	1228	Dillingen.	Dillingen.	Donauwörth.
Aitrang	Pfarrdorf	167	692	Oberdorf.	Obergünzburg.	Kempten.
Akams	"	75	291	Sonthofen.	Immenstadt.	Kempten.
Aletshausen	"	147	592	Krumbach.	Krumbach.	Memmingen.
Allerheim	"	193	694	Nördlingen.	Nördlingen.	Donauwörth.
Allmannshofen	"	108	478	Wertingen.	Wertingen.	Augsburg.
Altdorf	"	108	511	Oberdorf.	Oberdorf.	Kempten.
Altenbaindt	"	40	146	Dillingen.	Dillingen.	Donauwörth.
Altenmünster	"	81	331	Zusmarshausen.	Zusmarshausen.	Augsburg.
Altenstaig	Dorf.	58	241	Mindelheim.	Mindelheim.	Memmingen.
Altisheim	Pfarrdorf.	66	242	Donauwörth.	Donauwörth.	Donauwörth.
Altstätten	"	206	743	Sonthofen.	Sonthofen.	Kempten.
Altusried	Markt.	468	1874	Memmingen.	Grönenbach.	Memmingen.
Ambach	Pfarrdorf.	67	208	Neuburg.	Neuburg.	Donauwörth.
Amberg	"	116	413	Mindelheim.	Türkheim.	Augsburg.
Amendingen	"	105	420	Memmingen.	Memmingen.	Memmingen.
Amerbach	Dorf.	75	372	Nördlingen.	Oettingen	Donauwörth.
Amerdingen	Pfarrdorf.	148	575	Nördlingen	Nördlingen.	"
Ammerfeld	"	46	291	Donauwörth.	Monheim.	"
Anhausen	"	86	325	Augsburg.	Augsburg.	Augsburg.
Anhofen	Dorf.	83	311	Günzburg.	Günzburg.	"
Anhofen	Dorf.	54	221	Mindelheim.	Türkheim.	"
Anried	Pfarrdorf.	70	253	Zusmarshausen.	Zusmarshausen.	"
Apfeltrach	"	62	300	Mindelheim.	Mindelheim.	Memmingen.
Apfeltrang	"	83	385	Kaufbeuren.	Kaufbeuren.	Kempten.
Appetshofen	"	138	506	Nördlingen.	Nördlingen.	Donauwörth.
Aretsried	"	71	312	Zusmarshausen.	Zusmarshausen.	Augsburg.
Arlesried	"	42	181	Memmingen.	Ottobeuren.	Memmingen.
Asbach	"	118	491	Donauwörth.	Donauwörth.	Donauwörth.
Asch	"	137	563	Kaufbeuren.	Buchloe.	Augsburg.
Attenfeld	Dorf.	31	152	Neuburg	Neuburg.	Donauwörth.
Attenhausen	Pfarrdorf.	71	246	Krumbach.	Krumbach.	Memmingen.
Attenhausen	"	99	372	Memmingen.	Ottobeuren.	"
Attenhofen	"	133	487	Illertissen.	Weissenhorn.	"
Au	"	121	439	Illertissen.	Illertissen.	"
Auchsesheim	"	48	206	Donauwörth.	Donauwörth.	Donauwörth.
Auerbach	Dorf.	73	285	Zusmarshausen.	Zusmarshausen.	Augsburg.
Aufhausen	Pfarrdorf.	88	318	Nördlingen.	Nördlingen.	Donauwörth.

politischer Gemeinden,

den Bezirksamtes, Landgerichtes, Bezirksgerichtes, Rent- Pfarrei und Schule, wohin sie gehören.

| | | G e h ö r t | | |
zum Rentamte.	zum Forstamte.	zur Baubehörde.	zur Pfarrei.	zur Schule.
Immenstadt.	Kempten.	Kempten.		Aach.
Augsburg.	Augsburg.	Augsburg I.		Achsheim.
Zusmarshausen.	Augsburg.	Zusmarshausen.		Adelsried.
Lindau.	Kempten.	Lindau.		Aeschach.
Wertingen.	Augsburg.	Augsburg I.		Affaltern.
Zusmarshausen.	Augsburg.	Zusmarshausen.		Agawang.
Ursberg.	Mindelheim.	"		Aichen.
Dillingen.	Dillingen.	Dillingen.		Aislingen.
Oberdorf.	Kempten.	Kaufbeuren.		Aitrang.
Immenstadt.	Kempten.	Kempten.		Alams.
Ursberg.	Mindelheim.	Zusmarshausen.		Aletshausen.
Oettingen.	Donauwörth.	Nördlingen.		Allerheim.
Wertingen.	Augsburg.	Augsburg I.		Allmannshofen.
Oberdorf.	Kaufbeuren.	Füssen.		Altdorf.
Dillingen.	Dillingen.	Dillingen.		Altenbaindt.
Zusmarshausen.	Augsburg.	Zusmarshausen.		Altenmünster.
Mindelheim.	Mindelheim.	Mindelheim.		Dorschhausen u. Mindelau.
Donauwörth.	Donauwörth.	Donauwörth.		Altisheim.
Immenstadt.	Kempten.	Kempten.		Altstätten.
Kempten.	Kempten.	Memmingen.		Altusried.
Neuburg.	Donauwörth.	Neuburg.		Ambach.
Türkheim.	Mindelheim.	Mindelheim.		Amberg.
Ottobeuren.	Ottobeuren.	Memmingen.		Amendingen.
Oettingen.	Donauwörth.	Nördlingen.	Wembing.	Amerbach.
Höchstädt.	Dillingen.	"		Amerdingen.
Monheim.	Donauwörth.	Donauwörth.		Ammerfeld.
Augsburg.	Augsburg.	Augsburg II.		Anhausen.
Günzburg.	Günzburg.	Günzburg.		Anhofen.
Türkheim.	Mindelheim.	Mindelheim.		Wald.
Zusmarshausen.	"	Zusmarshausen.		Anried.
Mindelheim.		Mindelheim.		Apfeltrach.
Oberdorf.	Kaufbeuren.	Kaufbeuren.		Apfeltrang.
Nördlingen.	Donauwörth.	Nördlingen.		Appetshofen.
Zusmarshausen.	Augsburg.	Zusmarshausen.		Aretsried.
Ottobeuren.	Ottobeuren.	Memmingen.		Arlesried.
Donauwörth.	Donauwörth.	Donauwörth.		Asbach.
Buchloe.	Kaufbeuren.	Kaufbeuren.		Asch.
Neuburg.	Donauwörth.	Neuburg.	Egweil.	Attenfeld.
Ursberg.	Mindelheim.	Zusmarshausen.		Attenhausen.
Ottobeuren.	Ottobeuren.	Memmingen.		Attenhofen.
Weissenhorn.	Günzburg.	Illertissen.		Au.
Illertissen.	Günzburg.			Auchsesheim.
Donauwörth.	Donauwörth.	Donauwörth.		Horgau.
Zusmarshausen.	Augsburg.	Zusmarshausen.		Aufhausen.
Nördlingen.	Donauwörth.	Nördlingen.		

Name der Gemeinde.	Eigen= schaft	Zählt nach der neuesten Volks- zählung		Gehört		
		Familien.	Seelen.	zum Bezirksamte.	zum Landgerichte.	zum Bezirks- gerichte.
Aufheim	Pfarrdorf.	80	264	Neu-Ulm.	Neu-Ulm.	Augsburg.
Aufkirch	"	60	297	Kaufbeuren.	Buchloe.	"
Auhausen . . .	"	196	518	Nördlingen.	Oettingen.	Donauwörth.
Autenried . . .	"	56	255	Günzburg.	Günzburg.	Augsburg.
Ay	Dorf.	152	396	Neu-Ulm.	Neu-Ulm.	"
Aystetten . . .	Pfarrdorf.	140	473	Augsburg.	Augsburg.	"
Baar	"	96	368	Neuburg.	Neuburg.	Donauwörth.
Babenhausen . .	Markt.	534	1840	Illertissen.	Babenhausen.	Memmingen.
Bachhagel . .	Pfarrdorf.	104	420	Dillingen.	Lauingen.	Donauwörth.
Baiersried . .	Dorf.	93	343	Krumbach.	Krumbach.	Memmingen.
Baiershofen . .	Pfarrdorf.	99	396	Dillingen.	Dillingen.	Donauwörth.
Baisweil . . .	"	115	564	Kaufbeuren.	Kaufbeuren.	Kempten.
Balderschwang .	"	39	175	Sonthofen.	Immenstadt.	"
Baldingen . .	"	125	474	Nördlingen.	Nördlingen.	Donauwörth.
Balgheim . . .	"	112	423	Nördlingen.	"	"
Ballersdorf . .	Dorf.	33	141	Neuburg.	Neuburg.	"
Ballhausen . .	"	174	847	Dillingen.	Lauingen.	"
Ballmertshofen .	"	50	213	Illertissen.	Weissenhorn.	Memmingen.
Balzhausen . .	Pfarrdorf.	191	688	Krumbach.	Krumbach.	"
Butzenhofen . .	"	62	280	Augsburg.	Augsburg.	Augsburg.
Baumgarten . .	"	51	201	Dillingen.	Dillingen.	Donauwörth.
Bayerfeld . . .	"	36	139	Donauwörth.	Donauwörth.	"
Bebenhausen . .	Dorf.	65	284	Illertissen.	Babenhausen.	Memmingen.
Bechingen a. b. B.	Pfarrdorf.	137	604	Dillingen.	Lauingen.	Donauwörth.
Beckstetten . .	"	41	187	Mindelheim.	Türkheim.	Augsburg.
Bedernau . . .	"	188	687	"	Mindelheim.	Memmingen.
Behlingen . . .	"	116	442	Krumbach.	Krumbach.	"
Bellenberg . . .	"	119	493	Illertissen.	Illertissen.	"
Belzheim . . .	"	94	383	Nördlingen	Oettingen.	Donauwörth.
Benningen . . .	"	133	565	Memmingen.	Memmingen.	Memmingen.
Berg	"	75	361	Donauwörth.	Donauwörth.	Donauwörth.
Berg (Pfronten).	"	366	1396	Füssen.	Füssen.	Kempten.
Berg	Dorf.	47	193	Neu-Ulm.	Neu-Ulm.	Augsburg.
Bergen	Pfarrdorf.	97	411	Neuburg.	Neuburg.	Donauwörth.
Bergenstetten .	Dorf.	22	117	Illertissen.	Illertissen.	Memmingen.
Bergheim . . .	Pfarrdorf.	136	573	Dillingen.	Dillingen.	Donauwörth.
Bergheim . . .	"	107	491	Neuburg.	Neuburg.	"
Bergheim . . .	"	105	489	Augsburg.	Augsburg.	Augsburg.
Bernbach . . .	"	102	438	Oberdorf.	Oberdorf.	Kempten.
Bertolsheim . .	"	151	540	Donauwörth.	Monheim.	Donauwörth.
Bertolshofen . .	"	134	622	Oberdorf.	Oberdorf.	Kempten..
Bettlinshausen .	"	37	146	Illertissen.	Illertissen.	Memmingen.
Betzigau . . .	"	264	1292	Kempten.	Kempten.	Kempten.
Betzisried . . .	Dorf.	82	355	Memmingen.	Ottobeuren.	Memmingen.
Beuren	Pfarrdorf.	95	391	Illertissen.	Weissenhorn.	"
Biberach . . .	"	96	394	"	"	"
Biberachzell . .	"	155	502	"	"	"
Biberbach . . .	"	146	600	Wertingen.	Wertingen.	Augsburg.
Biberberg . . .	"	49	194	Illertissen.	Weissenhorn.	Memmingen.
Biburg	"	116	424	Zusmarshausen.	Zusmarshausen.	Augsburg.
Bidingen . . .	"	192	735	Oberdorf.	Oberdorf.	Kempten.
Billenhausen . .	"	121	456	Krumbach.	Krumbach.	Memmingen.

Gehört

zum Rentamte.	zum Forstamte.	zur Baubehörde.	zur Pfarrei.	zur Schule.
Illertissen.	Günzburg.	Günzburg.	Aufheim.	
Buchloe.	Kaufbeuren.	Kaufbeuren.	Aufkirch.	
Oettingen.	Donauwörth.	Nördlingen.	Anhausen.	
Günzburg.	Günzburg.	Günzburg.	Autenried.	
Illertissen.	„	„	Aufheim.	
Augsburg.	Augsburg.	Augsburg I.	Aystetten.	
Neuburg.	Donauwörth.	Neuburg.	Baar.	
Illertissen.	Ottobeuren.	Illertissen.	Babenhausen.	
Lauingen.	Dillingen.	Dillingen.	Bachhagel.	
Ursberg.	Mindelheim.	Zusmarshausen.	Ursberg.	
Dillingen.	Dillingen.	Dillingen.	Baiershofen.	
Kaufbeuren.	Kaufbeuren.	Kaufbeuren.	Baisweil.	
Immenstadt.	Kempten.	Kempten.	Balderschwang.	
Nördlingen.	Donauwörth.	Nördlingen.	Baldingen.	
„	„	„	Balgheim.	
Neuburg.	Dillingen.	Neuburg.	Wagenhofen.	
Lauingen.	„	Dillingen.	Staufen.	
Weißenhorn.	Günzburg.	Illertissen.	Großtissendorf.	Biberberg.
Ursberg.	Mindelheim.	Zusmarshausen.	Salzhausen.	
Augsburg.	Augsburg.	Augsburg I.	Batzenhofen.	
Dillingen.	Dillingen.	Dillingen.	Baumgarten.	
Donauwörth.	Donauwörth.	Donauwörth.	Bayerfeld.	
Illertissen.	Ottobeuren.	Illertissen.	Kettershausen.	
Lauingen.	Dillingen.	Dillingen.	Bechingen a. d. B.	
Türkheim.	Mindelheim.	Mindelheim.	Beckstetten.	
Mindelheim.	„	„	Bebernau.	
Ursberg.	„	Zusmarshausen.	Beblingen.	
Illertissen.	Günzburg.	Illertissen.	Bellenberg.	
Oettingen.	Donauwörth.	Nördlingen.	Belzheim.	
Ottobeuren.	Ottobeuren.	Memmingen.	Benningen.	
Donauwörth.	Donauwörth.	Donauwörth.	Berg.	
Füssen.	Kaufbeuren.	Füssen.	Berg.	Rieb.
Weißenhorn.	Günzburg.	Günzburg.	Pfaffenhofen.	
Neuburg.	Donauwörth.	Neuburg.	Bergen.	
Illertissen.	Ottobeuren.	Illertissen.	Herrenstetten.	
Dillingen.	Dillingen.	Dillingen.	Bergheim.	
Neuburg.	Donauwörth.	Neuburg.	„	
Augsburg.	Augsburg.	Augsburg II.	„	
Oberdorf.	Kaufbeuren.		Bernbach.	
Monheim.	Donauwörth.	Donauwörth.	Bertoldsheim.	
Oberdorf.	Kaufbeuren.	Füssen.	Bertoldshofen.	
Illertissen.	Günzburg.	Illertissen.	Illertissen.	Tiefenbach.
Kempten.	Kempten.	Kempten.	Betzigau.	
Ottobeuren.	Ottobeuren.	Memmingen.	Ottobeuren.	Hofs.
Weißenhorn.	Mindelheim.	Illertissen.	Beuren.	
„	„	„	Biberach.	
„	„	„	Biberachzell.	
Wertingen.	Augsburg.	Augsburg I.	Biberbach.	
Weißenhorn.	Mindelheim.	Illertissen.	Wallenhausen.	Biberberg.
Zusmarshausen.	Augsburg.	Zusmarshausen.	Biburg.	
Oberdorf.	Kaufbeuren.	Füssen.	Bibingen.	
Ursberg.	Mindelheim.	Zusmarshausen.	Billenhausen.	

Name der Gemeinde.	Eigenschaft	Zahl nach der neuesten Volkszählung (Familien)	(Seelen)	Gehört zum Bezirksamte.	zum Landgerichte.	zum Bezirksgerichte.
Binswangen . .	Pfarrdorf.	273	1074	Wertingen.	Wertingen.	Augsburg.
Birkach . .	Dorf.	48	155	Augsburg.	Schwabmünchen	"
Birkhausen . .	Pfarrdorf.	88	429	Nördlingen.	Nördlingen.	Donauwörth.
Bissingen . . .	"	133	541	Dillingen.	Höchstädt.	"
Bittenbrunn . .	"	77	314	Neuburg.	Neuburg.	"
Blaichach . . .	"	128	680	Sonthofen.	Immenstadt.	Kempten.
Blankenburg . .	"	45	172	Wertingen.	Wertingen.	Augsburg.
Bliensbach . .	"	44	222	"	"	"
Blindheim . . .	"	152	719	Dillingen.	Höchstädt.	Donauwörth.
Blöcktach . .	"	61	266	Oberdorf.	Obergünzburg.	Kempten.
Blonhofen . . .	Markt.	69	284	Kaufbeuren.	Buchloe.	Augsburg.
Blosenau . .	Dorf.	72	299	Donauwörth.	Monheim.	Donauwörth.
Bobingen . . .	Pfarrdorf.	536	1743	Augsburg.	Schwabmünchen	Augsburg.
Bocksberg . . .	Dorf.	76	352	Wertingen.	Wertingen.	"
Bodolz	"	128	461	Lindau.	Lindau.	Kempten.
Böhen . . .	Pfarrdorf.	160	770	Memmingen.	Ottobeuren.	Memmingen.
Bösenreuthe . .	"	130	450	Lindau.	Lindau.	Kempten.
Bolsterlang . .	Dorf.	163	684	Sonthofen.	Immenstadt.	"
Bollstadt . . .	Pfarrdorf.	76	331	Nördlingen.	Nördlingen.	Donauwörth.
Bonnstetten . .	"	90	410	Zusmarshausen.	Zusmarshausen.	Augsburg.
Boos	"	152	607	Illertissen.	Babenhausen.	Memmingen.
Brachstadt . .	Dorf.	65	294	Dillingen.	Höchstädt.	Donauwörth.
Breitenbrunn .	Pfarrdorf.	48	177	Zusmarshausen.	Zusmarshausen.	Augsburg.
Breitenthal . .	"	98	482	Illertissen.	Weissenhorn.	Memmingen.
Bronnen . . .	Dorf.	42	155	Kaufbeuren.	Buchloe.	Augsburg.
Bruck . . .	"	72	357	Neuburg.	Neuburg.	Donauwörth.
Brünsee . . .	"	25	122	Donauwörth.	Donauwörth.	"
Bubenhausen . .	Pfarrdorf.	100	408	Illertissen.	Weissenhorn.	Memmingen.
Bubesheim . .	"	101	419	Günzburg.	Günzburg.	Augsburg.
Buch . . .	"	202	773	Illertissen.	Illertissen.	Memmingen.
Buch . . .	"	28	119	Zusmarshausen.	Zusmarshausen.	Augsburg.
Buchdorf . . .	"	284	1052	Donauwörth.	Donauwörth.	Donauwörth.
Buchenberg . .	"	332	1515	Kempten.	Kempten.	Kempten.
Buchloe . . .	Markt.	252	1011	Kaufbeuren.	Buchloe.	Augsburg.
Bühl	Pfarrdorf.	128	612	Sonthofen.	Immenstadt.	Kempten.
Bühl	"	211	700	Günzburg.	Günzburg.	Augsburg.
Bühl	"	69	244	Nördlingen.	Nördlingen.	Donauwörth.
Buggenhofen . .	"	21	103	Dillingen.	Höchstädt.	"
Burg	Dorf.	68	323	Oberdorf.	Obergünzburg.	Kempten.
Burgau	Stadt.	632	2131	Günzburg.	Burgau.	Augsburg.
Burgberg . . .	Pfarrdorf.	179	895	Sonthofen.	Sonthofen.	Kempten.
Burghagel . . .	"	98	367	Dillingen.	Lauingen.	Donauwörth
Burgheim . . .	Markt.	247	1115	Neuburg.	Neuburg.	"
Burgmagerbein .	Dorf.	26	110	Dillingen.	Höchstädt.	"
Burgmannshofen	"	27	147	Donauwörth.	Monheim.	"
Burk	Pfarrdorf.	69	325	Krumbach.	Krumbach.	Memmingen.
Burlaßingen . .	"	90	363	Neu-Ulm.	Neu-Ulm.	Augsburg.
Burtenbach . .	Markt.	280	1028	Günzburg.	Burgau.	"
Butenwiesen . .	"	192	799	Wertingen.	Wertingen.	"
Buxach	Pfarrdorf.	40	282	Memmingen.	Memmingen.	Memmingen.
Buxheim . . .	"	85	514	"	"	"
Christertshofen .	"	52	197	Illertissen.	Weissenhorn.	"

Gehört

zum Rentamte.	zum Forstamte.	zur Baubehörde.	zur Pfarrei.	zur Schule.
Wertingen.	Augsburg.	Augsburg I.		Binswangen.
Schwabmünchen	"	Augsburg II.	Mayerhofen.	Birlach.
Nördlingen.	Donauwörth.	Nördlingen.		Birkhausen.
Höchstädt.	"	Dillingen.		Bissingen.
Neuburg.	"	Neuburg.		Bittenbrunn.
Immenstadt.	Kempten.	Kempten.		Blaichach.
Wertingen.	Augsburg.	Augsburg I.		Ebingen.
"	"	Augsburg I.		Bliensbach.
Höchstädt.	Dillingen.	Dillingen.		Blindheim.
Kaufbeuren.	Kaufbeuren.	Kaufbeuren.		Blöcktach.
Buchloe.	"	"		Auflirch.
Monheim.	Donauwörth.	Donauwörth.	Uebersfeld.	Blosenau.
Schwabmünchen	Augsburg.	Augsburg II.		Bobingen.
Wertingen.	"	Augsburg.		Laugna.
Lindau.	Kempten.	Lindau.	Wasserburg.	Bodolz.
Ottobeuren.	Ottobeuren.	Memmingen.		Böhen.
Lindau.	Kempten.	Lindau.		Bösenreute.
Immenstadt.	"	Kempten.	Fischen.	Bolsterlang.
Höchstädt.	Nördlingen.	Nördlingen.		Bollstadt.
Zusmarshausen.	Augsburg.	Zusmarshausen.		Bonnstetten.
Illertissen.	Ottobeuren.	Illertissen.		Boos.
Höchstädt.	Donauwörth.	Dillingen.	Prot. Oppertshofen.	Oppertshofen.
Zusmarshausen.	Augsburg.	Zusmarshausen.		Breitenbrunn.
Weissenhorn.	Mindelheim.	Illertissen.		Breitenthal.
Buchloe.	Kaufbeuren.	Kaufbeuren.	Emmenhausen.	Bronnen.
Neuburg.	Donauwörth.	Neuburg.		Zell.
Donauwörth.	"	Donauwörth.		Ebermergen.
Weissenhorn.	Mindelheim.	Illertissen.		Bubenhausen.
Günzburg.	Günzburg.	Günzburg.		Bubesheim.
Weissenhorn.	"	Illertissen.		Buch.
Zusmarshausen.	Augsburg.	Zusmarshausen.		Buchdorf.
Donauwörth.	Donauwörth.	Donauwörth.		"
Kempten.	Kempten.	Kempten.		Buchenberg.
Buchloe.	Mindelheim.	Kaufbeuren.		Buchloe.
Immenstadt.	Kempten.	Kempten.	Immenstadt.	See.
Günzburg.	Günzburg.	Günzburg.		Bühl.
Oettingen.	Donauwörth.	Nördlingen.		
Höchstädt.	"	Dillingen.		Bissingen.
Kempten.	Ottobeuren.	Kaufbeuren.		Obergünzburg.
Wertenhausen.	Günzburg.	Zusmarshausen.		Burgau.
Immenstadt.	Kempten.	Kempten.		Burgberg.
Lauingen.	Dillingen.	Dillingen.		Burghagel.
Neuburg.	Donauwörth.	Neuburg.		Burgheim.
Höchstädt.	"	Dillingen.		Deggingen.
Monheim.	"	Donauwörth.	Uebersfeld.	Ammersfeld.
Ursberg.	Mindelheim.	Zusmarshausen.		Burk.
Weissenhorn.	Günzburg.	Günzburg.		Burlafingen.
Wettenhausen.	Dillingen.	Zusmarshausen.		Burtenbach.
Wertingen.	Augsburg.	Augsburg I.		Buttenwiesen.
Memmingen.	Ottobeuren.	Memmingen.		Buxach.
Ottobeuren.	"	"		Buxheim.
Weissenhorn.	Mindelheim.	Illertissen.		Christertshofen.

Name der Gemeinde.	Eigen= schaft	Zählt nach der neuesten Volks= zählung. Familien	Seelen	Gehört zum Bezirksamte.	zum Landgerichte.	zum Bezirks= gerichte.
Christgarten . .	Dorf.	31	118	Nördlingen.	Nördlingen.	Donauwörth.
Daiting	Pfarrdorf.	114	444	Donauwörth.	Monheim.	"
Dattenhausen .	Dorf.	87	375	Dillingen.	Lauingen.	"
Dattenhausen .	"	26	114	Illertissen.	Illertissen.	Memmingen.
Daxberg . . .	"	47	206	Memmingen.	Ottbeuren.	"
Deffingen . . .	Pfarrdorf.	93	325	Günzburg.	Günzburg.	Augsburg.
Deiningen . .	"	267	986	Nördlingen.	Nördlingen.	Donauwörth.
Deisenhausen .	"	128	542	Krumbach.	Krumbach.	Memmingen.
Deisenhofen . .	"	79	368	Dillingen.	Höchstädt.	Donauwörth.
Denklingen . .	"	210	796	Kaufbeuren.	Buchloe.	Augsburg.
Denzingen . .	Dorf.	82	266	Günzburg.	Günzburg.	
Derndorf . . .	"	97	363	Mindelheim.	Türkheim.	"
Deubach . . .	Pfarrdorf.	62	263	Günzburg.	Burgau.	"
Deubach . . .	Dorf.	67	239	Zusmarshausen.	Zusmarshausen.	"
Deuringen . .	"	75	309	Augsburg.	Augsburg.	"
Detzenacker . .	Pfarrdorf.	28	133	Neuburg.	Neuburg.	Donauwörth.
Dickenreishausen	"	90	467	Memmingen.	Memmingen.	Memmingen.
Diedorf	"	87	389	Augsburg.	Augsburg.	Augsburg.
Diemantstein . .	"	113	470	Dillingen.	Höchstädt.	Donauwörth.
Dienhausen . .	Dorf.	24	100	Kaufbeuren.	Buchloe.	Augsburg.
Diepolz . . .	Pfarrdorf.	78	280	Sonthofen.	Immenstadt.	Kempten.
Dietershofen .	Dorf.	226	102	Illertissen.	Weissenhorn.	Memmingen.
Dietershofen . .	Pfarrdorf.	843	209	"	Babenhausen.	"
Dietmansried ·.	Marlt.	72	1254	Memmingen.	Grönenbach.	"
Dietratsried . .	Dorf.	32	138	"	Ottobeuren.	"
Dillingen . . .	Stabt.	06	3662	Dillingen.	Dillingen.	Donauwörth.
Dillishausen . .	Pfarrdorf.	59	239	Kaufbeuren.	Buchloe.	Augsburg.
Dinkelscherben .	Marlt.	175	807	Zusmarshausen.	Zusmarshausen.	"
Dinkelshausen .	Pfarrdorf.	34	160	Neuburg.	Neuburg.	Donauwörth.
Dirlewang . .	Marlt.	197	759	Mindelheim.	Mindelheim.	Memmingen.
Dirrlauingen . .	Pfarrdorf.	96	417	Günzburg.	Burgau.	Augsburg.
Döpshofen . .	"	73	315	Augsburg.	Augsburg.	"
Dösingen . . .	"	85	315	Kaufbeuren.	Kaufbeuren.	Kempten.
Donaualtheim .	"	131	595	Dillingen.	Dillingen.	Donauwörth.
Dornstadt . . .	"	97	356	Nördlingen.	Oettingen.	"
Dornstetten . .	Dorf.	24	89	Kaufbeuren.	Buchloe.	Augsburg.
Dorschhausen .	Pfarrdorf	48	189	Mindelheim.	Mindelheim.	Memmingen.
Druisheim . . .	"	85	344	Wertingen.	Wertingen.	Augsburg.
Dürrenzimmern .	"	72	283	Nördlingen.	Oettingen.	Donauwörth.
Durach	"	361	1491	Kempten.	Kempten.	Kempten.
Ebenhausen . .	"	110	408	Neuburg.	Neuburg.	Donauwörth.
Ebenhofen . .	"	105	858	Oberdorf.	Oberdorf.	Kempten.
Ebermergen . .	"	182	674	Donauwörth.	Donauwörth.	Donauwörth.
Ebersbach . . .	"	197	766	Oberdorf.	Obergünzburg.	Kempten.
Ebersbach . . .	Dorf.	43	183	Günzburg.	Burgau.	Augsburg.
Ebershausen . .	Pfarrdorf.	90	344	Illertissen.	Weissenhorn.	Memmingen.
Ebratshofen . .	"	86	573	Lindau.	Weiler.	Kempten.
Echenbrunn . .	"	66	270	Dillingen.	Lauingen.	Donauwörth.
Echlishausen . .	"	67	245	Günzburg.	Günzburg.	Augsburg.
Eckarts . . .	"	57	224	Sonthofen.	Immenstadt.	Kempten.
Edelstetten . .	"	241	916	Krumbach.	Krumbach.	Memmingen.
Edenbergen . .	Dorf.	43	169	Augsburg.	Augsburg.	Augsburg.

Gehört

zum Rentamte.	zum Forstamte.	zur Baubehörbe.	zur Pfarrei.	zur Schule.
Nördlingen.	Donauwörth.	Nördlingen.		Hürnheim.
Monheim.	„	Donauwörth.		Daiting.
Lauingen.	Dillingen.	Dillingen.	Ziertheim.	Dattenhausen.
Illertissen.	Ottobeuren.	Illertissen.		Illereichen.
Ottobeuren.	„	Memmingen.	Erkheim.	Daxberg.
Günzburg.	Günzburg.	Günzburg.		Dessingen.
Oettingen.	Donauwörth.	Nördlingen.		Deiningen.
Ursberg.	Mindelheim.	Zusmarshausen.		Deisenhausen.
Höchstädt.	Dillingen.	Dillingen.	Mörslingen.	Deisenhofen.
Buchloe.	Kaufbeuren.	Kaufbeuren.		Denklingen.
Günzburg.	Günzburg.	Günzburg.		Günzburg.
Türkheim.	Mindelheim.	Mindelheim.		Kirchheim.
Wettenhausen.	Günzburg.	Zusmarshausen.		Deubach.
Zusmarshausen.	Augsburg.	Zusmarshausen.		Willishausen.
Augsburg.	„	Augsburg II.		Stabtbergen.
Neuburg.	Donauwörth.	Neuburg.		Detzenacker.
Memmingen.	Ottobeuren.	Memmingen.		Didenreishausen.
Augsburg.	Augsburg.	Augsburg II.		Diedorf.
Höchstädt.	Donauwörth.	Dillingen.		Diemantstein.
Buchloe.	Kaufbeuren.	Kaufbeuren.		Denklingen.
Immenstadt.	Kempten.	Kempten.		Diepolz.
Weissenhorn.	Mindelheim.	Illertissen.		Obenhausen.
Illertissen.	Ottobeuren.	„		Dietershofen.
Kempten.	Kempten.	Memmingen.		Dietmansried.
Ottobeuren.	Ottobeuren.	„	Wolfertschwenden.	Niederdorf.
Dillingen.	Dillingen.	Dillingen.		Dillingen.
Buchloe.	Mindelheim.	Kaufbeuren.		Dillishausen.
Zusmarshausen.	Augsburg.	Zusmarshausen.		Dinkelscherben.
Neuburg.	Donauwörth.	Neuburg.	Dinkelshausen.	Holnbach.
Mindelheim.	Mindelheim.	Mindelhelm.		Dirlewang.
Wettenhausen.	Dillingen.	Zusmarshausen.		Dierlauingen.
Augsburg.	Augsburg.	Augsburg II.		Döpshofen.
Kaufbeuren.	Kaufbeuren.	Kaufbeuren.		Dösingen.
Dillingen.	Dillingen.	Dillingen.		Denaualtheim.
Oettingen.	Donauwörth.	Nördlingen.		Dornstabt.
Buchloe.	Kaufbeuren.	Kaufbeuren.		Unterdiessen.
Mindelheim.	Mindelheim.	Mindelheim.		Dorschhausen.
Wertingen.	Augsburg.	Augsburg I.		Druisehlm.
Oettingen.	Donauwörth.	Nördlingen.		Dürrenzimmern.
Kempten.	Kempten.	Kempten.		Durach.
Neuburg.	Donauwörth.	Neuburg.		Ebenhausen.
Oberdorf.	Kaufbeuren.	Füssen.		Ebenhofen.
Donauwörth.	Donauwörth.	Donauwörth.		Ebermergen.
Kempten.	Kaufbeuren.	Kaufbeuren.		Ebersbach.
Wettenhausen.	Günzburg.	Zusmarshausen.		Deubach.
Weissenhorn.	Mindelheim.	Illertissen.		Ebershausen.
Lindau.	Kempten.	Lindau.		Ebratshofen.
Lauingen.	Dillingen.	Dillingen.		Echenbrunn.
Günzburg.	Günzburg.	Günzburg.		Echlishausen.
Ursberg.	Mindelheim.	Zusmarshausen.		Edelstetten.
Immenstadt.	Kempten.	Kempten.		Eckarts.
Augsburg.	Augsburg.	Augsburg I.		Batzenhofen.

Name der Gemeinde.	Eigenschaft	Zählt nach der neuesten Volkszählung.		Gehört zum Bezirksamte.	zum Landgerichte.	zum Bezirksgerichte.
		Familien	Seelen			
Edenhausen . . .	Pfarrdorf.	113	392	Krumbach.	Krumbach.	Memmingen.
Ederheim . . .	"	128	509	Nördlingen.	Nördlingen.	Donauwörth.
Egelhofen . . .	"	48	230	Mindelheim.	Mindelheim.	Memmingen.
Egelstetten . .	Dorf.	49	258	Donauwörth.	Donauwörth.	Donauwörth.
Egenhofen . .	"	40	123	Günzburg.	Burgau.	Augsburg.
Egg a. b. Günz .	Pfarrdorf.	117	513	Memmingen.	Ottobeuren.	Memmingen.
Eggenthal . .	"	119	563	Kaufbeuren.	Kaufbeuren.	Kempten.
Ehekirchen . .	"	89	354	Neuburg.	Neuburg.	Donauwörth
Ebingen . . .	"	115	496	Nördlingen.	Oettingen.	Donauwörth.
Ebingen . . .	"	86	383	Wertingen.	Wertingen.	Augsburg.
Ebringen . . .	"	83	335	Nördlingen.	Nördlingen.	Donauwörth.
Eichenhofen . .	Dorf.	23	83	Günzburg.	Burgau.	Augsburg.
Eisenberg . . .	"	128	468	Füssen.	Füssen.	Kempten.
Eisenbrechtshofen	"	43	162	Wertingen.	Wertingen.	Augsburg.
Eisenburg . .	"	81	291	Memmingen.	Memmingen.	Memmingen.
Ellerbach . . .	Pfarrdorf.	73	308	Dillingen.	Dillingen.	Donauwörth.
Ellgau	"	88	369	Donauwörth.	Donauwörth.	Donauwörth.
Ellhofen . . .	"	95	392	Lindau.	Weiler.	Kempten.
Ellighofen . .	Dorf.	64	244	Kaufbeuren.	Buchloe.	Augsburg.
Ellzee	Pfarrdorf.	95	388	Illertissen.	Weissenhorn.	Memmingen.
Emmersacker .	"	154	534	Wertingen.	Wertingen.	Augsburg.
Ermenhausen .	"	56	207	Kaufbeuren.	Buchloe.	"
Emmershofen .	"	28	137	Illertissen.	Illertissen.	Memmingen.
Emskeim . . .	"	37	158	Donauwörth.	Monheim.	Donauwörth.
Engetried . . .	"	102	410	Memmingen.	Ottobeuren.	Memmingen.
Engishausen . .	"	50	209	Illertissen.	Babenhausen.	"
Enkingen . . .	"	45	187	Nördlingen.	Nördlingen.	Donauwörth.
Ensfeld . . .	"	41	172	Donauwörth.	Monheim.	"
Enzenstetten . .	Dorf.	79	331	Füssen.	Füssen.	Kempten.
Eppisburg . .	"	116	484	Dillingen.	Dillingen.	Donauwörth.
Eppishausen . .	"	131	537	Mindelheim.	Türkheim.	Augsburg.
Eppishofen . .	"	79	232	Zusmarshausen.	Zusmarshausen.	"
Erbishofen . .	"	56	250	Neu-Ulm.	Neu-Ulm.	"
Erisried . . .	Pfarrdorf.	78	298	Mindelheim.	Mindelheim.	Memmingen.
Erkheim . . .	"	160	745	Memmingen.	Ottobeuren.	"
Erlbach . . .	Dorf.	25	95	Donauwörth.	Monheim.	Donauwörth.
Erlbach . . .	"	33	171	Nördlingen.	Oettingen.	"
Erlingen . . .	"	44	232	Wertingen.	Wertingen.	Augsburg.
Erlingshofen . .	Pfarrdorf.	70	247	Donauwörth.	Donauwörth.	Donauwörth.
Eschach . . .	Weiler.	31	125	Füssen.	Füssen.	Kempten.
Ettelried . . .	Pfarrdorf.	111	365	Zusmarshausen.	Zusmarshausen.	Augsburg.
Ettenbeuren . .	"	176	573	Günzburg.	Burgau.	"
Ettlishofen . .	Dorf.	57	191	Neu-Ulm.	Neu-Ulm.	"
Ettringen . . .	Pfarrdorf.	202	782	Mindelheim.	Türkheim.	"
Eurishofen . .	"	35	168	Kaufbeuren.	Buchloe.	"
Futenhausen . .	"	40	149	Mindelheim.	Mindelheim.	Memmingen.
Faimingen . .	"	60	253	Dillingen.	Lauingen.	Donauwörth.
Faulenbach . .	Dorf.	28	111	Füssen.	Füssen.	Kempten.
Feigenhofen . .	"	47	197	Wertingen.	Wertingen.	Augsburg.
Feldkirchen . .	"	73	328	Neuburg.	Neuburg.	Donauwörth.
Fellheim . . .	"	135	611	Illertissen.	Babenhausen.	Memmingen.
Fernmittenhausen	"	25	136	Neuburg.	Neuburg.	Donauwörth.

Gehört

zum Rentamte.	zum Forstamte.	zur Baubehörde.	zur Pfarrei.	zur Schule.
Ursberg.	Mindelheim.	Zusmarshausen.		Ebenhausen.
Nördlingen.	Donauwörth.	Nördlingen.		Eberheim.
Mindelheim.	Mindelheim.	Mindelheim.		Eglhofen.
Donauwörth.	Donauwörth.	Donauwörth.		Oberndorf.
Wettenhausen.	Günzburg.	Zusmarshausen.		Ettenbeuren.
Ottobeuren.	Ottobeuren.	Memmingen.		Egg a. d. Günz.
Kaufbeuren.	Kaufbeuren.	Kaufbeuren.		Eggenthal.
Neuburg.	Donauwörth.	Neuburg.		Ebekirchen.
Oettingen.		Nördlingen.	Oettingen.	Ehingen.
Wertingen.	Augsburg.	Augsburg I.		Ehingen.
Nördlingen.	Donauwörth.	Nördlingen.		Ehringen.
Wettenhausen.	Dillingen.	Zusmarshausen.		Hasenhofen.
Füssen.	Kaufbeuren.	Füssen.		Zell.
Wertingen.	Augsburg.	Augsburg I.		Biberbach.
Ottobeuren.	Ottobeuren.	Memmingen.	Amendingen.	Eisenburg.
Dillingen.	Dillingen.	Dillingen.		Ellerbach.
Donauwörth.	Donauwörth.	Donauwörth.		Ellgau.
Lindau.	Kempten.	Lindau.		Ellhofen.
Buchloe.	Kaufbeuren.	Kaufbeuren.		Unterdießen.
Weissenhorn.	Günzburg.	Illertissen.		Ellzee.
Wertingen.	Augsburg.	Augsburg I.		Einmeuhausen.
Buchloe.	Kaufbeuren.	Kaufbeuren.		Emmersacker.
Illertissen.	Günzburg.	Illertissen.		Emmershofen.
Monheim.	Donauwörth.	Donauwörth.		Emiskeim.
Ottobeuren.	Kaufbeuren.	Memmingen.		Engetried.
Illertissen.	Ottobeuren.	Illertissen.		Engishausen.
Nördlingen.	Donauwörth.	Nördlingen.		Enkingen.
Monheim.		Donauwörth.		Ensfeld.
Füssen.	Kaufbeuren.	Füssen.		Seeg.
Dillingen.	Dillingen.	Dillingen.		Episburg.
Türkheim.	Mindelheim.	Mindelheim.	Holzheim.	Epishausen.
Zusmarshausen.	Augsburg.	Zusmarshausen.		Altenmünster.
Weissenhorn.	Günzburg.	Günzburg.		Pfaffenhofen.
Mindelheim.	Mindelheim.	Mindelheim.		Erisried.
Ottobeuren.	Ottobeuren.	Memmingen.		Erlheim.
Monheim.	Donauwörth.	Donauwörth.		Bertoldsheim.
Oettingen.		Nördlingen.	Heuberg.	Ehingen.
Wertingen.	Augsburg.	Augsburg I.		Herbertshofen.
Donauwörth.	Donauwörth.	Donauwörth.	Erlingshofen.	Münster.
Füssen.	Kaufbeuren.	Füssen.	Buchenberg.	Eschach.
Zusmarshausen.	Mindelheim.	Zusmarshausen.		Ettelried.
Wettenhausen.	Günzburg.			Ettenbeuren.
Weissenhorn.		Günzburg.	Pfaffenhofen.	Ettlishofen.
Türkheim.	Mindelheim.	Mindelheim.		Ettringen.
Buchloe.	Kaufbeuren.	Kaufbeuren.		Eurishofen.
Mindelheim.	Mindelheim.	Mindelheim.		Eutenhausen.
Lauingen.	Dillingen.	Dillingen.		Faimingen.
Füssen.	Kaufbeuren.	Füssen.		Füssen.
Wertingen.	Augsburg.	Augsburg I.		Biberbach.
Neuburg.	Donauwörth.	Neuburg.		Neuburg a/D.
Illertissen.	Ottobeuren.	Illertissen.	Pleß.	Fellheim.
Neuburg.	Donauwörth.	Neuburg.		Straß.

Name der Gemeinde.	Eigen-schaft	Familien	Seelen	zum Bezirksamte.	zum Landgerichte.	zum Bezirks-gerichte.
Ferthofen . . .	Dorf.	25	178	Memmingen.	Memmingen.	Memmingen.
Fessenheim . .	Pfarrdorf	74	305	Nördlingen.	Oettingen.	Donauwörth.
Filzingen . . .	Dorf.	41	157	Illertissen.	Illertissen.	Memmingen.
Finningen . . .	Pfarrdorf.	54	242	Neu-Ulm.	Neu-Ulm.	Augsburg.
Fischach . . .	"	150	695	Zusmarshausen.	Zusmarshausen.	"
Fischen . . .	"	225	986	Sonthofen.	Immenstadt.	Kempten.
Fleinhausen . .	"	56	228	Zusmarshausen.	Zusmarshausen.	Augsburg.
Flotzheim . . .	"	80	388	Donauwörth.	Monheim.	Donauwörth
Forheim . . .	Dorf.	80	322	Nördlingen.	Nördlingen.	"
Frankenhofen .	Pfarrdorf.	79	262	Kaufbeuren.	Buchloe.	Augsburg.
Frankenried . .	"	28	294	"	Kaufbeuren.	Kempten.
Frauenriedhausen	"	33	183	Dillingen.	Lauingen.	Donauwörth.
Frauenstetten .	"	53	255	Wertingen.	Wertingen.	Augsburg.
Frauenzell . .	"	167	687	Memmingen.	Grönenbach.	Memmingen.
Frechenrieden .	"	127	463	Memmingen.	Ottobeuren.	Memmingen.
Freihalden . .	"	86	312	Günzburg.	Burgau.	Augsburg.
Fremdingen . .	"	161	706	Nördlingen.	Oettingen.	Donauwörth.
Friesenried . .	"	152	566	Oberdorf.	Obergünzburg.	Kempten.
Frickenhausen .	"	84	361	Memmingen.	Ottobeuren.	Memmingen.
Fristingen . .	"	126	612	Dillingen.	Dillingen.	Donauwörth.
Fronhofen . .	"	31	181	"	Höchstädt.	"
Fünfstetten . .	"	202	792	Donauwörth.	Monheim.	"
Füssen	Stadt.	491	1640	Füssen.	Füssen.	Kempten.
Gabelbach . .	Pfarrdorf.	60	275	Zusmarshausen.	Zusmarshausen.	Augsburg.
Gabelbachergreut	Dorf.	32	145	"	"	"
Gablingen . . .	Pfarrdorf.	141	709	Augsburg.	Augsburg.	"
Gaishardt . . .	Dorf.	29	116	Dillingen.	Höchstädt.	Donauwörth.
Gannertshofen .	Pfarrdorf.	75	263	Illertissen.	Weissenhorn.	Memmingen.
Gansheim . . .	"	93	458	Donauwörth.	Monheim.	Donauwörth.
Geisenried . .	"	83	411	Oberdorf.	Oberdorf.	Kempten.
Genderkingen .	"	137	561	Donauwörth.	Donauwörth.	Donauwörth.
Gennach . . .	"	75	276	Augsburg.	Schwabmünchen.	Augsburg.
Gerlenhofen . .	Dorf.	79	233	Neu-Ulm.	Neu-Ulm.	"
Gernstall . . .	"	37	189	Mindelheim.	Mindelheim.	Memmingen.
Gersthofen . .	Pfarrdorf.	149	756	Augsburg.	Augsburg.	Augsburg.
Gessertshausen .	Dorf.	92	436	"	"	"
Gessertshausen *)	Pfarrdorf.	117	402	Krumbach.	Krumbach.	Memmingen.
Gestratz . . .	"	313	1319	Lindau.	Weiler.	Kempten.
Glött	Markt.	171	771	Dillingen.	Dillingen.	Donauwörth.
Glöttweng . .	Dorf.	63	254	Günzburg.	Burgau.	Augsburg.
Göggingen . .	Markt.	310	1207	Augsburg.	Augsburg.	"
Göllingen . . .	Dorf.	30	148	Dillingen.	Höchstädt.	Donauwörth.
Görisried . . .	Pfarrdorf.	200	675	Oberdorf.	Oberdorf.	Kempten.
Goldbach . . .	Dorf.	70	285	Günzburg.	Burgau.	Augsburg.
Gosheim . . .	Pfarrdorf.	108	470	Donauwörth.	Monheim.	Donauwörth.
Gottenau . . .	Dorf.	53	198	Memmingen.	Ottobeuren.	Memmingen.
Gottmanshofen .	Pfarrdorf.	87	405	Wertingen.	Wertingen.	Augsburg.
Graben . . .	"	90	385	Augsburg.	Schwabmünchen	"
Grafertshofen .	"	173	598	Illertissen.	Weissenhorn.	Memmingen.
Grailsbach . .	Dorf.	144	561	Donauwörth.	Monheim.	Donauwörth.

*) Auch Obergessertshausen.

Gehört.

zum Rentamte.	zum Forstamte.	zur Baubehörde.	zur Pfarrei.	zur Schule.
Memmingen.	Ottobeuren.	Memmingen.	Illerbeuren.	Aitrach.
Oettingen.	Donauwörth.	Nördlingen.		Fessenheim.
Illertissen.	Ottobeuren.	Illertissen.		Illereichen.
Günzburg.	Günzburg.	Günzburg.		Finningen.
Zusmarshauf	Augsburg.	Zusmarshausen.		Fischach.
Immenstadt.	Kempten.	Kempten.		Fischen.
Zusmarshausen.	Mindelheim.	Zusmarshausen.		Kleinhausen.
Monheim.	Donauwörth.	Donauwörth.		Flotzheim.
Nördlingen.	„	Nördlingen.		Forheim.
Buchloe.	Kaufbeuren.	Kaufbeuren.		Frankenhofen.
Kaufbeuren.	„	„		Frankenried.
Laxingen.	Dillingen.	Dillingen.		Frauenriedhausen.
Kempten.	Kempten.	Memmingen.		Frauenzell.
Wertingen.	Augsburg.	Augsburg I.		Frauenstetten.
Ottobeuren.	Ottobeuren.	Memmingen.		Frechenrieden.
Wettenhausen.	Dillingen.	Zusmarshausen.		Freihalden.
Oettingen.	Donauwörth.	Nördlingen.		Fremdingen.
Kaufbeuren.	Kaufbeuren.	Kaufbeuren.		Friesenried.
Ottobeuren.	Ottobeuren.	Memmingen.		Fridenhausen.
Dillingen.	Dillingen.	Dillingen.		Fristingen.
Höchstädt.	Donauwörth.			Fronhofen.
Monheim.	„	Donauwörth.		Fünfstetten.
Füssen.	Kaufbeuren.	Füssen.		Füssen.
Zusmarshausen.	Dillingen.	Zusmarshausen.		Gabelbach.
„	„		Gabelbach.	Gabelbacherkreuth.
Augsburg.	Augsburg.	Augsburg I.		Gablingen.
Höchstädt.	Donauwörth.	Dillingen.		Bissingen.
Weissenhorn.	Günzburg.	Illertissen.		Gannertshofen.
Monheim.	Donauwörth.	Donauwörth.		Gansheim.
Oberdorf.	Kempten.	Kaufbeuren.		Geisenried.
Donauwörth	Donauwörth.	Donauwörth.		Genderkingen.
Schwabmünchen	Augsburg.	Augsburg II.		Gennach.
Illertissen.	Günzburg.	Günzburg.		Aufheim.
Mindelheim.	Mindelheim.	Mindelheim.		Mintelheim.
Augsburg.	Augsburg.	Augsburg I.		Gorsthofen.
„		Augsburg II.		Dietkirch.
Ursberg.	Mindelheim.	Zusmarshausen.		Gessertshausen.
Lindau.	Kempten.	Lindau.		Gestratz.
Dillingen.	Dillingen.	Dillingen.		Glött.
Wettenhausen.		Zusmarshausen.		Landensberg.
Augsburg.	Augsburg.	Augsburg II.		Gögginen.
Höchstädt.	Donauwörth.	Dillingen.		Bissingen.
Oberdorf.	Kempten.	Füssen.		Göriesried.
Wettenhausen.	Günzburg.	Zusmarshausen.	Ettenbeuren.	Golbbach.
Monheim.	Donauwörth.	Donauwörth.		Goßheim.
Ottobeuren.	Kaufbeuren.	Memmingen.		Rettenbach.
Wertingen.	Augsburg.	Augsburg I.		Gettmannshofen.
Schwabmünchen	Günzburg.	Augsburg II.		Graben.
Weissenborn.	Günzburg.	Illertissen.	Weissenhorn.	Grafertshofen.
Monheim.	Donauwörth.	Donauwörth.		Lechsend.

Name der Gemeinde.	Eigen=schaft	Zählt nach der neuesten Volkszählung. Familien.	Seelen.	Gehört zum Bezirksamte.	zum Landgerichte.	zum Bezirks= gerichte.
Grasheim . . .	Dorf.	84	397	Neuburg.	Neuburg.	Donauwörth.
Greimeltshofen .	"	82	321	Illertissen.	Babenhausen.	Memmingen.
Gremheim . .	Dorf.	126	573	Dillingen.	Höchstädt.	Donauwörth.
Grimoldsried . .	Pfarrdorf.	74	309	Mindelheim.	Türkheim.	Augsburg.
Grönenbach . .	Markt.	407	1798	Memmingen.	Grönenbach.	Memmingen.
Grossaitingen .	Pfarrdorf.	320	1176	Augsburg.	Schwabmünchen	Augsburg.
Grossanhausen .	Dorf.	42	187	Günzburg.	Burgau.	"
Grosselfingen .	Pfarrdorf.	103	360	Nördlingen.	Nördlingen.	Donauwörth.
Grosskissendorf .	"	63	256	Günzburg.	Günzburg.	Augsburg.
Grosskitzighofen	"	80	331	Kaufbeuren.	Buchloe.	"
Grosskötz . . .	"	203	809	Günzburg.	Günzburg.	"
Grossorheim . .	"	132	468	Nördlingen.	Nördlingen.	Donauwörth.
Grünebaindt . .	"	71	256	Zusmarshausen.	Zusmarshausen.	Augsburg.
Grünenbach . .	Dorf.	106	775	Lindau.	Weiler.	Kempten.
Günz . . .	Pfarrdorf.	72	354	Memmingen.	Ottobeuren.	Memmingen.
Günzburg . . .	Stadt.	976	3442	Günzburg.	Günzburg.	Augsburg.
Guggenberg . .	Dorf.	95	468	Memmingen.	Ottobeuren.	Memmingen.
Gundelfingen .	Stadt.	821	2762	Dillingen.	Lauingen.	Donauwörth.
Gundelsheim . .	Pfarrdorf.	81	268	Donauwörth.	Monheim.	"
Gundremingen .	"	171	684	Dillingen.	Dillingen.	"
Gunzenheim . .	Dorf.	88	308	Donauwörth.	Donauwörth.	Donauwörth.
Gunzesried . .	"	159	612	Sonthofen.	Immenstadt.	Kempten.
Gutenberg . .	Pfarrdorf.	40	206	Kaufbeuren.	Kaufbeuren.	"
Habertsweiler .	Dorf.	50	227	Krumbach.	Krumbach.	Memmingen.
Häder . . .	Pfarrdorf.	77	343	Zusmarshausen.	Zusmarshausen.	Augsburg.
Hafenhofen . .	"	87	331	Günzburg.	Burgau.	"
Hafenreuth . .	Dorf.	49	172	Donauwörth.	Donauwörth.	Donauwörth.
Hagau . . .	"	26	134	"	Monheim.	"
Hagau . . .	"	37	186	Neuburg.	Neuburg.	"
Hagenried *) . .	"	39	146	Krumbach.	Krumbach.	Memmingen.
Hainhofen . .	Pfarrdorf.	88	315	Augsburg.	Augsburg.	Augsburg.
Hainsfarth . .	" .	336	1407	Nördlingen.	Oettingen.	Donauwörth
Hairenbuch . .	Dorf.	28	128	Krumbach.	Krumbach.	Memmingen.
Haitzen . . .	Weiler.	59	309	Memmingen.	Ottobeuren.	"
Haldenwang . .	Pfarrdorf.	90	424	Günzburg.	Burgau.	Augsburg.
Haldenwang . .	"	283	1200	Kempten.	Kempten.	Kempten.
Hammel . . .	Dorf.	22	87	Augsburg.	Augsburg.	Augsburg.
Hammerstetten .	Pfarrdorf.	34	160	Günzburg.	Burgau.	"
Harbatshofen .	Dorf.	197	1129	Lindau.	Weiler.	Kempten.
Harburg . . .	Markt.	348	1323	Donauwörth.	Donauwörth.	Donauwörth.
Harthausen . .	Dorf.	44	188	Günzburg.	Günzburg.	Augsburg.
Hasberg . . .	Pfarrdorf.	110	401	Mindelheim.	Mindelheim.	Memmingen.
Haselbach . .	"	131	488	"	Türkheim.	Augsburg.
Hatzenhofen . .	Dorf.	35	143	Donauwörth.	Monheim.	Donauwörth.
Haunsheim . .	Pfarrdorf.	153	677	Dillingen.	Lauingen.	"
Haunstetten . .	"	320	956	Augsburg.	Augsburg.	Augsburg.
Haupeltshofen .	"	51	170	Krumbach.	Krumbach.	Memmingen.
Hausen . . .	"	62	309	Nördlingen.	Oettingen.	Donauwörth.
Hausen . . .	"	62	289	Dillingen.	Lauingen.	"
Hausen . . .	Dorf.	104	429	Mindelheim.	Mindelheim.	Memmingen.

*) Auch Unterhagenried.

Gehört

zum Rentamte.	zum Forstamte.	zur Baubehörde.	zur Pfarrei.	zur Schule.
Neuburg.	Donauwörth.	Neuburg.	Karlshuld, Untermarfeld.	Grasheim, Karlshuld.
Mindelheim.	Ottobeuren.	Illertissen.		Kirchhaslach.
Höchstädt.	Dillingen.	Dillingen.	Blindheim.	Gremheim.
Türkheim.	Mindelheim.	Mindelheim.		Grimoldsried.
Memmingen.	Ottobeuren.	Memmingen.		Grönenbach.
Schwabmünchen	Augsburg.	Augsburg II.		Großaitingen.
Wettenhausen.	Günzburg.	Zusmarshausen.		Limbach.
Nördlingen.	Donauwörth.	Nördlingen.		Grosselfingen.
Günzburg.	Günzburg.	Günzburg.		Großkissendorf.
Buchloe.	Mindelheim.	Kaufbeuren.		Großkitzighofen.
Günzburg.	Günzburg.	Günzburg.		Großkötz.
Nördlingen.	Donauwörth.	Nördlingen.		Großorheim.
Zusmarshausen.	Mindelheim.	Zusmarshausen.		Grünebaindt.
Lindau.	Kempten.	Lindau.		Grünenbach.
Ottobeuren.	Ottobeuren.	Memmingen.		Günz.
Günzburg.	Günzburg.	Günzburg.		Günzburg.
Ottobeuren.	Ottobeuren.	Memmingen.		Ottobeuren.
Lauingen.	Dillingen.	Dillingen.		Gundelfingen.
Monheim.	Donauwörth.	Donauwörth.		Gundelsheim.
Dillingen.	Dillingen.	Dillingen.		Gundremmingen.
Donauwörth.	Donauwörth.	Donauwörth.	Münbling.	Gunzenheim.
Immenstadt.	Kempten.	Kempten.	Seifriedberg	Gunzesried.
Kaufbeuren.	Kaufbeuren.	Kaufbeuren.		Gutenberg.
Ursberg.	Mindelheim.	Zusmarshausen.		Langeneufnach.
Zusmarshausen.	Augsburg.	"		Häder.
Wettenhausen.	Dillingen.	"		Hafenhofen.
Donauwörth.	Donauwörth.	Donauwörth.	Kaisheim.	Hafenreuth.
Monheim.	"	"		Wolferstabt.
Neuburg.	"	Neuburg.		Zuchering.
Ursberg.	Mindelheim.	Zusmarshausen.		Remnath.
Augsburg.	Augsburg.	Augsburg I.		Hainhofen.
Oettingen.	Donauwörth.	Nördlingen.		Hainsfarth.
Mindelheim.	Mindelheim.	Zusmarshausen.		Waltenhausen.
Ottobeuren.	Ottobeuren.	Memmingen.		Ottobeuren.
Wettenhausen.	Dillingen.	Zusmarshausen.		Halbenwang.
Kempten.	Kempten.	Kempten.		Halbenwang.
Augsburg.	Augsburg.	Augsburg I.		Ottmarshausen.
Wettenhausen.	Günzburg.	Zusmarshausen.		Wettenhausen.
Lindau.	Kempten.	Lindau.		Stiefenhofen.
Donauwörth.	Donauwörth.	Donauwörth.		Harburg.
Günzburg.	Günzburg.	Günzburg.		Rettenbach.
Mindelheim.	Mindelheim.	Mindelheim.		Hasberg.
Türkheim.	"	"		Haselbach.
Monheim.	Donauwörth.	Donauwörth.		Stepperg.
Lauingen.	Dillingen.	Dillingen.		Hannsheim.
Augsburg.	Augsburg.	Augsburg II.		Haunstetten.
Ursberg.	Mindelheim.	Zusmarshausen.		Aletshausen und Waltenhausen.
Oettingen.	Donauwörth.	Nördlingen.		Hansen.
Lauingen.	Dillingen.	Dillingen.		Hausen.
Mindelheim.	Mindelheim.	Mindelheim.	Pfaffenhausen.	Hausen.

Name der Gemeinde.	Eigenschaft	Familien	Seelen	Gehört zum Bezirksamte.	zum Landgerichte.	zum Bezirksgerichte.
Hausen . . .	Dorf.	52	245	Illertissen.	Weissenhorn.	Memmingen.
Hausen . . .	"	34	226	Neu-Ulm.	Neu-Ulm.	Augsburg.
Hawangen . .	Pfarrdorf.	139	565	Memmingen.	Ottobeuren.	Memmingen.
Heege . . .	Dorf.	85	330	Lindau.	Lindau.	Kempten.
Hegelhofen . . .	Pfarrdorf.	87	311	Illertissen.	Weissenhorn.	Memmingen.
Hegnenbach . .	"	84	350	Wertingen.	Wertingen.	Augsburg.
Heimenegg . .	Dorf.	27	111	Mindelheim.	Mindelheim.	Memmingen.
Heimenkirch . .	Pfarrdorf.	350	1738	Lindau.	Weiler.	Kempten.
Heimertingen .	"	135	619	Illertissen.	Babenhausen.	Memmingen.
Heinrichsheim .	Dorf.	78	289	Neuburg.	Neuburg.	Donauwörth.
Helchenried . .	"	25	98	Mindelheim.	Mindelheim.	Memmingen.
Hennhofen . .	"	54	191	Dillingen.	Dillingen.	Donauwörth.
Herbertshofen .	Pfarrdorf.	76	332	Wertingen.	Wertingen.	Augsburg.
Herblingen . . .	Dorf.	73	257	Nörblingen.	Oettingen.	Donauwörth.
Heretsried . .	Pfarrdorf.	65	277	Wertingen.	Wertingen.	Augsburg.
Hergensweiler .	"	135	603	Lindau.	Lindau.	Kempten.
Herkheim . . .	Dorf.	49	202	Nörblingen.	Nörblingen.	Donauwörth.
Heroldingen . .	Pfarrdorf.	75	302	"	"	"
Herrenstetten .	"	51	202	Illertissen.	Illertissen.	Memmingen.
Herretshofen .	Dorf.	77	297	"	Babenhausen.	"
Hettlingen . .	"	27	141	Wertingen.	Wertingen.	Augsburg.
Heuberg . . .	Pfarrdorf.	71	250	Nörblingen.	Oettingen.	Donauwörth.
Hiltenfingen . .	"	207	825	Augsburg.	Schwabmünchen	Augsburg.
Hindelang . . .	"	545	2237	Sonthofen.	Sonthofen.	Kempten.
Hirblingen . .	"	64	277	Augsburg.	Augsburg.	Augsburg.
Hirschbach . .	"	71	368	Wertingen.	Wertingen.	"
Hirschzell . .	"	47	168	Kaufbeuren.	Kaufbeuren.	Kempten.
Hittistetten . .	Dorf.	20	103	Neu-Ulm.	Neu-Ulm.	Augsburg.
Hochaltingen .	Pfarrdorf.	90	352	Nörblingen.	Oettingen.	Donauwörth.
Hochfeld . . .	Dorf.	65	280	Donauwörth.	Monheim.	"
Hochstein . . .	"	55	231	Dillingen.	Höchstädt.	"
Hochwang . .	Pfarrdorf.	115	421	Günzburg.	Günzburg.	Augsburg.
Höchstädt . .	Stadt.	691	2406	Dillingen.	Höchstädt.	Donauwörth.
Höselhurst . .	Pfarrdorf.	25	98	Illertissen.	Weissenhorn.	Memmingen.
Hohenaltheim .	"	136	459	Nörblingen.	Nörblingen.	Donauwörth.
Hohenraunau .	Dorf.	96	294	Krumbach.	Krumbach.	Memmingen.
Hohenreichen .	Pfarrdorf.	77	280	Wertingen.	Wertingen.	Augsburg.
Hohlheim . .	Dorf.	83	299	Nörblingen.	Nörblingen.	Donauwörth.
Hollenbach . .	Pfarrdorf.	59	246	Neuburg.	Neuburg.	"
Holzgünz . . .	"	60	280	Memmingen.	Ottobeuren.	Memmingen.
Holzheim . . .	"	172	719	Dillingen.	Dillingen.	Donauwörth.
Holzheim . . .	"	119	465	Neu-Ulm.	Neu-Ulm.	Augsburg.
Holzkirchen . .	"	95	349	Nörblingen.	Oettingen.	Donauwörth.
Holzschwang . .	"	94	437	Neu-Ulm.	Neu-Ulm.	Augsburg.
Honsolgen . .	"	99	459	Kaufbeuren.	Buchloe.	"
Hopfen . . .	"	25	116	Füssen.	Füssen.	Kempten.
Hopferau . . .	"	135	494	"	"	"
Hopferbach . .	"	95	450	Oberdorf.	Obergünzburg.	"
Hoppingen . .	"	47	199	Nörblingen.	Nörblingen.	Donauwörth.
Horgau	"	134	582	Zusmarshausen.	Zusmarshausen.	Augsburg.
Horgauergreuth .	Dorf.	87	304	"	"	"
Hoyren . . .	"	144	588	Lindau.	Lindau.	Kempten.

Gehört

zum Rentamte.	zum Forstamte.	zur Baubehörde.	zur Pfarrei.	zur Schule.
Weissenhorn.	Günzburg.	Illertissen.	Waldstetten.	Stoffenried.
Günzburg.	„	Günzburg.		Holzschwang.
Ottobeuren.	Ottobeuren.	Memmingen.		Hawangen.
Lindau.	Kempten.	Lindau.		Wasserburg.
Weissenhorn.	Günzburg.	Illertissen.		Hegelhofen.
Wertingen	Augsburg.	Augsburg I.		Hegnenwang.
Mindelheim.	Mindelheim.	Mindelheim.		Mindelheim.
Lindau.	Kempten.	Lindau.		Heimenkirch.
Ottobeuren.	Ottobeuren.	Illertissen.		Heimertingen.
Neuburg.	Donauwörth.	Neuburg.	Neuburg a. D. *)	Heinrichsheim.
Mindelheim.	Mindelheim.	Mindelheim.		Dirlewang.
Dillingen.	Dillingen.	Dillingen.		Altenmünster.
Wertingen.	Augsburg.	Augsburg I.		Herbertshofen.
Oettingen.	Donauwörth.	Nördlingen.	Hochaltingen.	Herblingen u. Hochaltingen.
Wertingen.	Augsburg.	Augsburg I.		Heretsried.
Lindau.	Kempten.	Lindau.		Hergensweiler.
Nördlingen.	Donauwörth.	Nördlingen.	Nördlingen.	Herkheim.
„	„			Herolbingen.
Illertissen.	Günzburg.	Illertissen.		Herrenstetten.
„	Ottobeuren.			Kirchhaslach.
Wertingen.	Augsburg.	Augsburg I.		Zusamaltheim.
Oettingen	Donauwörth.	Nördlingen.		Henberg.
Schwabmünchen	Augsburg.	Augsburg II.		Hiltenfingen
Immenstadt.	Kempten.	Kempten.		Hinbelang.
Augsburg.	Augsburg.	Augsburg I.		Hirblingen,
Wertingen.	„	Augsburg I.		Hirschbach.
Kaufbeuren.	Kaufbeuren.	Kaufbeuren.		Hirschzell.
Illertissen.	Günzburg.	Günzburg.		Wullenstetten.
Oettingen.	Donauwörth.	Nördlingen.		Hochaltingen.
Monheim.	„	Donauwörth.		Bayerfeld.
Höchstädt.	„	Dillingen.	Kath. Bissingen.	Prot. Unterringingen.
Günzburg.	Günzburg.	Günzburg.		Hochwang.
Höchstädt.	Dillingen.	Dillingen.		Höchstädt.
Weissenhorn.	Mindelheim.	Illertissen		Wattenweiler.
Nördlingen.	Donauwörth.	Nördlingen.		Hohenaltheim.
Ursberg.	Mindelheim.	Zusmarshausen.		Niederraunau.
Wertingen.	Augsburg.	Augsburg I.		Wiensbach.
Nördlingen.	Donauwörth.	Nördlingen.	Kath. Kleinerblingen.	Pr. Nähermemming.
Neuburg.	„	Neuburg.		Hellenbach.
Ottobeuren.	Ottobeuren.	Memmingen.		Holzgünz.
Dillingen.	Dillingen.	Dillingen.		Holzheim.
Günzburg.	Günzburg.	Günzburg.		„
Oettingen.	Donauwörth.	Nördlingen.		Holzkirchen.
Günzburg.	Günzburg.	Günzburg.		Holzschwang.
Buchloe.	Mindelheim.	Kaufbeuren.		Honsolgen.
Füssen.	Kaufbeuren.	Füssen.		Hopfen.
„	„			Hopferau.
Ottobeuren.	Ottobeuren.	Kaufbeuren.		Hopferbach.
Nördlingen.	Donauwörth.	Nördlingen.		Hoppingen.
Zusmarshausen.	Augsburg.	Zusmarshausen.		Horgau.
„	„	„	Horgau.	Horgauergreuth.
Lindau.	Kempten.	Lindau.	Kath. Lindau.	Prot. Aeschach.

Name der Gemeinde.	Eigenschaft	Zählt nach der neuesten Volkszählung. Familien	Seelen	Gehört zum Bezirksamte.	zum Landgerichte.	zum Bezirksgerichte.
Hürben . . .	Dorf.	293	1168	Krumbach.	Krumbach.	Memmingen.
Hürnheim . .	Pfarrdorf.	73	245	Nördlingen.	Nördlingen.	Donauwörth.
Hütting . . .	"	85	397	Neuburg.	Neuburg.	"
Huisheim . . .	"	151	649	Donauwörth.	Monheim.	"
Huttenwang . .	"	67	288	Oberdorf.	Obergünzburg.	Kempten.
Ichenhausen . .	Markt.	571	2281	Günzburg.	Günzburg.	Augsburg.
Jedesheim . .	Pfarrdorf.	165	683	Illertissen.	Illertissen.	Memmingen.
Jengen	"	88	401	Kaufbeuren.	Buchloe.	Augsburg.
Jettingen . . .	Markt.	396	1492	Günzburg.	Burgau.	"
Illerberg . . .	Pfarrdorf.	120	494	Illertissen.	Illertissen.	Memmingen.
Illerbeuren . .	"	25	133	Memmingen.	Grönenbach.	"
Illereichen . .	"	231	906	Illertissen.	Illertissen.	"
Illertissen . .	Markt.	305	1214	"	"	"
Illerzell . . .	Pfarrdorf.	30	143	"	"	"
Immelstetten . .	"	108	375	Mindelheim.	Türkheim.	Augsburg.
Immenstadt . .	Stadt.	379	1499	Sonthofen.	Immenstadt.	Kempten.
Immenthal . .	Dorf.	165	896	Oberdorf.	Obergünzburg.	"
Ingenried . . .	Pfarrdorf.	87	411	Oberdorf.	Oberdorf.	"
Ingenried . . .	"	45	214	Kaufbeuren.	Kaufbeuren.	"
Ingstetten . . .	Dorf.	81	327	Illertissen.	Weissenhorn.	Memmingen.
Inneberg . . .	"	21	106	"	Babenhausen.	"
Inningen . . .	Pfarrdorf.	147	672	Augsburg.	Augsburg.	Augsburg.
Joshofen . . .	"	61	202	Neuburg.	Neuburg.	Donauwörth.
Irsee	"	149	846	Kaufbeuren.	Kaufbeuren.	Kempten.
Jrrsingen . . .	"	46	221	Mindelheim.	Türkheim.	Augsburg.
Itzing . . .	Dorf.	64	262	Donauwörth.	Monheim.	Donauwörth.
Kadeltshofen .	Pfarrdorf.	89	391	Neu-Ulm.	Neu-Ulm.	Augsburg.
Kaisheim . . .	"	122	1108	Donauwörth.	Donauwörth.	Donauwörth.
Kardorf . . .	Dorf.	24	159	Memmingen.	Memmingen.	Memmingen.
Karlsbuld . . .	Pfarrdorf.	276	1227	Neuburg.	Neuburg.	Donauwörth.
Karlskron . . .	"	280	1251	"	"	"
Kellmünz . . .	Markt.	186	587	Illertissen.	Illertissen.	Memmingen.
Kemnath . .	Pfarrdorf.	149	612	Günzburg.	Burgau.	Augsburg.
Kesselostheim .	Dorf.	24	98	Dillingen.	Höchstädt.	Donauwörth.
Kettershausen .	Pfarrdorf	133	531	Illertissen.	Babenhausen.	Memmingen.
Kettersschwang .	"	84	342	Kaufbeuren.	Kaufbeuren.	Kempten.
Kicklingen . .	"	134	608	Dillingen.	Höchstädt.	Donauwörth.
Kimratshofen .	"	363	1278	Memmingen.	Grönenbach.	Memmingen.
Kirchdorf . . .	"	96	380	Mindelheim.	Mindelheim.	"
Kirchhaslach . .	"	120	497	Illertissen.	Babenhausen.	"
Kirchheim . .	Markt.	197	733	Mindelheim .	Türkheim.	Augsburg.
Kleinaitingen .	Pfarrdorf.	86	315	Augsburg.	Schwabmünchen	"
Kleinbeuren . .	Dorf.	28	139	Günzburg.	Burgau.	"
Kleinerdlingen .	Pfarrdorf.	118	468	Nördlingen.	Nördlingen.	Donauwörth.
Kleinkemnath *) .	"	48	217	Kaufbeuren.	Kaufbeuren.	Kempten.
Kleinkissendorf .	"	57	218	Günzburg.	Günzburg.	Augsburg.
Kleinkitzighofen	"	58	239	Kaufbeuren.	Buchloe.	"
Kleinkötz . . .	"	77	276	Günzburg.	Günzburg.	"
Kleinsorheim .	"	87	345	Nördlingen.	Nördlingen.	Donauwörth.

*) Auch Kemnath.

G e h ö r t

zum Rentamte.	zum Forstamte.	zur Baubehörde.	zur Pfarrei.	zur Schule.
Ursberg.	Mindelheim.	Zusmarshausen.		Krumbach.
Nördlingen.	Donauwörth.	Nördlingen.		Hürnheim.
Neuburg.	"	Neuburg.		Hütting.
Monheim.	"	Donauwörth.		Huisheim.
Oberdorf.	Kaufbeuren.	Kaufbeuren.		Hüttenwang.
Günzburg.	Günzburg.	Günzburg.		Ichenhausen.
Illertissen.	"	Illertissen.		Iedesheim.
Buchloe.	Kaufbeuren.	Kaufbeuren.		Ienzen.
Wettenhausen.	Dillingen.	Zusmarshausen.		Iettingen.
Illertissen.	Günzburg.	Illertissen.		Illerberg.
Memmingen.	Ottobeuren.	Memmingen.		Illerbeuren.
Illertissen.	"	Illertissen.		Illereichen.
"	Günzburg.	"		Illertissen.
"				Illerzell.
Türkheim.	Mindelheim.	Mindelheim.		Immelstetten.
Immenstadt.	Kempten.	Kempten.		Immenstadt.
Kempten.	"	Kaufbeuren.		Obergünzburg.
Oberdorf.	Kaufbeuren.	Füssen.		Ingenried.
Kaufbeuren.	"	Kaufbeuren.		"
Weissenhorn.	Günzburg.	Illertissen.		Roggenburg.
Illertissen.	Ottobeuren.			Egg a. d. G.
Augsburg.	Augsburg.	Augsburg II.		Inningen.
Neuburg.	Donauwörth.	Neuburg.		Ioshosen.
Kaufbeuren.	Kaufbeuren.	Kaufbeuren.		Irrsee.
Türkheim.	Mindelheim.	Mindelheim.		Irsingen.
Monheim.	Donauwörth.	Donauwörth.	Monheim.	Itzing.
Roggenburg.	Günzburg.	Günzburg.		Kabelshofen.
Donauwörth.	Donauwörth.	Donauwörth.		Kaisheim.
Memmingen.	Ottobeuren.	Memmingen.	Steinbach.	Illerbeuren.
Neuburg.	Donauwörth.	Neuburg.		Karlshuld.
"	"	"		Karlskron.
Illertissen.	Ottobeuren.	Illertissen.		Kellmünz.
Wettenhausen.	Günzburg.	Zusmarshausen.		Kemnath.
Höchstädt.	Donauwörth.	Dillingen.		Bissingen.
Illertissen.	Ottobeuren.	Illertissen.		Kettershausen.
Kaufbeuren.	Kaufbeuren.	Kaufbeuren.		Ketterschwang.
Höchstädt.	Dillingen.	Dillingen.		Kicklingen.
Kempten.	Kempten.	Memmingen.		Kimratshofen.
Mindelheim.	Mindelheim.	Mindelheim.		Kirchdorf.
Illertissen.	Ottobeuren.	Illertissen.		Kirchhaslach.
Türkheim.	Mindelheim.	Mindelheim.		Kirchheim.
Schwabmünchen	Augsburg.	Augsburg II.		Kleineitingen.
Wettenhausen.	Günzburg.	Zusmarshausen.	Ettenbeuren.	Wettenhausen.
Nördlingen.	Donauwörth.	Nördlingen.		Kleinerdlingen.
Kaufbeuren.	Kaufbeuren.	Kaufbeuren.		Kleinkemnath.
Günzburg.	Günzburg.	Günzburg.		Großkissendorf.
Buchloe.	Mindelheim.	Kaufbeuren.		Kleinkitzighofen.
Günzburg.	Günzburg.	Günzburg.		Kleinkötz.
Nördlingen.	Donauwörth.	Nördlingen.		Kleinsorheim.

Name der Gemeinde.	Eigenschaft	Zählt nach der neuesten Volkszählung Familien	Zählt nach der neuesten Volkszählung Seelen	Gehört zum Bezirksamte.	Gehört zum Landgerichte.	Gehört zum Bezirksgerichte.
Klimmach . . .	Pfarrdorf.	61	221	Augsburg.	Schwabmünchen	Augsburg.
Klingsmoos . .	Dorf.	50	225	Neuburg.	Neuburg.	Donauwörth.
Klosterbeuren .	Pfarrdorf.	87	359	Illertissen.	Babenhausen.	Memmingen.
Kölburg . .	Dorf.	36	154	Donauwörth.	Monheim.	Donauwörth.
Köngetried . .	Pfarrdorf.	75	285	Mindelheim.	Mindelheim.	Memmingen.
Könghausen . .	"	44	216	"	Türkheim.	Augsburg.
Königsbrunn . .	"	246	1231	Augsburg.	Schwabmünchen	"
Konradshofen .	"	139	443	Mindelheim.	Türkheim.	"
Konzenberg . .	"	82	340	Günzburg.	Burgau.	"
Kraftisried . .	Dorf.	112	527	Oberdorf.	Obergünzburg.	Kempten.
Kreuzanger . .	"	86	315	Augsburg.	Schwabmünchen	Augsburg.
Kreuzthal . .	Pfarrdorf.	170	661	Kempten.	Kempten.	Kempten.
Kriegshaber . .	Dorf.	334	1195	Augsburg.	Augsburg.	Augsburg.
Kronburg . .	Pfarrdorf.	142	762	Memmingen.	Grönenbach.	Memmingen.
Krugzell . . .	"	107	508	Kempten.	Kempten.	Kempten.
Krumbach . .	Markt.	378	1486	Krumbach.	Krumbach.	Memmingen.
Kühlenthal . .	Dorf.	42	245	Wertingen.	Wertingen.	Augsburg.
Kutzenhausen .	Pfarrdorf.	60	295	Zusmarshausen.	Zusmarshausen.	"
Lachen . . .	"	153	643	Memmingen.	Ottobeuren.	Memmingen.
Lamerdingen .	"	98	407	Kaufbeuren.	Buchloe.	Augsburg.
Landensberg .	"	57	221	Günzburg.	Burgau.	"
Landshausen .	"	91	329	Dillingen.	Lauingen.	Donauwörth.
Langerringen .	"	319	1372	Augsburg.	Schwabmünchen	Augsburg.
Langenhaslach .	"	154	523	Krumbach.	Krumbach.	Memmingen.
Langenneufnach .	"	246	959	"	"	"
Langenreichen .	"	81	409	Wertingen.	Wertingen.	Augsburg.
Langweid . .	"	60	305	Augsburg.	Augsburg.	"
Lannenberg . .	Dorf.	52	265	Memmingen.	Ottobeuren.	Memmingen.
Laub . . .	Pfarrdorf.	86	545	Nördlingen.	Oettingen.	Donauwörth.
Lauben . . .	"	106	511	Memmingen.	Ottobeuren.	Memmingen.
Lauben . . .	"	72	551	Kempten.	Kempten.	Kempten.
Lauchdorf . .	"	76	380	Kaufbeuren.	Kaufbeuren.	"
Laugna . . .	"	112	503	Wertingen.	Wertingen.	Augsburg.
Lauingen . . .	Stadt.	990	3720	Dillingen.	Lauingen.	Donauwörth.
Lauterbach . .	Pfarrdorf.	127	522	Donauwörth.	Donauwörth.	"
Lauterbach . .	Dorf.	47	192	Krumbach.	Krumbach.	Memmingen.
Lauterbrunn . .	Pfarrdorf.	70	278	Wertingen.	Wertingen.	Augsburg.
Lautrach . . .	"	157	663	Memmingen.	Grönenbach.	Memmingen.
Lechbruck . .	"	367	1069	Füssen.	Füssen.	Kempten.
Lechfeld . . .	Wallf.-Or.	43	151	Augsburg.	Schwabmünchen	Augsburg.
Leeder . . .	Markt.	151	696	Kaufbeuren.	Buchloe.	"
Legau . . .	"	502	1860	Memmingen.	Grönenbach.	Memmingen.
Lehmingen . .	Pfarrdorf.	67	293	Nördlingen.	Oettingen.	Donauwörth.
Leibi . . .	Dorf.	34	190	Neu-Ulm.	Neu-Ulm.	Augsburg.
Leidling . .	Pfarrdorf.	67	252	Neuburg.	Neuburg.	Donauwörth.
Leiheim . .	Dorf.	31	108	Dillingen.	Höchstädt.	"
Leinheim . .	Pfarrdorf.	64	220	Günzburg.	Günzburg.	Augsburg.
Leipheim . .	Stadt.	458	1666	"	"	"
Leitheim . . .	Dorf.	23	103	Donauwörth.	Donauwörth.	Donauwörth.
Leitershofen .	Pfarrdorf.	77	291	Augsburg.	Augsburg.	Augsburg.
Lengenfeld . .	"	47	213	Kaufbeuren.	Buchloe.	"
Lengenwang . .	"	186	686	Füssen.	Füssen.	Kempten.

Gehört

zum Rentamte.	zum Forstamte.	zur Baubehörde.	zur Pfarrei.	zur Schule.
Schwabmünchen	Augsburg.	Augsburg II.		Klimmach.
Neuburg.	Donauwörth.	Neuburg.	Karlshuld.	Klingsmoos.
Illertissen.	Ottobeuren.	Illertissen.		Klosterbeuren.
Monheim.	Donauwörth.	Donauwörth.		Monheim.
Mindelheim.	Mindelheim.	Mindelheim.		Köngetried.
Türkheim.	"	"		Könghausen.
Schwabmünchen	Augsburg.	Augsburg II.		Königsbrunn.
Türkheim.	Mindelheim.	Mindelheim.		Konradshofen.
Wettenhausen.	Dillingen.	Zusmarshausen.		Konzenberg.
Oberdorf.	Kempten.	Kaufbeuren.	Unterthingau.	Kraftisried.
Schwabmünchen	Augsburg.	Augsburg II.		Waldberg.
Kempten.	Kempten.	Kempten.		Kreuzthal.
Augsburg.	Augsburg.	Augsburg I u. II.	Oberhausen.	Kriegshaber.
Memmingen.	Ottobeuren.	Memmingen.		Kronburg.
Kempten.	Kempten.	Kempten.		Krugzell.
Ursberg.	Mindelheim.	Zusmarshausen.		Krumbach.
Wertingen.	Augsburg.	Augsburg I.		Westendorf.
Zusmarshausen.	"	Zusmarshausen.		Kutzenhausen.
Ottobeuren.	Ottobeuren.	Memmingen.		Lachen.
Buchloe.	Mindelheim.	Kaufbeuren.		Lamerbingen.
Wettenhausen.	Dillingen.	Zusmarshausen.		Landensberg.
Lauingen.	"	Dillingen.	Bachhagel.	Landshausen.
Schwabmünchen	Augsburg.	Augsburg II.		Langerringen.
Ursberg.	Mindelheim.	Zusmarshausen.		Langenhaslach.
				Langeneufnach.
Wertingen.	Augsburg.	Augsburg I.		Langenreichen.
Augsburg.	"	Augsburg I.		Langenweid.
Ottobeuren.	Kaufbeuren.	Memmingen.		Rettenbach.
Oettingen.	Donauwörth.	Nördlingen.		Laub.
Ottobeuren.	Ottobeuren.	Memmingen.		Lauben.
Kempten.	Kempten.	Kempten.		"
Kaufbeuren.	Kaufbeuren.	Kaufbeuren.		Lauchdorf.
Wertingen.	Augsburg.	Augsburg I.		Laugna.
Lauingen.	Dillingen.	Dillingen.		Lauingen.
Donauwörth.	Donauwörth.	Donauwörth.		Lauterbach.
Ursberg.	Mindelheim.	Zusmarshausen.		Memmenhausen.
Wertingen.	Augsburg.	Augsburg I.		Lauterbrunn.
Memmingen.	Kempten.	Memmingen.		Lautrach.
Füssen.	Kaufbeuren.	Füssen.		Lechbruck.
Schwabmünchen	Augsburg.	Augsburg II.		Untermeitingen.
Buchloe.	Kaufbeuren.	Kaufbeuren.		Leeder.
Memmingen.	Kempten.	Memmingen.		Legau.
Oettingen.	Donauwörth.	Nördlingen.		Lehmingen.
Günzburg.	Günzburg.	Günzburg.	Obersahlheim.	Nerfingen.
Neuburg.	Donauwörth.	Neuburg.		Leibling.
Höchstädt.	"	Dillingen.	Kath. Diemantstein.	Pr. Unterringingen.
Günzburg.	Günzburg.	Günzburg.		Leinheim.
"				Leipheim.
				Altisheim.
Donauwörth.	Donauwörth.	Donauwörth		Leitershofen.
Augsburg.	Augsburg.	Augsburg II.		Lengenfeld.
Buchloe.	Kaufbeuren.	Kaufbeuren.		Lengenwang.
Füssen.	"	Füssen.		

Name der Gemeinde.	Eigenschaft.	Familien	Seelen	Gehört zum Bezirksamte.	zum Landgerichte.	zum Bezirksgerichte.
Lenzfried *) . . .	Pfarrdorf.	524	2710	Kempten.	Kempten.	Kempten.
Leuterschach . . .	„	167	610	Oberdorf.	Oberdorf.	„
Lichtenau	„	74	299	Neuburg.	Neuburg.	Donauwörth.
Limpach	„	44	238	Günzburg.	Burgau.	Augsburg.
Lindach	Dorf.	37	176	Zusmarshausen.	Zusmarshausen.	„
Linden	„	36	110	Kaufbeuren.	Kaufbeuren.	Kempten.
Lindenberg . .	Pfarrdorf.	85	356	„	Buchloe.	Augsburg.
Lindenberg . .	„	326	1397	Lindau.	Weiler.	Kempten.
Lochenbach . .	Dorf.	24	103	Nördlingen.	Oettingen.	Donauwörth.
Löpsingen . . .	Pfarrdorf.	217	715	„	Nördlingen.	„
Loppenhausen . .	„	116	534	Mindelheim.	Mindelheim.	Memmingen.
Lorenz St. . .	Gemeinde	631	2848	Kempten.	Kempten.	Kempten.
Ludwigsmoos . .	Dorf.	68	351	Neuburg.	Neuburg.	Donauwörth.
Lützelburg . . .	Pfarrdorf.	104	386	Augsburg.	Augsburg.	Augsburg.
Lutzingen . . .	„	163	711	Dillingen.	Höchstädt.	Donauwörth.
Maierhöfen . .	„	181	879	Lindau.	Weiler.	Kempten.
Mailingen . .	Dorf.	167	655	Nördlingen.	Oettingen.	Donauwörth.
Maiselstein . .	Pfarrdorf.	103	408	Sonthofen.	Immenstadt.	Kempten.
Maiselstein . .	„	128	555	„	Sonthofen.	„
Manching . . .	„	230	835	Neuburg.	Neuburg.	Donauwörth.
Margertshausen .	„	88	308	Augsburg.	Augsburg.	Augsburg.
Markt	Dorf.	68	339	Wertingen.	Wertingen.	„
Marktoffingen .	Markt.	172	692	Nördlingen.	Oettingen.	Donauwörth.
Martinszell . .	Pfarrdorf.	185	877	Kempten.	Kempten.	Kempten.
Marxheim . .	„	108	458	Donauwörth.	Monheim.	Donauwörth.
Mattsies . . .	„	139	494	Mindelheim.	Türkheim.	Augsburg.
Mauern . . .	„	56	300	Donauwörth.	Monheim.	Donauwörth.
Mauerstetten . .	„	86	377	Kaufbeuren.	Kaufbeuren.	Kempten.
Mauren . . .	„	122	478	Donauwörth.	Donauwörth.	Donauwörth.
Meitingen . .	„	74	321	Wertingen.	Wertingen.	Augsburg.
Membölz . . .	„	151	639	Kempten.	Kempten.	Kempten.
Memmenhausen .	„	102	363	Krumbach.	Krumbach.	Memmingen.
Memmingerberg .	„	107	474	Memmingen.	Memmingen.	„
Mertingen . .	„	256	1095	Donauwörth.	Donauwörth.	Donauwörth.
Merzingen . .	Dorf.	33	128	Nördlingen.	Nördlingen.	„
Messhofen . .	„	125	543	Illertissen.	Weissenhorn.	Memmingen.
Mickhausen . .	Pfarrdorf.	116	466	Augsburg.	Schwabmünchen.	Augsburg.
Mindelaltheim . .	„	42	152	Günzburg.	Burgau.	„
Mindelau . . .	„	71	283	Mindelheim.	Mindelheim.	Memmingen.
Mindelheim . .	Stadt.	788	2739	„	„	„
Mindelzell . .	Pfarrdorf.	115	461	Krumbach.	Krumbach.	„
Minderoffingen .	Dorf.	77	283	Nördlingen.	Oettingen.	Donauwörth.
Missen	Pfarrdorf.	120	515	Sonthofen.	Immenstadt.	Kempten.
Mittelberg . .	„	454	1730	Kempten.	Kempten.	„
Mittelneufnach . .	„	108	518	Mindelheim.	Türkheim.	Augsburg.
Mittelstetten . .	„	54	239	Augsburg.	Schwabmünchen.	„
Mitten . . .	Dorf.	173	588	Lindau.	Lindau.	Kempten.
Mödingen **) . .	„	121	605	Dillingen.	Dillingen.	Donauwörth.
Mögesheim . .	„	184	742	Nördlingen.	Oettingen.	„
Möhren . . .	Pfarrdorf.	139	482	Donauwörth.	Monheim.	„

*) Auch St. Mang. **) Auch Medingen.

Gehört

zum Rentamte.	zum Forstamte.	zur Baubehörde.	zur Pfarrei.	zur Schule.
Kempten.	Kempten.	Kempten.		Lenzfrieb.
Oberdorf.	Kaufbeuren.	Füssen.		Leuterschach.
Neuburg.	Donauwörth.	Neuburg.	Weichering.	Lichtenau.
Wettenhausen.	Günzburg.	Zusmarshausen.		Limpach.
Zusmarshausen.	Augsburg.	"		Höder.
Kaufbeuren.	Kaufbeuren.	Kaufbeuren.		Stöttwang.
Buchloe.	Mindelheim.	"		Lindenberg.
Lindau.	Kempten.	Lindau.		Lindenberg.
Oettingen.	Donauwörth.	Nördlingen.		Dornstadt.
Nördlingen.	"	Nördlingen.		Löpfingen.
Mindelheim.	Mindelheim.	Mindelheim.		Loppenhausen.
Kempten.	Kempten.	Kempten.	St Lorenz.	Kempten.
Neuburg.	Donauwörth.	Neuburg.	Karlshuld.	Ludwigsmoos.
Augsburg.	Augsburg.	Augsburg I.		Lützelburg.
Höchstädt.	Dillingen.	Dillingen.		Lutzingen.
Lindau.	Kempten.	Lindau.		Mayerhöfen.
Oettingen.	Donauwörth.	Nördlingen.		Maihingen.
Immenstadt.	Kempten.	Kempten.		Maiselstein.
Immenstadt.	"	"		Maiselstein.
Neuburg.	Donauwörth.	Neuburg.		Manching.
Augsburg.	Augsburg.	Augsburg II.	Döpshofen.	Margertshausen.
Wertingen.	"	Augsburg I.		Biberbach.
Oettingen.	Donauwörth.	Nördlingen.		Marktoffingen.
Kempten.	Kempten.	Kempten.		Martinszell.
Monheim.	Donauwörth.	Donauwörth.		Marxheim.
Türkheim.	Mindelheim.	Mindelheim.		Mattsies.
Monheim.	Donauwörth.	Donauwörth.		Mauern.
Kaufbeuren.	Kaufbeuren.	Kaufbeuren.		Mauerstetten
Donauwörth.	Donauwörth.	Donauwörth.		Mauren.
Wertingen.	Augsburg.	Augsburg I.		Herbertshofen.
Kempten	Kempten.	Kempten.		Membölz.
Ursberg.	Mindelheim.	Zusmarshausen.		Memmenhausen.
Ottobeuren.	Ottobeuren.	Memmingen.		Memmingerberg.
Donauwörth.	Donauwörth.	Donauwörth.		Wertingen.
Nördlingen.	"	Nördlingen.		Mönchsdeggingen.
Weissenhorn.	Günzburg.	Illertissen.		Roggenburg.
Schwabmünchen	Augsburg.	Augsburg II.		Michausen.
Wettenhausen.	Günzburg.	Zusmarshausen.		Mindelaltheim.
Mindelheim.	Mindelheim.	Mindelheim.		Mindelau.
Mindelheim.	"	"		Mindelheim.
Ursberg.		Zusmarshausen.		Mindelzell.
Oettingen.	Donauwörth.	Nördlingen.	Marktoffingen.	Minberoffingen.
Immenstadt.	Kempten.	Kempten.		Missen.
"	"	"		Mittelberg.
Türkheim.	Mindelheim.	Mindelheim.		Mittelneufnach.
Schwabmünchen	Augsburg.	Augsburg II.	Schwabmünchen.	Mittelstetten.
Lindau.	Kempten.	Lindau.		Wasserburg.
Dillingen.	Dillingen.	Dillingen.		Mödingen.
Oettingen.	Donauwörth.	Nördlingen.		Mögesheim.
Monheim.	"	Donauwörth.		Möhren.

Name der Gemeinde.	Eigen-schaft	Zahl nach der neuesten Volks-zählung Familien.	Seelen.	Gehört zum Bezirksamte.	zum Landgerichte.	zum Bezirks-gerichte.
Mönchsdeggingen	Pfarrdorf.	195	664	Nörblingen.	Nörblingen.	Donauwörth.
Mönstetten . . .	"	55	246	Günzburg.	Burgau.	Augsburg.
Mörgen . . .	"	66	266	Mindelheim.	Türkheim.	"
Mörslingen . .	"	163	635	Dillingen.	Höchstädt.	Donauwörth.
Möttingen . . .	"	142	521	Nörblingen.	Nörblingen.	"
Mohrenhausen .	"	46	184	Illertissen.	Babenhausen.	Memmingen.
Monheim . . .	Stabt.	329	1221	Donauwörth.	Monheim.	Donauwörth.
Moos . . .	Dorf.	27	106	Neuburg.	Neuburg.	"
Moosbach . . .	Pfarrdorf.	126	470	Sonthofen.	Sonthofen.	Kempten.
Mündling . . .	"	109	548	Donauwörth.	Donauwörth.	Donauwörth.
Münster . . .	"	86	368	"	"	"
Münster . . .	Dorf.	114	415	Augsburg.	Schwabmünchen	Augsburg.
Münsterhausen .	Markt.	340	1369	Krumbach.	Krumbach.	Memmingen.
Munningen . .	Pfarrdorf.	132	533	Nörblingen.	Oettingen.	Donauwörth.
Munzingen . .	"	85	332	"	Nörblingen.	"
Mussenhausen .	"	38	159	Mindelheim.	Mindelheim.	Memmingen.
Muthmannshofen	"	111	415	Memmingen.	Grönenbach.	"
Muttershofen .	Dorf.	125	435	Krumbach.	Krumbach.	"
Nähermemmingen	Pfarrdorf.	97	376	Nörblingen.	Nörblingen.	Donauwörth.
Nassenbeuren .	"	110	538	Mindelheim.	Mindelheim.	Memmingen.
Nattenhausen .	"	84	315	Illertissen.	Weissenhorn.	"
Natterholz . .	Dorf.	33	136	Donauwörth.	Monheim.	Donauwörth.
Nersingen . . .	"	67	296	Neu-Ulm.	Neu-Ulm.	Augsburg.
Nesselwang . .	Markt.	458	1576	Füssen.	Füssen.	Kempten.
Neuburg a/K. .	"	206	755	Krumbach.	Krumbach.	Memmingen.
Neuhausen . .	Dorf.	45	195	Donauwörth.	Monheim.	Donauwörth.
Neuhausen . .	"	62	238	Neu-Ulm.	Neu-Ulm.	Augsburg.
Neumünster . .	"	120	427	Zusmarshausen.	Zusmarshausen.	"
Neusäss . . .	"	32	152	Augsburg.	Augsburg.	Augsburg L
Neu-Ulm . . .	Stabt.	335	1314	Neu-Ulm.	Neu-Ulm.	Augsburg.
Niederaltheim .	Dorf.	71	296	Nörblingen.	Nörblingen.	Donauwörth.
Niederdorf . .	Pfarrdorf.	48	248	Memmingen.	Ottobeuren.	Memmingen.
Niederhausen .	Dorf.	55	209	Illertissen.	Weissenhorn.	"
Niederhofen . .	"	32	140	Nörblingen.	Oettingen.	Donauwörth.
Niederraunau .	Pfarrdorf.	151	586	Krumbach.	Krumbach.	Memmingen.
Niederrieden .	"	97	481	Illertissen.	Babenhausen.	"
Niedersonthofen	"	139	621	Sonthofen.	Immenstadt.	Kempten.
Niederstaufen .	"	121	580	Lindau.	Weiler.	"
Niederstimm . .	Dorf.	23	89	Neuburg.	Neuburg.	Donauwörth.
Nittingen . . .	"	27	132	Nörblingen.	Oettingen.	"
Nonnenhorn . .	"	151	583	Lindau.	Lindau.	Kempten.
Nordendorf . .	Pfarrdorf.	73	349	Wertingen.	Wertingen.	Augsburg.
Nordheim . . .	Dorf.	67	263	Donauwörth.	Donauwörth.	Donauwörth.
Nordholz . . .	"	46	219	Illertissen.	Weissenhorn.	Memmingen.
Nornheim . . .	"	31	136	Günzburg.	Günzburg.	Augsburg.
Nussbühl . . .	"	41	198	Donauwörth.	Monheim.	Donauwörth.
Obenhausen . .	Pfarrdorf.	106	444	Illertissen.	Weissenhorn.	Memmingen.
Oberauerbach .	Dorf.	50	187	Mindelheim.	Mindelheim.	"
Oberbechingen .	Pfarrdorf.	70	273	Dillingen.	Lauingen.	Donauwörth.
Oberbeuren . .	"	149	618	Kaufbeuren.	Kaufbeuren.	Kempten.
Oberblaichen .	Dorf.	67	258	Krumbach.	Krumbach.	Memmingen.
Oberdiessen .	Pfarrdorf.	57	217	Kaufbeuren.	Buchloe.	Augsburg.

Gehört

zum Rentamte.	zum Forstamte.	zur Baubehörde.	zur Pfarrei.	zur Schule.
Nördlingen.	Donauwörth.	Nördlingen.		Mönchsbeggingen.
Wettenhausen.	Dillingen.	Zusmarshausen.	Walbkirch.	Mönstetten.
Türkheim.	Mindelheim.	Mindelheim.		Mörgen.
Höchstädt.	Dillingen.	Dillingen.		Möretlingen.
Nördlingen.	Donauwörth.	Nördlingen.		Möttingen.
Illertissen.	Ottobeuren.	Illertissen.	Ebershausen.	Mohrenhausen
Monheim.	Donauwörth.	Donauwörth.		Monheim.
Neuburg.	"	Neuburg.		Straß.
Immenstadt.	Kempten.	Kempten.		Moosbach.
Donauwörth.	Donauwörth.	Donauwörth.		Münbling.
"	"	"		Münster.
Schwabmünchen	Augsburg.	Augsburg II.		Michhausen.
Ursberg.	Mindelheim.	Zusmarshausen.		Münsterhausen.
Oettingen.	Donauwörth.	Nördlingen.		Mumingen.
Nördlingen.	"	"		Munzingen.
Mindelheim.	Mindelheim.	Mindelheim.		Eutenhausen.
Kempten.	Kempten.	Memmingen.		Muthmannshofen.
Ursberg.	Mindelheim.	Zusmarshausen.		Ziemetshausen.
Nördlingen.	Donauwörth.	Nördlingen.		Nähermemmingen.
Mindelheim.	Mindelheim.	Mindelheim.		Naffenbeuren.
Weissenhorn.	Günzburg.	Illertissen.		Rattenhausen.
Monheim.	Donauwörth.	Donauwörth.		Daiting.
Günzburg.	Günzburg.	Günzburg.	Obersahlheim.	Nerfingen.
Füssen.	Kaufbeuren.	Füssen.		Nesselwang.
Ursberg.	Mindelheim.	Zusmarshausen.		Neuburg a. K.
Monheim.	Donauwörth.	Donauwörth.		Marxheim.
Günzburg.	Günzburg.	Günzburg.		Holzheim.
Zusmarshausen.	Dillingen.	Zusmarshausen.	Biolau.	Neumünster.
Augsburg.	Angsburg.	Augsburg I.	Oberhausen.	Kriegshaber.
Günzburg.	Günzburg.	Günzburg.		Neu-Ulm.
Nördlingen.	Donauwörth.	Nördlingen.		Hohenaltheim.
Ottobeuren.	Ottobeuren.	Memmingen.		Niederdorf.
Weissenhorn.	Günzburg.	Illertissen.	Oberhausen.	Niederhausen.
Oettingen.	Donauwörth.	Nördlingen.	Oettingen.	Ehingen.
Ursberg.	Mindelheim.	Zusmarshausen.		Niederraunau.
Ottobeuren.	Ottobeuren.	Illertissen.		Niederrieden.
Immenstadt.	Kempten.	Kempten.		Niedersonthofen.
Lindau.	"	Lindau.		Niederstaufen.
Neuburg.	Donauwörth.	Neuburg.		Manching.
Oettingen.	"	Nördlingen.		Oettingen.
Lindau.	Kempten.	Lindau.	Wasserburg.	Nonnenhorn.
Wertingen.	Augsburg.	Augsburg I.	Westendorf.	Norbendorf.
Donauwörth.	Donauwörth.	Donauwörth.		Auchsesheim.
Weissenhorn.	Günzburg.	Illertissen.		Rennertshofen.
Günzburg.	Günzburg.	Günzburg.	Günzburg.	Reisersburg.
Monheim.	Donauwörth.	Donauwörth.		Fünffetten.
Weissenhorn.	Günzburg.	Illertissen.		Oberhausen.
Mindelheim.	Mindelheim.	Mindelheim.		Oberauerbach.
Lauingen.	Dillingen.	Dillingen.		Oberbechingen.
Kaufbeuren.	Kaufbeuren.	Kaufbeuren.		Oberkeuren.
Ursberg.	Mindelheim.	Zusmarshausen.		Unterblaichen.
Buchloe.	Kaufbeuren.	Kaufbeuren.		Oberdiessen.

Name der Gemeinde.	Eigen= schaft	Zählt nach der neuesten Volks= zählung Familien.	Seelen.	Gehört zum Bezirksamte.	zum Landgerichte.	zum Bezirks= gerichte.
Oberdorf . . .	Markt.	294	1133	Oberdorf.	Oberdorf.	Kempten.
Oberegg . . .	Dorf.	85	869	Memmingen.	Ottobeuren.	Memmingen.
Oberegg . . .	"	40	185	Illertissen.	Weissenhorn.	"
Oberelchingen .	Pfarrdorf.	120	515	Neu-Ulm.	Neu-Ulm.	Augsburg.
Oberfahlheim .	"	54	250	"	"	"
Oberfinningen .	"	101	378	Dillingen.	Höchstädt.	Donauwörth.
Obergermaringen	"	83	404	Kaufbeuren.	Kaufbeuren.	Kempten.
Oberglauheim .	Dorf.	46	231	Dillingen.	Höchstädt.	Donauwörth.
Obergünzburg .	Markt.	394	1330	Oberdorf.	Obergünzburg.	Kempten.
Oberhausen . .	Pfarrdorf.	55	268	Neuburg.	Neuburg.	Donauwörth.
Oberhausen . .	"	724	2526	Augsburg.	Augsburg.	Augsburg.
Oberhausen . .	"	100	358	Illertissen.	Weissenhorn.	Memmingen.
Oberkammlach .	Dorf.	163	608	Mindelheim.	Mindelheim.	"
Oberknöringen .	"	128	491	Günzburg.	Burgau.	Augsburg.
Oberliezheim .	Pfarrdorf.	70	250	Dillingen.	Höchstädt.	Donauwörth.
Obermedlingen .	"	110	477	"	Lauingen.	"
Oberndorf . .	"	132	564	Donauwörth.	Donauwörth.	"
Oberneufnach .	Dorf.	77	271	Mindelheim.	Türkheim.	Augsburg.
Oberostendorf .	Pfarrdorf.	57	269	Kaufbeuren.	Buchloe.	"
Oberrammingen .	Dorf.	85	364	Mindelheim.	Türkheim.	"
Oberreichenbach *)	Pfarrdorf.	45	177	Illertissen.	Weissenhorn.	Memmingen.
Oberreitnau . .	"	116	685	Lindau.	Lindau.	Kempten.
Oberreute . . .	"	218	922	"	Weiler.	"
Oberrieden . .	"	179	694	Mindelheim.	Mindelheim.	Memmingen.
Oberringingen .	Dorf.	55	230	Dillingen.	Höchstädt.	Donauwörth.
Oberrohr . . .	"	85	374	Krumbach.	Krumbach.	Memmingen.
Oberroth . . .	Pfarrdorf.	156	597	Illertissen.	Illertissen.	"
Oberschönegg .	Dorf.	72	275	"	Babenhausen.	"
Oberschöneberg .	Pfarrdorf.	101	468	Zusmarshausen.	Zusmarshausen.	Augsburg.
Oberstdorf . .	Markt.	557	1874	Sonthofen.	Sonthofen.	Kempten.
Oberstimm . .	Pfarrdorf.	60	232	Neuburg.	Neuburg.	Donauwörth.
Oberthingau . .	"	118	490	Oberdorf.	Oberdorf.	Kempten.
Oberthürheim .	"	59	294	Wertingen.	Wertingen.	Augsburg.
Oberwaldbach .	"	125	556	Günzburg.	Burgau.	"
Oberwiesenbach .	"	63	240	Illertissen.	Weissenhorn.	Memmingen.
Oettingen . . .	Stadt.	880	2950	Nördlingen.	Oettingen.	Donauwörth.
Offenhausen . .	Dorf.	51	277	Neu-Ulm.	Neu-Ulm.	Augsburg.
Offingen . . .	Pfarrdorf.	190	838	Günzburg.	Günzburg.	"
Ofterschwang .	"	197	951	Sonthofen.	Immenstadt.	Kempten.
Olgishofen . .	Dorf.	25	119	Illertissen.	Babenhausen.	Memmingen.
Ollarzried . . .	Pfarrdorf.	61	331	Memmingen.	Ottobeuren.	"
Opfenbach . . .	"	246	1253	Lindau.	Weiler.	Kempten.
Oppertshofen . .	"	65	266	Dillingen.	Höchstädt.	Donauwörth.
Ortelfing . . .	"	44	183	Neuburg.	Neuburg.	"
Ortelfingen . .	Dorf.	35	172	Wertingen.	Wertingen.	Augsburg.
Ostendorf . . .	"	38	176	"	"	"
Osterberg . . .	Pfarrdorf.	166	733	Illertissen.	Illertissen.	Memmingen.
Osterbuch . . .	"	50	214	Wertingen.	Wertingen.	Augsburg.
Osterzell . . .	Pfarrdorf.	129	457	Kaufbeuren.	Kaufbeuren.	Kempten.
Ottacker . . .	"	71	288	Sonthofen.	Sonthofen.	"

*) Auch Reichenbach.

G e h ö r t

zum Rentamte.	zum Forstamte.	zur Baubehörde.	zur Pfarrei.	zur Schule.
Oberdorf.	Kaufbeuren.	Füssen.		Oberdorf.
Ottobeuren.	„	Memmingen.	Unteregg.	Oberegg.
Weissenhorn.	Günzburg.	Illertissen.		Oberwiesenbach.
Günzburg.	„	Günzburg.		Oberelchingen.
„				Oberfahlheim.
Höchstädt.	Dillingen.	Dillingen.	Oberfinningen.	Unterfinningen
Kaufbeuren.	Kaufbeuren.	Kaufbeuren.		Obergermaringen.
Höchstädt.	Dillingen.	Dillingen.	Lutzingen.	Oberglauheim.
Kempten.	Ottobeuren.	Kaufbeuren.		Obergünzburg.
Neuburg.	Donauwörth.	Neuburg.		Oberhausen.
Augsburg.	Augsburg.	Augsburg I.		Oberhausen.
Weissenhorn.	Günzburg.	Illertissen.		Oberhausen.
Mindelheim.	Mindelheim.	Mindelheim.		Oberkammlach.
Wettenhausen.	Günzburg.	Zusmarshausen.		Unterknöringen.
Höchstädt.	Dillingen.	Dillingen.		Oberliezheim.
Lauingen.				Obermedlingen.
Donauwörth.	Donauwörth.	Donauwörth.		Oberndorf.
Türkheim.	Mindelheim.	Mindelheim.		Wald.
Buchloe.	Kaufbeuren.	Kaufbeuren.		Oberostendorf.
Türkheim.	Mindelheim.	Mindelheim.		Unterrammingen.
Weissenhorn.	Günzburg.	Illertissen.		Oberreichenbach.
Lindau.	Kempten.	Lindau.		Oberreitnau.
„	„	„		Oberreute.
Mindelheim.	Mindelheim.	Mindelheim.		Oberrieden.
Höchstädt.	Donauwörth.	Dillingen.	Kath. Fronbof. u. Pr. Unteringingen.	
Ursberg.	Mindelheim.	Zusmarshausen.		Ursberg.
Illertissen.	Günzburg.	Illertissen.		Oberroth.
„	Ottobeuren.	„		Dietershofen.
Zusmarshausen.	Mindelheim.	Zusmarshausen.		Oberschöneberg.
Immenstadt.	Kempten.	Kempten.		Oberstdorf.
Neuburg.	Donauwörth.	Neuburg.		Oberstimm.
Oberdorf.	Kempten.	Kaufbeuren.		Oberthingau.
Wertingen.	Augsburg.	Augsburg I.		Oberthürheim.
Wettenhausen.	Dillingen.	Zusmarshausen.		Oberwaldbach.
Weissenhorn.	Günzburg.	Illertissen.		Oberwiesenbach.
Oettingen.	Donauwörth.	Nördlingen.		Oettingen.
Günzburg.	Günzburg.	Günzburg.	Neu-Ulm u. Pfuhl.	Pfuhl.
„				Offingen.
Immenstadt.	Kempten.	Kempten.		Osterschwang.
Illertissen.	Ottobeuren.	Illertissen.		Kirchhaslach.
Ottobeuren.	„	Memmingen.		Ollarsried.
Lindau.	Kempten.	Lindau.		Opfenbach.
Höchstädt.	Donauwörth.	Dillingen.		Oppertshofen.
Neuburg.	„	Neuburg.		Ortlfing.
Wertingen.	Augsburg.	Augsburg I.		Ehingen.
„	„	„		Westendorf.
Illertissen.	Ottobeuren.	Illertissen.		Osterberg.
Wertingen.	Augsburg.	Augsburg I.		Osterbuch.
Kaufbeuren.	Kaufbeuren.	Kaufbeuren.		Osterzell.
Immenstadt.	Kempten.	Kempten.		Ottacker.

Name der Gemeinde.	Eigenschaft	Familien	Seelen	Gehört zum Bezirksamte.	zum Landgerichte.	zum Bezirksgerichte.
Otting	Pfarrdorf.	113	493	Donauwörth.	Monheim.	Donauwörth.
Ottmarshausen .	"	72	325	Augsburg.	Augsburg.	Augsburg.
Ottmarshausen .	"	82	286	"	Schwabmünchen	"
Ottobeuren . .	Markt.	421	1473	Memmingen.	Ottobeuren.	Memmingen.
Oxenbrunn . .	Pfarrdorf.	50	250	Günzburg.	Günzburg.	Augsburg.
Petersthal . . .	"	201	858	Sonthofen.	Sonthofen.	Kempten.
Peterswörth . .	"	93	395	Dillingen.	Lauingen.	Donauwörth.
Pfäfflingen . .	"	103	418	Nördlingen.	Oettingen.	"
Pfaffenhausen .	Markt.	200	766	Mindelheim.	Mindelheim.	Memmingen.
Pfaffenhofen .	Pfarrdorf.	84	356	Neu-Ulm.	Neu-Ulm.	Augsburg.
Pfaffenhofen . .	"	128	614	Wertingen.	Wertingen.	"
Pfersee . . .	"	295	996	Augsburg.	Augsburg.	"
Pforzen . . ●.	"	139	554	Kaufbeuren.	Kaufbeuren.	Kempten.
Pfuhl	"	228	979	Neu-Ulm.	Neu-Ulm.	Augsburg.
Pichl	Dorf.	22	135	Neuburg.	Neuburg.	Donauwörth.
Pleß	Pfarrdorf.	120	560	Illertissen.	Babenhausen.	Memmingen.
Preitenbrunn .	"	219	839	Mindelheim.	Mindelheim.	"
Premach . . .	Dorf.	27	112	Krumbach.	Krumbach.	"
Prettelshofen *) .	"	35	152	Wertingen.	Wertingen.	Augsburg.
Probstried . .	Pfarrdorf.	135	685	Memmingen.	Grönenbach.	Memmingen.
Pronnen **) . .	Dorf.	52	190	Mindelheim.	Mindelheim.	"
Rauhenzell . .	Pfarrdorf.	15	77	Sonthofen.	Sonthofen.	Kempten.
Raunertshofen .	Dorf.	36	138	Neu-Ulm.	Neu-Ulm.	Augsburg.
Rechbergreuthen	Pfarrdorf.	74	282	Dillingen.	Dillingen.	Donauwörth.
Rechtis . . .	"	55	286	Kempten.	Kempten.	Kempten.
Rehau . . .	Dorf.	57	224	Donauwörth.	Monheim.	Donauwörth.
Reichau . . .	Pfarrdorf.	86	303	Illertissen.	Babenhausen.	Memmingen.
Reichenbach . .	Dorf.	26	117	Kaufbeuren.	Kaufbeuren.	Kempten.
Reichertshofen .	Markt.	197	845	Neuburg.	Neuburg.	Donauwörth.
Reichertshofen .	Pfarrdorf.	39	163	Krumbach.	Krumbach.	Memmingen.
Reichholzried .	"	150	710	Memmingen.	Grönenbach.	"
Reimlingen . .	"	172	581	Nördlingen.	Nördlingen.	Donauwörth.
Reinhardshausen .	"	94	409	Augsburg.	Augsburg.	Augsburg.
Reinhardshofen .	Dorf.	95	374	"	Schwabmünchen	"
Reinhardsried .	"	106	457	Oberdorf.	Obergünzburg.	Kempten.
Reisensburg . .	"	151	601	Günzburg.	Günzburg.	Augsburg.
Reistingen . .	Pfarrdorf.	69	285	Dillingen.	Dillingen.	Donauwörth.
Reitenbuch ***) .	Dorf.	50	267	Zusmarshausen.	Zusmarshausen.	Augsburg.
Remnatsried . .	Pfarrdorf.	28	116	Oberdorf.	Oberdorf.	Kempten.
Remshard . .	Dorf.	65	283	Günzburg.	Günzburg.	Augsburg.
Rennertshofen .	Pfarrdorf.	185	684	Donauwörth.	Monheim.	Donauwörth.
Rennertshofen .	"	42	165	Illertissen.	Weißenhorn.	Memmingen.
Rettenbach . .	Markt.	123	464	Memmingen.	Ottobeuren.	"
Rettenbach . .	Pfarrdorf.	146	548	Günzburg.	Günzburg.	Augsburg.
Rettenbach . .	"	132	469	Oberdorf.	Oberdorf.	Kempten.
Rettenberg †) .	"	240	1143	Sonthofen.	Sonthofen.	"
Rettenbergen .	Dorf.	33	141	Augsburg.	Augsburg.	Augsburg.
Reutern . . .	"	106	396	Zusmarshausen.	Zusmarshausen.	"
Reuti	Pfarrdorf.	50	265	Neu-Ulm.	Neu-Ulm.	"
Reutin	"	235	1036	Lindau.	Lindau.	Kempten.

*) Auch Brettelshofen. — **) Auch Bronnen. — ***) 22 Häuser pfarren und schulen nach Kretsried, 2 Häuser nach Ufterbach. — †) Auch Stephansrettenberg.

Gehört

zum Rentamte.	zum Forstamte.	zur Baubehörde.	zur Pfarrei.	zur Schule.
Monheim.	Donauwörth.	Donauwörth.		Otting.
Augsburg.	Augsburg.	Augsburg I.		Ottmarshausen.
Schwabmünchen	"	Augsburg II.		"
Ottobeuren.	Ottobeuren.	Memmingen.		Ottobeuren.
Günzburg.	Günzburg.	Günzburg.		Oxenbrunn.
Immenstadt.	Kempten.	Kempten.		Petersthal.
Lauingen.	Dillingen.	Dillingen.		Peterswörth.
Oettingen.	Donauwörth.	Nördlingen.		Pfäfflingen.
Mindelheim.	Mindelheim.	Mindelheim.		Pfaffenhausen.
Roggenburg.	Günzburg.	Günzburg.		Pfaffenhofen.
Wertingen.	Augsburg.	Augsburg I.		"
Augsburg.	"	Augsburg II.		Pfersee.
Kaufbeuren.	Kaufbeuren.	Kaufbeuren.		Pforzen.
Günzburg.	Günzburg.	Günzburg.		Pfuhl.
Neuburg.	Donauwörth.	Neuburg.		Manching.
Illertissen.	Ottobeuren.	Illertissen.		Pleß.
Mindelheim.	Mindelheim.	Mindelheim.		Breitenbrunn.
Ursberg.	"	Zusmarshausen.		Ursberg.
Wertingen.	Augsburg.	Augsburg I.		Prettelshofen.
Kempten.	Ottobeuren.	Memmingen		Probstried.
Mindelheim.	Mindelheim.	Mindelheim.	Pfaffenhausen.	Pronen.
Immenstadt.	Kempten.	Kempten.		Rauhenzell.
Roggenburg.	Günzburg.	Günzburg.	Pfaffenhofen.	Roth.
Dillingen.	Dillingen.	Dillingen.		Rechbergreuthen.
Kempten.	Kempten.	Kempten.		Rechtis.
Monheim.	Donauwörth.	Donauwörth.		Weilheim.
Illertissen.	Ottobeuren.	Illertissen.		Reichau.
Kaufbeuren.	Kaufbeuren.	Kaufbeuren.		Stöttwang.
Neuburg.	Donauwörth.	Neuburg.		Reichertshofen.
Ursberg.	Mindelheim.	Zusmarshausen.		"
Kempten.	Ottobeuren.	Memmingen.		Reichholzried.
Nördlingen.	Donauwörth.	Nördlingen.		Reimlingen.
Augsburg.	Augsburg.	Augsburg II.		Reinhardshausen.
Schwabmünchen	"	Augsburg II.	Großaitingen.	Reinhardshofen.
Oberdorf.	Kempten.	Kaufbeuren.	Unterthingau.	Reinhardsried.
Günzburg.	Günzburg.	Günzburg.	Günzburg.	Reisensburg.
Dillingen.	Dillingen.	Dillingen.		Reistingen.
Zusmarshausen.	Augsburg.	Zusmarshausen.		Aretsried und Usterbach.
Oberdorf.	Kaufbeuren.	Füssen.		Remnatsried.
Günzburg.	Günzburg.	Günzburg.		Remshard.
Monheim.	Donauwörth.	Donauwörth.		Rennertshofen.
Weissenhorn.	Günzburg.	Illertissen.		"
Ottobeuren.	Kaufbeuren.	Memmingen.		Rettenbach.
Günzburg.	Günzburg.	Günzburg.		"
Oberdorf.	Kaufbeuren.			
Immenstadt.	Kempten.	Kempten.		Rettenberg.
Augsburg.	Augsburg.	Augsburg I.		Batzenhofen.
Zusmarshausen.	"	Zusmarshausen.	Welden.	Reutern.
Günzburg.	Günzburg.	Günzburg.		Reuti.
Lindau	Kempten.	Lindau.		Reutin.

Name der Gemeinde.	Eigenschaft	Zahl nach der neuesten Volkszählung Häuser	Seelen	Gehört zum Bezirksamte.	zum Landgerichte.	zum Bezirksgerichte.
Rieblingen . . .	Dorf.	96	379	Wertingen.	Wertingen.	Augsburg.
Ried	Pfarrdorf.	57	244	Günzburg.	Burgau.	"
Ried	"	93	441	Neuburg.	Neuburg.	Donauwörth.
Ried	Dorf.	84	303	Krumbach.	Krumbach.	Memmingen.
Ried	"	71	300	Zusmarshausen.	Zusmarshausen.	Augsburg.
Ried	"	18	70	Donauwörth.	Monheim.	Donauwörth.
Rieden	Pfarrdorf.	52	245	Kaufbeuren.	Kaufbeuren.	Kempten.
Rieden a. b. Kötz	"	114	477	Günzburg.	Günzburg.	Augsburg.
Rieden	"	130	474	Füssen.	Füssen.	Kempten.
Riedensheim . .	Dorf.	44	216	Neuburg.	Neuburg.	Donauwörth.
Rieder	"	71	276	Oberdorf.	Oberdorf.	Kempten.
Riedhausen . .	Pfarrdorf.	56	230	Günzburg.	Günzburg.	Augsburg.
Riedheim . . .	"	113	435	"	"	"
Riedlingen . .	"	94	487	Donauwörth.	Donauwörth.	Donauwörth.
Riedsend . . .	Dorf.	41	213	Dillingen.	Dillingen.	"
Ritzisried . . .	Pfarrdorf.	66	256	Illertissen.	Illertissen.	Memmingen.
Röfingen . . .	"	91	357	Günzburg.	Burgau.	Augsburg.
Rögling . . .	"	167	563	Donauwörth.	Monheim.	Donauwörth.
Röthenbach . .	"	251	1403	Lindau.	Weiler.	Kempten.
Roggden . . .	Pfarrdorf.	72	301	Wertingen.	Wertingen.	Augsburg.
Rohrbach . . .	"	64	260	Donauwörth.	Monheim.	Donauwörth.
Rohrbach . . .	Dorf.	56	217	Nördlingen.	Nördlingen.	"
Rohrenfels . .	Pfarrdorf.	98	446	Neuburg.	Neuburg.	"
Rommelsried . .	"	76	266	Zusmarshausen.	Zusmarshausen.	Augsburg.
Ronheim . . .	Dorf.	24	118	Donauwörth.	Donauwörth.	Donauwörth.
Ronsberg . . .	Pfarrdorf.	164	700	Oberdorf.	Obergünzburg.	Kempten.
Rosshaupten . .	"	205	947	Füssen.	Füssen.	"
Rosshaupten . .	Dorf.	62	300	Günzburg.	Burgau.	Augsburg.
Roth	"	89	389	Neu-Ulm.	Neu-Ulm.	"
Rudelstetten . .	"	78	276	Nördlingen.	Nördlingen.	Donauwörth.
Ruderatshofen .	Pfarrdorf.	156	666	Oberdorf.	Oberdorf.	Kempten.
Rückholz . . .	"	96	479	Füssen.	Füssen.	Kempten.
Salgen . . .	Dorf.	116	436	Mindelheim.	Mindelheim.	Memmingen.
Saulengrain . .	"	25	91	"	"	"
Schabringen . .	Pfarrdorf.	42	202	Dillingen.	Dillingen.	Donauwörth.
Schäfstall . . .	"	37	160	Donauwörth.	Donauwörth.	"
Schafhausen . .	Kirchdorf.	41	168	Nördlingen.	Nördlingen.	"
Scheffau . . .	Pfarrdorf.	98	399	Lindau.	Weiler.	Kempten.
Scheidegg . . .	"	372	1385	"	"	"
Schellenbach*) .	Weiler.	51	217	Krumbach.	Krumbach.	Memmingen.
Scheppach . . .	Pfarrdorf.	244	969	Günzburg.	Burgau.	Augsburg.
Scherstetten . .	"	134	487	Mindelheim.	Türkheim.	"
Schiessen . . .	"	153	577	Illertissen.	Weissenhorn.	Memmingen.
Schlegelsberg .	Dorf.	41	193	Memmingen.	Ottobeuren.	"
Schlingen . . .	Pfarrdorf.	90	400	Kaufbeuren.	Kaufbeuren.	Kempten.
Schlipsheim . .	Dorf.	114	350	Augsburg.	Augsburg.	Augsburg.
Schmähingen . .	Pfarrdorf.	82	290	Nördlingen.	Nördlingen.	Donauwörth.
Schneckenhofen .	Dorf.	36	144	Günzburg.	Günzburg.	Augsburg.
Schmuttenbach .	"	27	132	"	Burgau.	"
Schöllang . . .	Pfarrdorf.	183	696	Sonthofen.	Sonthofen.	Kempten.

*) Auch Vorder- und Hinter-Schellenbach.

Gehört

zum Rentamte.	zum Forstamte.	zur Baubehörde.	zur Pfarrei.	zur Schule.
Wertingen.	Augsburg.	Augsburg I.	Prettelshofen.	
Wettenhausen.	Dillingen.	Zusmarshausen.	Ried.	
Neuburg.	Donauwörth.	Neuburg.	"	
Ursberg.	Mindelheim.	Zusmarshausen.	Ettenbeuren.	Behlingen.
Zusmarshausen.	Augsburg.	"	Ried.	
Monheim.	Donauwörth.	Donauwörth.	Monheim.	
Kaufbeuren.	Kaufbeuren.	Kaufbeuren.	Rieden.	
Günzburg.	Günzburg.	Günzburg.	Rieden a. b. K.	
Füssen.	Kaufbeuren.	Füssen.	Rieden.	
Neuburg.	Donauwörth.	Neuburg.	Riedensheim.	
Oberdorf.	Kaufbeuren.	Füssen.	Oberdorf.	Rieder.
Günzburg.	Günzburg.	Günzburg.	Riedhausen.	
Günzburg.	"	"	Riedheim.	
Donauwörth.	Donauwörth.	Donauwörth.	Wörnitzstein.	Rieblingen.
Dillngen.	Dillingen.	Dillingen.	Wengen.	
Weissenhorn.	Günzburg.	Illertissen.	Unterroth.	Ritzisrieb.
Wettenhausen.	Dillingen.	Zusmarshausen.	Röfingen.	
Monheim.	Donauwörth.	Donauwörth.	Rögling.	
Lindau.	Kempten.	Lindau.	Röthenbach.	
Wertingen.	Augsburg.	Augsburg I.	Zusamaltheim.	Roggben.
Monheim.	Donauwörth.	Donauwörth.	Rohrbach.	
Nördlingen.	"	"	Schaffhausen.	
Neuburg.	"	Neuburg.	Rohrenfels.	
Zusmarshausen.	Augsburg.	Zusmarshausen.	Rommelsrieb.	
Donauwörth.	Donauwörth.	Donauwörth.	Harburg.	
Ottobeuren.	Ottobeuren.	Kaufbeuren.	Ronsberg.	
Füssen.	Kaufbeuren.	Füssen.	Roßhaupten.	
Wettenhausen.	Dillingen.	Zusmarshausen.	Röfingen.	
Günzburg.	Günzburg.	Günzburg.	Pfaffenhofen.	Roth.
Dettingen.	Donauwörth.	Nördlingen.	Rubelstetten.	
Oberdorf.	Kaufbeuren.	Füssen.	Ruberatshofen.	
Füssen.	"	"	Seeg.	Rückholz.
Mindelheim.	Mindelheim.	Mindelheim.	Pfaffenhausen.	Salgen.
"	"	"	Köngetried.	
Dillingen.	Dillingen.	Dillingen.	Bergheim.	Schabringen
Donauwörth.	Donauwörth.	Donauwörth.	Schäffstall.	
Nördlingen.	"	"	Schafhausen.	
Lindau.	Kempten.	Lindau.	Scheffau.	
"	"	"	Scheidegg.	
Ursberg.	Mindelheim.	Zusmarshausen.	Ziemetshausen	
Wettenhausen.	Dillingen.	"	Scheppach.	
Türkheim.	Mindelheim.	Mindelheim.	Scherstetten.	
Weissenhorn.	Günzburg.	Illertissen.	Schiessen.	
Ottobeuren.	Mindelheim.	Memmingen.	Erkheim.	Schlegelsberg.
Kaufbeuren.	Kaufbeuren.	Kaufbeuren.	Schlingen.	
Augsburg.	Augsburg.	Augsburg I.	Hainhofen.	
Nördlingen.	Donauwörth.	Nördlingen.	Schmähingen.	
Günzburg.	Günzburg.	Günzburg.	Großkissendorf.	
Wettenhausen.	Dillingen.	Zusmarshausen.	Gundremmingen.	
Immenstadt.	Kempten.	Kempten.	Schöllang.	

Name der Gemeinde.	Eigen-schaft	Zählt nach der neuesten Volks-zählung. Familien	Seelen.	Gehört zum Bezirksamte.	zum Landgerichte.	zumBezirks-gerichte.
Schönau . . .	Dorf.	36	252	Lindau.	Weiler.	Kempten.
Schönebach . .	„	32	169	Zusmarshausen.	Zusmarshausen.	Augsburg.
Schöneberg . .	„	84	353	Mindelheim.	Mindelheim.	Memmingen.
Schönenberg . .	Pfarrdorf.	69	259	Günzburg.	Burgau.	Augsburg.
Schopflohe . .	„	75	332	Nördlingen.	Oettingen.	Donauwörth.
Schrattenhofen .	Dorf.	33	122	„	Nördlingen.	„
Schretzheim . .	„	96	430	Dillingen.	Dillingen.	„
Schwabegg . .	Pfarrdorf.	146	488	Mindelheim.	Türkheim.	Augsburg.
Schwabmühlhaus.	„	90	431	Augsburg.	Schwabmünchen	„
Schwabmünchen	Markt.	624	2472	„	„	„
Schwaighausen .	Dorf.	54	212	Memmingen.	Ottobeuren.	Memmingen.
Schweinspaint .	„	96	355	Donauwörth.	Neuheim.	Donauwörth.
Schwennenbach .	Pfarrdorf.	74	281	Dillingen.	Höchstädt.	„
Schwenningen .	„	140	673	„	Höchstädt.	„
Schwörsheim . .	Dorf.	116	482	Nördlingen.	Oettingen.	„
Seeg	Pfarrdorf.	303	1106	Füssen.	Füssen.	Kempten.
Seestall . . .	Dorf.	71	307	Kaufbeuren.	Buchloe.	Augsburg.
Seglohe . . .	„	38	153	Nördlingen.	Oettingen.	Donauwörth.
Seiboldsdorf . .	Pfarrdorf.	37	135	Neuburg.	Neuburg.	„
Seifertshofen .	Dorf.	44	188	Wertingen.	Weissenborn.	Memmingen.
Senden	Pfarrdorf.	81	451	Neu-Ulm.	Neu-Ulm.	Augsburg.
Siebnach . . .	„	138	463	Mindelheim.	Türkheim.	„
Siegertshofen .	„	76	268	Augsburg.	Schwabmünchen	„
Sielheim . . .	Dorf.	53	209	Neu-Ulm.	Neu-Ulm.	„
Sigmarszell . .	Pfarrdorf.	84	359	Lindau.	Lindau.	Kempten.
Simmerberg . .	„	319	1638	„	Weiler.	„
Sinning . . .	„	91	389	Neuburg.	Neuburg.	Donauwörth.
Sonderheim . .	„	38	178	Dillingen.	Höchstädt.	„
Sontheim . . .	„	169	743	Memmingen.	Ottobeuren.	Memmingen.
Sontheim . . .	Dorf.	81	312	Wertingen.	Wertingen.	Augsburg.
Sonthofen . .	Markt.	597	2511	Sonthofen.	Sonthofen.	Kempten.
Spöck	Dorf.	33	157	Mindelheim.	Türkheim.	Augsburg.
Stadtbergen . .	Pfarrdorf.	119	529	Augsburg.	Augsburg.	„
Staufen . . .	Markt.	504	1798	Sonthofen.	Immenstadt.	Kempten.
Staufen . . .	Pfarrdorf.	81	348	Dillingen.	Lauingen.	Donauwörth.
Stein	„	142	545	Sonthofen.	Immenstadt.	Kempten.
Steinach . . .	Dorf.	282	991	Füssen.	Füssen.	„
Steinbach . . .	Pfarrdorf.	54	290	Memmingen.	Grönenbach.	Memmingen.
Steinbach . . .	Dorf.	124	413	Oberdorf.	Oberdorf.	Kempten.
Steinekirch . .	Pfarrdorf.	89	376	Zusmarshausen.	Zusmarshausen.	Augsburg.
Steinheim . . .	„	206	846	Dillingen.	Höchstädt.	Donauwörth.
Steinheim . . .	„	63	354	Neu-Ulm.	Neu-Ulm.	Augsburg.
Steinheim . . .	„	101	435	Memmingen.	Memmingen.	Memmingen.
Steppach . . .	„	117	535	Augsburg.	Augsburg.	Augsburg.
Stepperg . . .	„	63	281	Neuburg.	Neuburg.	Donauwörth.
Stetten . . .	Dorf.	100	362	Mindelheim.	Mindelheim.	Memmingen.
Stettenhofen . .	„	34	117	Augsburg.	Augsburg.	Augsburg.
Stiefenhofen . .	Pfarrdorf.	187	788	Sonthofen.	Immenstadt.	Kempten.
Stillnau . . .	„	51	221	Dillingen.	Höchstädt.	Donauwörth.
Stockheim . . .	„	89	373	Mindelheim.	Türkheim.	Augsburg.
Stötten . . .	„	180	685	Oberdorf.	Oberdorf.	Kempten.
Stöttwang . .	„	70	245	Kaufbeuren.	Kaufbeuren.	„

Gehört

zum Rentamte.	zum Forstamte.	zur Baubehörde.	zur Pfarrei.	zur Schule.
Lindau.	Kempten.	Lindau.	Grönenbach.	Schönau.
Zusmarshausen.	Mindelheim.	Zusmarshausen.	Ziemetshausen.	Schönebach.
Mindelheim.	„	Mindelheim.	Pfaffenhausen.	Schöneberg.
Wettenhausen.	Günzburg.	Zusmarshausen.		Schönenberg.
Oettingen.	Donauwörth.	Nördlingen		Schopflohe.
Nördlingen.	„	„		Herolbingen.
Dillingen.	Dillingen.	Dillingen.	Donaualtheim.	Schretzheim.
Türkheim.	Mindelheim.	Mindelheim.	Konradshofen.	Schwabegg.
Schwabmünchen	„	Augsburg II.		Schwaburühlhausen.
„	Augsburg.	„		Schabmünchen.
Ottobeuren.	Ottobeuren.	Memmingen.		Holzgünz.
Monheim.	Donauwörth.	Donauwörth.		Marrheim.
Höchstädt.	Dillingen.	Dillingen.		Schwenneubach.
„	„	„		Schwenningen.
Oettingen.	Donauwörth.	Nördlingen.	Heimsfarth.	Schwörsheim.
Füssen.	Kaufbeuren.	Füssen.		Seeg.
Buchloe.	„	Kaufbeuren.	Asch.	Seeflall.
Oettingen.	Donauwörth.	Nördlingen.		Hausen.
Neuburg.	„	Neuburg.	Seibolbsdorf.	Ebelirchen.
Weissenhorn.	Günzburg.	Illertissen.		Ebershausen.
Illertissen.	„	Günzburg.		Senden.
Türkheim.	Mindelheim.	Mindelheim.		Eisenach.
Schwabmünchen	Augsburg.	Augsburg II.		Siegertshofen.
Roggenburg.	Günzburg.	Günzburg.	Pfaffenhofen.	Roth.
Lindau.	Kempten.	Lindau.		Sigmarszell.
„	„	„	Weiler.	Simmerberg.
Neuburg.	Donauwörth.	Neuburg.		Sinning.
Höchstädt.	Dillingen.	Dillingen.		Sonderheim.
Ottobeuren.	Ottobeuren.	Kaufbeuren.		Sontheim.
Wertingen.	Augsburg.	Augsburg I.		Zusamaltheim.
Immenstadt.	Kempten.	Kempten.		Sonthofen.
Türkheim.	Mindelheim.	Mindelheim.		Kirchheim.
Augsburg.	Augsburg.	Augsburg II.		Stadtbergen.
Immenstadt.	Kempten.	Kempten.		Staufen.
Laningen.	Dillingen.	Dillingen.		„
Immenstadt.	Kempten.	Kempten.		Stein.
Füssen.	Kaufbeuren.	Füssen.	Berg.	Pfr. Ried.
Memmingen.	Kempten.	Memmingen.		Steinbach.
Oberdorf.	Kaufbeuren.	Füssen.		Stötten.
Zusmarshausen	Augsburg.	Zusmarshausen.		Steinekirch.
Höchstädt.	Dillingen.	Dillingen.		Steinheim.
Günzburg.	Günzburg.	Günzburg.		„
Ottobeuren.	Ottobeuren.	Memmingen.		„
Augsburg.	Augsburg.	Augsburg II.		Steppach.
Neuburg.	Donauwörth.	Neuburg.		Stepperg.
Mindelheim.	Mindelheim.	Mindelheim.	Oberauerbach.	Stetten.
Augsburg.	Augsburg.	Augsburg I.	Gablingen.	Stettenhofen.
Immenstadt.	Kempten.	Kempten.		Stiefenhofen.
Höchstädt.	Donauwörth.	Dillingen.		Stillnau.
Türkheim.	Mindelheim.	Mindelheim.		Stockheim.
Oberdorf.	Kaufbeuren.	Füssen.		Stötten.
Kaufbeuren.	„	Kaufbeuren.		Stöttwang.

Name der Gemeinde.	Eigen-schaft	Zählt nach der neuesten Volks-zählung Familien	Seelen	Gehört zum Bezirksamte.	zum Landgerichte.	zum Bezirks-gerichte.
Stoffenried . .	Pfarrdorf.	82	353	Jllertissen.	Weissenhorn.	Memmingen.
Strass	„	49	199	Neuburg.	Neuburg.	Donauwörth.
Strass	„	74	829	Neu-Ulm.	Neu-Ulm.	Augsburg.
Strassberg . .	„	104	396	Augsburg.	Schwabmünchen	„
Streitheim . .	„	52	199	Zusmarshausen.	Zusmarshausen.	„
Sulzberg . . .	„	298	1403	Kempten.	Kempten.	Kempten.
Sulzdorf . . .	„	82	356	Donauwörth.	Donauwörth.	Donauwörth.
Sulzschneid . .	„	82	349	Oberdorf.	Oberdorf.	Kempten.
Tafertingen . .	„	74	362	Augsburg.	Augsburg.	Augsburg.
Tafertshofen . .	„	70	300	Jllertissen.	Weissenhorn.	Memmingen.
Tagmersheim .	„	165	578	Donauwörth.	Monheim.	Donauwörth.
Tapfheim . . .	„	215	964	Dillingen.	Höchstädt.	„
Thal	Dorf.	38	152	Jllertissen.	Jllertissen.	Memmingen.
Thalfingen . .	Pfarrdorf.	83	379	Neu-Ulm.	Neu-Ulm.	Augsburg.
Thalheim . .	Dorf.	35	135	Dillingen.	Höchstädt.	Donauwörth.
Thalhofen . .	Pfarrdorf.	85	331	Oberdorf.	Oberdorf.	Kempten.
Thalhofen . .	Dorf.	59	181	Kaufbeuren.	Kaufbeuren.	Kempten.
Thalkirchdorf .	Pfarrdorf.	162	686	Sonthofen.	Immenstadt.	„
Thann	„	84	341	Lindau.	Lindau.	„
Thannhausen .	Markt.	368	1463	Krumbach.	Krumbach.	Memmingen.
Tiefenbach . .	Pfarrdorf.	99	355	Jllertissen.	Jllertissen.	„
Tiefenbach . .	„	103	483	Sonthofen.	Immenstadt.	Kempten.
Tiefenried . .	Dorf.	36	143	Krumbach.	Krumbach.	Memmingen.
Traunried . . .	„	51	201	Mindelheim.	Türkheim.	Augsburg.
Trugenhofen . .	Pfarrdorf.	83	289	Donauwörth.	Monheim.	Donauwörth.
Trunkelsberg .	Dorf.	107	368	Memmingen.	Memmingen.	Memmingen.
Türkheim . . .	Markt.	352	1344	Mindelheim.	Türkheim.	Augsburg.
Tussenhausen .	„	226	768	Mindelheim.	„	Memmingen.
Ueberbach . .	Dorf.	61	289	Memmingen.	Grönenbach.	Memmingen.
Umenhofen . .	„	30	168	Kaufbeuren.	Buchloe.	Augsburg.
Ungerhausen .	Pfarrdorf.	81	350	Memmingen.	Ottobeuren.	Memmingen.
Unterauerbach .	Dorf.	85	131	Mindelheim.	Mindelheim.	„
Unterbechingen .	Pfarrdorf.	111	421	Dillingen.	Lauingen.	Donauwörth.
Unterbissingen .	Dorf.	69	312	Dillingen.	Höchstädt.	„
Unterblaichen .	Pfarrdorf.	61	225	Krumbach.	Krumbach.	Memmingen.
Unterdiessen .	„	116	390	Kaufbeuren.	Buchloe.	Augsburg.
Unteregg . . .	„	63	290	Memmingen.	Ottobeuren.	Memmingen.
Untereichen . .	„	31	131	Jllertissen.	Jllertissen.	„
Unterelchingen .	„	164	657	Neu-Ulm.	Neu-Ulm.	Augsburg.
Unterfahlheim .	Dorf.	42	184	„	„	„
Unterfinningen .	„	95	356	Dillingen.	Höchstädt.	Donauwörth.
Untergermaringen	Pfarrdorf	73	266	Kaufbeuren.	Kaufbeuren.	Kempten.
Unterglauheim .	Dorf.	88	383	Dillingen.	Höchstädt.	Donauwörth.
Unterhausen .	Pfarrdorf.	51	197	Neuburg.	Neuburg.	„
Unterkamlach .	Dorf.	137	538	Mindelheim.	Mindelheim.	Memmingen.
Unterknöringen .	Pfarrdorf.	139	537	Günzburg.	Burgau.	Augsburg.
Unterliezheim .	„	91	351	Dillingen.	Höchstädt.	Donauwörth.
Untermagerbein .	„	61	261	Nördlingen.	Nördlingen	„
Untermaxfeld .	„	160	929	Neuburg.	Neuburg.	„
Untermedlingen .	Dorf.	71	253	Dillingen.	Lauingen.	„
Untermeitingen .	Pfarrdorf.	164	634	Augsburg.	Schwabmünchen	Augsburg.
Unterostendorf .	Dorf.	25	127	Kaufbeuren.	Buchloe.	Augsburg.

Gehört

zum Rentamte.	zum Forstamte.	zur Baubehörde.	zur Pfarrei.	zur Schule.
Weissenhorn.	Günzburg.	Memmingen.		Stoffenried.
Neuburg.	Donauwörth.	Neuburg.		Straß.
Günzburg.	Günzburg.	Günzburg.		"
Schwabmünchen	Augsburg.	Augsburg II.	Bobingen.	Straßberg.
Zusmarshausen.	"	Zusmarshausen.	Horgau.	Streitheim.
Kempten.	Kempten.	Kempten.		Sulzberg.
Donauwörth.	Donauwörth.	Donauwörth.		Sulzdorf.
Oberdorf.	Kaufbeuren.	Füssen.		Sulzschneid.
Augsburg.	Augsburg.	Augsburg.		Täsertingen.
Weissenhorn.	Günzburg.	Illertissen.		Tafertshofen.
Monheim.	Donauwörth.	Donauwörth.		Tagmersheim.
Höchstädt.	Dillingen.	Dillingen.		Tapfheim.
Illertissen.	Günzburg.	Illertissen.		Illerberg.
Günzburg.	"	Günzburg.		Thalfingen.
Höchstädt.	Donauwörth.	Dillingen.	Kath. Fronhofen. Prot. Unterringingen.	Thalhofen.
Oberdorf.	Kaufbeuren.	Füssen.		Stöttwang.
Kaufbeuren.	Kaufbeuren.	Kaufbeuren.		Thalkirchdorf.
Immenstadt.	Kempten.	Kempten.		Thann.
Lindau.	"	Lindau.		Thannhausen.
Ursberg.	Mindelheim.	Zusmarshausen.		Tiefenbach.
Illertissen.	Günzburg.	Illertissen.		"
Immenstadt.	Kempten.	Kempten.		"
Ursberg.	Mindelheim.	Zusmarshausen.	Kirchheim.	"
Türkheim.	"	Mindelheim.	Siebnach.	"
Monheim.	Donauwörth.	Donauwörth.		Truzenhofen.
Ottobeuren.	Ottobeuren.	Memmingen.	Amendingen.	Trunkelsberg.
Türkheim.	Mindelheim.	Mindelheim.		Türkheim.
"	"	"		Tussenhausen.
Kempten.	Ottobeuren.	Memmingen.	Dietmannsried.	Ueberbach.
Buchloe.	Kaufbeuren.	Kaufbeuren.		Jengen.
Ottobeuren.	Ottobeuren.	Memmingen.		Unzerhausen.
Mindelheim.	Mindelheim.	Mindelheim.		Oberauerbach.
Lauingen.	Dillingen.	Dillingen.		Unterbechingen.
Höchstädt.	Donauwörth.	"		Bissingen.
Ursberg.	Mindelheim.	Zusmarshausen.		Unterblaichen.
Buchloe.	Kaufbeuren.	Kaufbeuren.		Unterrießen.
Ottobeuren.	"	Memmingen.		Unteregg.
Illertissen.	Ottobeuren.	Illertissen.		Untereichen.
Günzburg.	Günzburg.	Günzburg.		Unterelchingen.
				Oberfahlheim.
Höchstädt.	Dillingen.	Dillingen.		Unterfinningen.
Kaufbeuren.	Kaufbeuren.	Kaufbeuren.		Untergermaringen.
Höchstädt.	Dillingen.	Dillingen.	Blindheim.	Unterglauheim.
Neuburg.	Donauwörth.	Neuburg.		Unterhausen.
Mindelheim.	Mindelheim.	Mindelheim.	Oberkammlach.	Unterkammlach.
Wettenhausen.	Günzburg.	Zusmarshausen.		Unterknöringen.
Höchstädt.	Dillingen.	Dillingen.		Unterliezheim.
Nördlingen.	Donauwörth.	Nördlingen.		Untermagerbein.
Neuburg.	"	Neuburg.		Untermaxfeld.
Lauingen.	Dillingen.	Dillingen.	Obermedlingen.	Untermedlingen.
Schwabmünchen	Augsburg.	Augsburg II.		Untermeitingen.
Buchloe.	Kaufbeuren.	Kaufbeuren.		Oberostendorf.

Name der Gemeinde.	Eigenschaft	Familien	Seelen	zum Bezirksamte.	zum Landgerichte.	zum Bezirks= gerichte.
Unterramming en	Pfarrdorf.	88	386	Mindelheim.	Türkheim.	Augsburg.
Unterreitnau . .	"	98	411	Lindau.	Lindau.	Kempten.
Unterrieden . .	"	83	326	Mindelheim.	Mindelheim.	Memmingen.
Unterringingen .	"	45	181	Dillingen.	Höchstädt.	Donauwörth.
Unterrohr . . .	Dorf.	68	231	Günzburg.	Burgau.	Augsburg.
Unterroth . . .	Pfarrdorf.	143	580	Illertissen.	Illertissen.	Memmingen.
Unterschöneberg	Dorf.	95	349	Zusmarshausen.	Zusmarshausen.	Augsburg.
Unterstall . . .	Pfarrdorf.	85	349	Neuburg.	Neuburg.	Donauwörth.
Unterthingau .	"	159	653	Oberdorf.	Obergünzburg.	Kempten.
Unterthürheim .	"	163	658	Wertingen.	Wertingen.	Augsburg.
Unterwiesenbach	Dorf.	83	345	Illertissen.	Weissenhorn.	Memmingen.
Untrasried . .	Pfarrdorf.	133	614	Oberdorf.	Obergünzburg.	Kempten.
Ursberg . . .	"	56	206	Krumbach	Krumbach.	Memmingen.
Ustersbach . .	"	114	492	Zusmarshausen.	Zusmarshausen	Augsburg.
Uttenhofen . .	Dorf.	48	210	Zusmarshausen.	Zusmarshausen.	"
Utzwingen . .	Pfarrdorf.	105	409	Nördlingen.	Oettingen.	Donauwörth.
Vallried . . .	Dorf.	27	144	Zusmarshausen.	Zusmarshausen.	Augsburg.
Veitriedhausen .	"	24	149	Dillingen.	Lauingen.	Donauwörth.
Villenbach . .	Pfarrdorf.	93	403	Wertingen.	Wertingen.	Augsburg.
Vöhringen . .	"	151	656	Illertissen.	Illertissen.	Memmingen.
Volkertshofen .	Dorf.	50	165	Neu-Ulm.	Neu-Ulm.	Augsburg.
Volkratshofen .	Pfarrdorf.	61	411	Memmingen.	Memmingen.	Memmingen.
Vorderburg . .	"	136	635	Sonthofen.	Sonthofen.	Kempten.
Waal	Markt.	246	961	Kaufbeuren.	Buchloe.	Augsburg.
Waalhaupten .	Pfarrdorf.	44	232	Kaufbeuren.	Kaufbeuren.	"
Wagenhofen . .	"	52	229	Neuburg.	Neuburg.	Donauwörth.
Wald	Markt.	146	512	Mindelheim.	Türkheim.	Augsburg.
Wald	Pfarrdorf.	152	620	Oberdorf.	Oberdorf.	Kempten.
Waldberg . . .	"	96	337	Augsburg.	Augsburg.	Augsburg.
Waldkirch . .	"	71	311	Günzburg.	Burgau.	"
Waldstetten . .	Markt.	201	880	Günzburg.	Günzburg.	"
Walkertshofen .	Pfarrdorf.	148	545	Krumbach.	Krumbach.	Memmingen.
Wallenhausen .	"	106	344	Illertissen.	Weissenhorn.	"
Wallerstein . .	Markt.	380	1351	Nördlingen.	Nördlingen.	Donauwörth
Waltenhausen .	Pfarrdorf.	108	359	Krumbach.	Krumbach.	Memmingen.
Waltenhofen . .	"	290	1203	Kempten.	Kempten.	Kempten.
Waltrams . . .	Dorf.	22	99	"	"	"
Warching . . .	"	48	168	Donauwörth.	Monheim.	Donauwörth.
Warmisried . .	Pfarrdorf.	104	370	Mindelheim.	Mindelheim.	Memmingen.
Warnhofen . .	Dorf.	28	128	Dillingen.	Höchstädt.	Donauwörth.
Wasserburg . .	"	82	268	Günzburg.	Günzburg.	Augsburg.
Wattenweiler .	Pfarrdorf	134	542	Illertissen.	Weissenhorn.	Memmingen.
Wechingen . .	"	150	553	Nördlingen.	Oettingen.	Donauwörth.
Wehringen . .	"	188	724	Augsburg.	Schwabmünchen	Augsburg.
Weichering . .	"	124	510	Neuburg.	Neuburg.	Donauwörth.
Weicht	"	63	270	Mindelheim.	Türkheim.	Augsburg.
Weilbach . . .	Dorf.	39	131	Mindelheim.	Mindelheim.	Memmingen.
Weiler	Markt.	184	999	Lindau.	Weiler.	Kempten.
Weiler	Dorf.	26	83	Illertissen.	Babenhausen	Memmingen.
Weiler	"	49	194	"	Illertissen	"
Weilheim . . .	"	63	281	Donauwörth.	Monheim.	Donauwörth.
Weinhausen . .	Pfarrdorf.	29	151	Kaufbeuren.	Kaufbeuren.	Kempten.

G e h ö r t

zum Rentamte.	zum Forstamte.	zur Baubehörde.	zur Pfarrei.	zur Schule.
Türkheim.	Mindelheim.	Mindelheim.		Unterrammingen.
Lindau.	Kempten.	Lindau.		Unterreitnau.
Mindelheim.	Mindelheim.	Mindelheim.		Unterrieden.
Höchstädt.	Donauwörth.	Dillingen.		Unterringlingen.
Wettenhausen.	Günzburg.	Zusmarshausen.	Ichenhausen.	Ettenbeuren.
Illertissen.	„	Illertissen.		Unterroth.
Zusmarshausen.	Dillingen.	Zusmarshausen.	Violau.	Unterschöneberg.
Neuburg.	Donauwörth.	Neuburg		Unterstall.
Oberdorf.	Kempten.	Kaufbeuren.		Unterthingau.
Wertingen.	Augsburg.	Augsburg I.		Unterthürheim.
Weissenhorn.	Günzburg.	Illertissen.		Oberwiesenbach.
Kempten.	Ottobeuren.	Kaufbeuren.		Untrasried.
Ursberg.	Mindelheim.	Zusmarshausen.		Ursberg.
Zusmarshausen.	Augsburg.	„		Ustersbach.
„	Mindelheim.			Ziemetshausen.
Oettingen.	Donauwörth.	Nördlingen.		Utzwingen.
Zusmarshausen.	Dillingen.	Zusmarshausen.		Zusmarshausen.
Lauingen.	Dillingen.	Dillingen.	Gundelfingen.	Beitriebhausen.
Wertingen.	Augsburg.	Augsburg I.		Villenbach.
Illertissen.	Günzburg.	Illertissen.		Böhringen.
Roggenburg.	Günzburg.	Günzburg.		Pfaffenhofen.
Memmingen.	Ottobeuren.	Memmingen.		Volkratshofen.
Immenstadt.	Kempten.	Kempten.		Vorderburg.
Buchloe.	Kaufbeuren.	Kaufbeuren.		Waal.
„	Kaufbeuren.			Waalhaupten.
Neuburg.	Donauwörth.	Neuburg.		Wagenhofen.
Türkheim.	Mindelheim.	Mindelheim.		Wald.
Oberdorf.	Kaufbeuren.			„
Augsburg.	Augsburg.	Augsburg II.		Waldberg.
Wettenhausen.	Dillingen.	Zusmarshausen.		Waldkirch.
Günzburg.	Günzburg.	Günzburg.		Waldstetten.
Ursberg.	Mindelheim.	Zusmarshausen.		Wallertshofen.
Weissenhorn.	Günzburg.	Illertissen.		Wallenhausen.
Nördlingen.	Donauwörth.	Nördlingen.		Wallerstein.
Mindelheim.	Mindelheim.	Zusmarshausen.		Waltenhausen.
Kempten.	Kempten.	Kempten.		Waltenhofen.
Lindau.	„			Weitnau.
Menheim.	Donauwörth.	Donauwörth.	Monheim.	Warching.
Mindelheim.	Mindelheim.	Mindelheim.		Warmisried.
Höchstädt.	Donauwörth.	Dillingen.	Diemantstein u. Fronhofen.	Unterringlingen.
Günzburg.	Günzburg.	Günzburg.		Wasserburg.
Weissenhorn.	Mindelheim.	Illertissen.		Wattenweiler.
Oettingen.	Donauwörth.	Nördlingen.		Wechingen.
Schwabmünchen	Augsburg.	Augsburg II.		Wehringen.
Neuburg.	Donauwörth.	Neuburg.		Weichering.
Türkheim.	Mindelheim.	Mindelheim.		Weicht.
Mindelheim.	„	„		Pfaffenhausen.
Lindau.	Kempten.	Lindau.		Weiler.
Mindelheim.	Ottobeuren.	Illertissen.		Waltenhausen
Illertissen.	„	„	Osterberg.	Weiler.
Monheim.	Donauwörth.	Donauwörth.		Weilheim.
Kaufbeuren.	Kaufbeuren.	Kaufbeuren.		Weinhausen.

Name der Gemeinde.	Eigen-schaft	Zählt nach der neuesten Volkszählung		Gehört		
		Familien	Seelen	zum Bezirksamte.	zum Landgerichte.	zum Bezirksgerichte.
Weinried . . .	Pfarrdorf.	98	396	Illertissen.	Babenhausen.	Memmingen.
Weissenhorn .	Stadt.	461	1711	Illertissen.	Weissenhorn.	"
Weissensberg .	Pfarrdorf.	144	595	Lindau.	Lindau.	Kempten.
Weissensee . .	"	70	369	Füssen.	Füssen.	"
Weissingen . .	"	143	570	Dillingen.	Dillingen.	Donauwörth.
Weitnau . . .	Markt.	314	1578	Kempten.	Kempten.	Kempten.
Welden . . .	"	182	703	Zusmarshausen.	Zusmarshausen.	Augsburg.
Wemding . . .	Stadt.	579	2130	Donauwörth.	Monheim.	Donauwörth.
Wengen . . .	Pfarrdorf.	144	732	Kempten.	Kempten.	Kempten.
Wengen . . .	"	55	225	Wertingen.	Wertingen.	Augsburg.
Wertach . . .	"	343	1400	Sonthofen.	Sonthofen.	Kempten.
Wertingen . .	Stadt.	420	1662	Wertingen.	Wertingen.	Augsburg.
Westendorf . .	Pfarrdorf.	87	319	Kaufbeuren.	Kaufbeuren.	Kempten.
Westendorf . .	"	122	582	Wertingen.	Wertingen.	Augsburg.
Westerheim . .	"	119	518	Memmingen.	Ottobeuren.	Memmingen.
Westernach . .	"	66	269	Mindelheim.	Mindelheim.	—
Westheim . . .	Dorf.	56	279	Augsburg.	Augsburg.	Augsburg.
Wettenhausen .	Pfarrdorf.	128	491	Günzburg.	Burgau.	"
Wiedergeltingen	"	118	488	Mindelheim.	Türkheim.	"
Wiggensbach .	"	449	1962	Kempten.	Kempten.	Kempten.
Wilpoldsried .	"	192	833	Kempten.	"	"
Wilhams . . .	Dorf.	98	517	Sonthofen.	Immenstadt.	"
Willishausen .	Pfarrdorf.	64	269	Zusmarshausen.	Zusmarshausen.	Augsburg.
Willmetshofen .	"	65	257	Zusmarshausen.	"	"
Willofs . . .	Dorf.	177	741	Oberdorf.	Obergünzburg.	Kempten.
Winden . . .	"	23	110	Neuburg.	Neuburg.	Donauwörth.
Winneden . .	"	28	111	Memmingen.	Ottobeuren.	Memmingen.
Winterbach . .	Pfarrdorf.	79	300	Dillingen.	Dillingen.	Donauwörth.
Winterrieden .	"	90	353	Illertissen.	Babenhausen.	Memmingen.
Winzer . . .	"	93	338	Mindelheim.	Mindelheim.	"
Wittesheim . .	"	69	332	Donauwörth.	Monheim.	Donauwörth.
Wittislingen . .	"	288	1167	Dillingen.	Dillingen.	"
Witzighausen .	"	30	159	Neu-Ulm.	Neu-Ulm.	Augsburg.
Wörishofen . .	"	191	1001	Mindelheim.	Türkheim.	"
Wörleschwang .	"	99	416	Zusmarshausen.	Zusmarshausen.	"
Wörnitzostheim .	"	46	208	Nördlingen.	Nördlingen.	Donauwörth.
Wörnitzstein .	"	141	644	Donauwörth.	Donauwörth.	"
Wohmbrechts .	"	114	573	Lindau.	Lindau.	Kempten.
Wolferstadt . .	Dorf.	175	732	Donauwörth.	Monheim.	Donauwörth.
Wolfertschwenden	Pfarrdorf.	83	331	Memmingen.	Ottobeuren.	Memmingen.
Wollbach . . .	"	50	243	Zusmarshausen.	Zusmarshausen.	Augsburg.
Wollishausen .	Dorf.	69	299	"	"	"
Wollmetshofen .	"	61	224	"	"	"
Wolpertstetten .	"	31	141	Dillingen.	Höchstädt.	Donauwörth.
Woringen . . .	Pfarrdorf.	185	803	Memmingen.	Memmingen.	Memmingen.
Wortlstetten .	"	90	425	Wertingen.	Wertingen.	Augsburg.
Wullenstetten .	"	67	386	Neu-Ulm.	Neu-Ulm.	"
Zaiertshofen .	"	62	241	Illertissen.	Weissenhorn.	Memmingen.
Zaisertshofen .	"	152	567	Mindelheim.	Türkheim.	Augsburg.
Zell	"	119	557	Neuburg.	Neuburg.	Donauwörth.
Zell	"	110	452	Memmingen.	Grönenbach.	Memmingen.
Ziemetshausen .	Markt.	220	797	Krumbach.	Krumbach.	"

Gehört

zum Rentamte.	zum Forstamte.	zur Baubehörde.	zur Pfarrei.	zur Schule.
Mindelheim.	Ottobeuren.	Illertissen.		Weinried.
Weissenhorn.	Günzburg.	"		Weissenhorn.
Lindau.	Kempten.	Lindau.		Weissensberg.
Füssen.	Kaufbeuren.	Füssen.		Weissensee.
Dillingen.	Dillingen.	Dillingen.		Weissingen.
Lindau.	Kempten.	Kempten.		Weitnau.
Zusmarshausen.	Augsburg.	Zusmarshausen.		Welden.
Monheim.	Donauwörth.	Donauwörth.		Wemding.
Kempten.	Kempten.	Kempten.		Wengen.
Wertingen.	Augsburg.	Augsburg I.		"
Immenstadt.	Kempten.	Kempten.		Wertach.
Wertingen.	Augsburg.	Augsburg I.		Wertingen.
Kaufbeuren.	Kaufbeuren.	Kaufbeuren.		Westendorf.
Wertingen.	Augsburg.	Augsburg I.		"
Ottobeuren.	Ottobeuren.	Memmingen.		Westerheim.
Mindelheim.	Mindelheim.	Mindelheim.		Westernach.
Augsburg.	Augsburg.	Augsburg I.		Hainhofen.
Wettenhausen.	Günzburg.	Zusmarshausen.		Wettenhausen.
Türkheim.	Mindelheim.	Mindelheim.		Wiedergeltingen.
Kempten.	Kempten.	Kempten.		Wiggensbach.
"	"	"		Wildpolzried.
Lindau.	"	"	Missen.	Wilhams.
Zusmarshausen.	Augsburg.	Zusmarshausen.		Willishausen.
"				Willmetshofen.
Kempten.	Kaufbeuren.	Kaufbeuren.	Obergünzburg.	Willofs.
Neuburg.	Donauwörth.	Neuburg.		Zuchering.
Ottobeuren.	Kaufbeuren.	Memmingen.		Rettenbach.
Dillingen.	Dillingen.	Dillingen.		Winterbach.
Illertissen.	Ottobeuren.	Illertissen.		Winterrieden.
Mindelheim.	Mindelheim.	Mindelheim.		Winzer.
Monheim.	Donauwörth.	Donauwörth.		Wittesheim.
Dillingen.	Dillingen.	Dillingen.		Wittislingen.
Illertissen.	Günzburg.	Günzburg.	Aufheim.	Witzighausen.
Türkheim.	Mindelheim.	Mindelheim.		Wöriskofen.
Zusmarshausen.	Augsburg.	Zusmarshausen.		Wörleschwang.
Dettingen.	Donauwörth.	Nördlingen.		Wörnitzostheim.
Donauwörth.		Donauwörth.		Wörnitzstein.
Lindau.	Kempten.	Lindau.		Wohmbrechts.
Monheim.	Donauwörth.	Donauwörth.		Wolferstadt.
Ottobeuren.	Ottobeuren.	Memmingen.		Wolfertschwenden.
Zusmarshausen.	Dillingen.	Zusmarshausen.		Wollbach.
"	Augsburg.	"		Dietkirch.
"	"	"	Fischach.	Wollmetshofen.
Höchstädt.	Dillingen.	Dillingen.		Blindheim.
Memmingen.	Ottobeuren.	Memmingen.		Woringen.
Wertingen.	Augsburg.	Augsburg I.	Ehingen.	Wortelstetten.
Illertissen.	Günzburg.	Günzburg.		Wullenstetten.
Weissenhorn.		Illertissen.		Zaiertshofen.
Türkheim.	Mindelheim.	Mindelheim.		Zaisertshofen.
Neuburg.	Donauwörth.	Neuburg.		Zell.
Memmingen.	Ottobeuren.	Memmingen.		"
Ursberg.	Mindelheim.	Zusmarshausen.		Ziemetshausen.

Name der Gemeinde.	Eigenschaft.	Zählt nach der neuesten Volkszählung		Gehört		
		Familien.	Seelen.	zum Bezirksamte.	zum Landgerichte.	zum Bezirksgerichte.
Ziertheim . . .	Pfarrdorf.	76	409	Dillingen.	Lauingen.	Donauwörth.
Zirgesheim . .	"	90	430	Donauwörth.	Donauwörth.	"
Ziswingen . .	Dorf.	58	245	Nördlingen.	Nördlingen.	"
Zöschingen . .	Pfarrdorf.	168	654	Dillingen.	Lauingen.	"
Zoltingen . . .	Dorf.	38	155	"	Höchstädt.	"
Zuchering . .	Pfarrdorf.	120	515	Neuburg.	Neuburg.	"
Zusamaltheim . .	"	113	520	Wertingen.	Wertingen.	Augsburg.
Zusamzell . .		62	276	"	"	"
Zusmarshausen	Markt.	225	951	Zusmarshausen.	Zusmarshausen.	"
Zusum . . .	Weiler.	34	231	Donauwörth.	Donauwörth.	Donauwörth.
Zwergstrass .	Dorf.	33	167	"	Monheim.	Donauwörth.
Zwieselberg .	"	17	108	Füssen.	Füssen.	Kempten.

Verzeichniß

der sämmtlichen Dörfer, Weiler, Schlösser und Einöden des Kreises, welche Gemeinde-Annexen bilden, unter Angabe der Gemeinde, wohin sie gehören.

Name des Ortes.	Eigenschaft desselben.	Gehört zur Gemeinde.	Name des Ortes.	Eigenschaft desselben.	Gehört zur Gemeinde.
Ablermühle . . .	E.	Scheidegg.	Agathazell . . .	D.	Burgberg.
Ablers	W.	"	Ahegg	E.	Buchenberg.
Abholzerhof . .	E.	Brachstatt.	Aheleiten . . .	E.	Sulzberg.
Achbrücke . . .	E.	Reutin.	Ahlingen . .	W.	Mühlenthal.
Achbrücke . . .	E.	Aeschach.	Aich	W.	Stiefenhofen.
Achmühle . . .	E.	Rieden.	Aich	W.	St. Lorenz.
Achrein	M.	Aeschach.	Aichbaindt . . .	W.	Wiggensbach.
Achsenried . . .	W.	Breitenbrunn.	Aichelschwang .	W.	Oberthingau.
Acker	W.	Vorderburg.	Aichhöfe . . .	W.	Schwabmühlhaus
Ackers	E.	Gestraz.	Aichholz . . .	W.	Diemantsried.
Adelberg	W.	Niederstaufen.	Aidmühle . . .	E.	Ebenhausen.
Adelegg	W.	Wiggensbach.	Aigen	W.	Sulzberg.
Adelgunz	W.	Wohmbrechts.	Aigis	D.	Wilhams.
Adelharz	W.	Alams.	Aigolz	W.	Legau.
Adelharz	W.	St. Lorenz.	Aiterberg	W.	Rückholz.
Aeussere Mühle .	E.	Attenhofen.	Aitzenreite . . .	E.	Scheidegg.
Aeussere Mühle .	W.	Weinbing.	Aizisried	W.	Sulzberg.

Anmerkung. Die Bezirksämter, Land- und Bezirksgerichte, Rent- und Forstämter, Baubehörden, Pfarreien, Schulen, zu welchen die Gemeinden gehören, siehe das alphabetische Verzeichniß der Gemeinden S. 118—156.

Erklärung der Buchstaben D., W., Schl., M. u. E.: Dorf, Weiler, Schloß Mühle und Einöde.

Gehört

zum Rentamte.	zum Forstamte.	zur Baubehörde.	zur Pfarrei.	zur Schule.
Lauingen.	Dillingen.	Dillingen.		Ziertheim.
Donauwörth.	Donauwörth.	Donauwörth.		Zirgesheim.
Nördlingen.	Donauwörth.	Nördlingen.		Mönchsdeggingen.
Lauingen.	Dillingen.	Dillingen.		Böschingen
Höchstädt.	Donauwörth.	Dillingen.		Unterringingen.
Neuburg.	Donauwörth.	Neuburg.		Buchering.
Wertingen.	Augsburg.	Augsburg I.		Zusamaltheim
	"	Augsburg I.		Zusamzell.
"	"	Zusmarshausen.		Zusmarshausen.
Donauwörth.	Donauwörth.	Donauwörth.	Tapfheim.	Auchsesheim.
Monheim.	Donauwörth.	Donauwörth.		Wolferstadt.
Füssen.	Kaufbeuren.	Füssen.		Rieden.

Name des Ortes.	Eigenschaft desselben	Gehört zur Gemeinde.	Name des Ortes.	Eigenschaft desselben	Gehört zur Gemeinde.
Alban St.	E.	Aitrang.	Altensberg	E.	Blonhofen.
Atbatsried	W.	Seeg.	Altensberg	W.	Gestraz.
Albertshofen	D.	Biberach.	Altenstadt	D.	Illerreichen.
Albis	W.	Moosbach.	Alterthurm	E.	Böschingen.
Albishofen	D.	Lachen.	Altglashütte	E.	Wengen.
Albisried	D.	Lengenwang.	Altis	W.	Hergensweiler.
Albrechten	W.	Krugzell.	Altishof	W.	Michhausen.
Albrechts	D.	Immenthal.	Altisried	W.	Frechenrieden.
Albris	W.	Buchenberg.	Altmannstetten	E.	Wagenhofen.
Albus	W.	Probstried.	Altmummen	W.	Blaichach.
Aletshofen	W.	Traunried.	Altriegenberg	W.	Gestraz.
Aleuthen	D.	Lengenwang.	Altstetten	W.	Aumerfeld.
Algai	E.	Immenthal.	Amberg	W.	Enzenstetten.
Algers	W.	Ebersbach.	Amerbacherkreuth	W.	Amerbach.
Allerheiligen	E.	Scheppach.	Amerbachermühle	E.	"
Allersberg	W.	Friesenried.	Ammoos	E.	Weißensee.
Allesrain	E.	Dirlewang.	Ampo	W.	Legau.
Alleuthen	D.	Lengenwang.	Anatswald	W.	Oberstdorf.
Alleuthen	W.	Sulzberg.	Anderhalbs	W.	Gestraz.
Allgäu	E.	Immenthal.	Anderhof	E.	Seifoldsdorf.
Allmansried	W.	Scheidegg.	Angelberg	Schl	Tussenhausen.
Almay	E.	St. Lorenz.	Angerhof	E.	Halbenwang.
Albrind	W.	Hoyern.	Angermühle	E.	Rennertshofen.
Alpseewies	E.	Bühl.	Angermühle	E.	Huisheim.
Altach	W.	Rettenberg.	Anhäuserhöfe	E.	Bühl.
Altach	W.	Wengen.	Anmühl*)	E.	Volsterlang.
Altenberg	D.	Ballhausen.	Anna St.	E.	Mindelheim.
Altenburg	W.	Gestraz.	Antoniberg	E.	Stepperg.
Altenburg	D.	Simmerberg.	Anwanden	W.	Enzenstetten.

*) Auch Anmühle.

Name des Ortes.	Eigenschaft desselben.	Gehört zur Gemeinde.	Name des Ortes.	Eigenschaft desselben.	Gehört zur Gemeinde.
Anwanden	W.	St. Lorenz.	Aystettermühle	E.	Aystetten.
Anzenhof	E.	Kühlenthal.	Baad	E.	Nördlingen.
Arlisberg	E.	Lannenberg.	Baad	D.	Opfenbach.
Arto	E.	Wiggensbach.	Bach	E.	Enzenstetten.
Asbach	W.	Eppishausen.	Bach	E.	Hopferau.
Asbach	D.	Rieblingen.	Bachen	E.	Lenzfried.
Asbach	E.	Heimenkirch.	Bachtel	W.	Bolsterlang.
Asbacherhof	E.	Neumünster.	Bachtel	D.	Mittelberg.
Asbrunn	W.	Ammerfeld.	Bachtel	W.	Tiefenbach.
Aschbacherhof	E.	Fünfstetten.	Bachtel	E.	Wiggensbach.
Aspach	E.	Heimenkirch.	Bachtel	W.	Waltenhofen.
Asch	W.	Biberachzell.	Bachtelmühle	E.	Bolsterlang.
Aschen	E.	Lenzfried.	Bachtelmühle	E.	Lenzfried.
Aschthal	W.	Friesenried.	Bachthal	E.	Stötten.
Aschthal	E.	Leeder.	Bachthal	E.	Weisensee.
Aspenhof *)	E.	Peterswörth.	Bachtl	W.	Durach.
Attisried	W.	Frechenrieden.	Bachtlstaig	E.	St. Lorenz.
Attlensee	W.	Nesselwang.	Bad (Schachen)	W.	Hopfen.
Attlesee	W.	Enzenstetten.	Badhaus	E.	Mindelheim.
Atzenberg	W.	Dietmansried.	Bächen	D.	Oberreute.
Atzenried	E.	St. Lorenz.	Bächingermühle	E.	Obermedlingen.
Au	W.	Balberschwang.	Bäldleschwaig	E.	Zusum.
Au	Schl.	Bittenbrunn.	Bärenwies	W.	Probstried.
Au	D.	Dinkelscherben.	Bärfallen	W.	Scheidegg.
Au	W.	Grönenbach.	Bärnbach	W.	Aichen.
Au	E.	Maiselstein.	Bäuerlings	E.	Durach.
Au	E.	Simmerberg.	Bäuerlingshalden	W.	Reutin.
Au	E.	Raubenzell.	Bäumenheim	D.	Asbach.
Au	W.	Schöllang.	Bautlach	W.	Karlskron.
Au	W.	Sulzberg.	Bahnholz	W.	St. Lorenz.
Au (Ober-)	E.	Legau.	Baierhof	E.	Wengen.
Au (Unter-)	E.	"	Baiermühle	E.	"
Aubruck	E.	Memhölz.	Baiern	W.	Rohrenfels.
Auers	D.	Röthenbach.	Baiersried	D.	Willofs.
Auf der Eck	E.	Grönenbach.	Baierstetten	D.	Nesselwang.
Auf der Mauer	W.	Aeschach.	Bailers	W.	Wiggensbach.
Auf der Wiese	E.	Denklingen.	Baldratsried	W.	Sulzichneid.
Aufhof	E.	Königshausen.	Baldshofen **)	D.	Harbazhofen.
Auf'mberg	W.	Enzenstetten.	Balletshof	E.	Feigenhofen.
Auf'm Buch	W.	Moosbach.	Baltenstein	W.	Betzigau.
Aeusseres Bäuerle	E.	Dickenreishausen.	Balzhofen ***)	D.	Harbazhofen.
Aumühle	E.	Bolsterlang.	Bannacker	W.	Bergheim.
Aumühle	E.	Burgheim.	Barbara St.	E.	Westerheim.
Aumühle	E.	Hainsfarth.	Barnstein	W.	Wald.
Aumühle	E.	Nördlingen.	Bartlhof	E.	Aich.
Ausserlengenwang	W.	Lengenwang.	Bartlstockschwaig	E.	Pfaffenhofen.
Autenried	W.	Immenthal.	Baschenegg	E.	Ustersbach.
Ayen	W.	St. Lorenz.	Batzengschwenden	W.	Rückholz.
Aymühle	E.	Lachen.	Batzer	W.	St. Lorenz.

*) Auch Marxfeld. — **) Auch Balzhofen. — ***) Auch Baldshofen.

Name des Ortes.	Eigenschaft desselben.	Gehört zur Gemeinde.	Name des Ortes.	Eigenschaft desselben.	Gehört zur Gemeinde.
Batzers	W.	Vorderburg.	Bergenstetten	D.	Herrenstetten.
Baucherbergmühle	E.	Vergen.	Bergerhausen	W.	Westernach.
Bauernhausenschwaig*)	E.	Zusum.	Bergers	W.	Walb.
Bauhof	W.	Polsterlang.	Berghausen	D.	Unterglauheim.
Bauhof	W.	Stein.	Berghof	E.	Emmershofen.
Bauhof	E.	Wengen.	Berghof	E.	Oberschönegg.
Bauhofen	D.	Muttershofen.	Berghof	E.	Scherstetten.
Baumgärtl	W.	Bedernau.	Berghof	E.	Blöcktach.
Baumgarten	E.	Eisenberg.	Berghofen	D.	Sonthofen.
Baur	E.	Altisheim.	Bergstetten**)	E.	Sulzdorf.
Baurenmühle	E.	Höchstädt.	Bergmühle	E.	Enzenstetten.
Bauschwenden	W.	Röthenbach.	Bergmühle	E.	Leuterschach.
Bayern	D.	Rohrenfels.	Bergmühle	E.	Nördlingen.
Bebele	W.	Hopfen.	Bergmühle	E.	Tapfheim.
Beblinstetten	E.	Kirchhaslach.	Bergmühle	E.	Unterbissingen.
Bechen	W.	Buchenberg.	Bergs	W.	Altusried.
Bechen	W.	Durach.	Berleberg	W.	Kraftisried.
Bechtersweiler	D.	Untereitenau.	Bernbach	W.	Aichen.
Bechtris	W.	Ottacker.	Bernholz	E.	Betzigau.
Beerbruggen	W.	Harbatzhofen.	Bertenbreit	E.	Kaisheim.
Beeren	E.	Gestraz.	Beschauen	W.	Willofs.
Beeren	E.	Maierhöfen.	Bettendorf	W.	Nittingen.
Beichelstein	E.	Seeg.	Bettenried	D.	Osterschwang.
Beilers	W.	Wiggensbach.	Bettnau	D.	Bobolz.
Beilenberg	D.	Altstätten.	Bettrichs	D.	Legau.
Beilstein	W.	Oberthingau.	Betzenhausen	E.	Fridenhausen.
Bellen	W.	Maiselstein.	Betzenried	W.	Betzigau.
Belgrad	W.	Hopfen.	Betzers	E.	Altusried.
Belzingerhof	E.	Waldstetten.	Betzenmühle	E.	Eberheim.
Bengel	W.	Gestraz.	Beulen	W.	Oberreite.
Benggen	W.	Legau.	Beuren	W.	Opfenbach.
Benken	W.	Weissensee.	Beuren	E	Thann.
Benzen	E.	Hopferau.	Beutenmühle	E.	Ehingen.
Beren	E.	Gestraz.	Beutelstadterhof	E.	Wutislingen.
Berbruggen	W.	Harbatzhofen.	Beutenmühle	E.	Bergheim.
Berfallen	E.	Scheidegg.	Beutmühle	E.	Lauterbach.
Berg	W.	Böhen.	Beutmühle	E.	Oberhausen.
Berg	W	Burg.	Bezachmühle	E.	St. Lorenz.
Berg	D.	Fischen.	Bezenhausen	E.	Fridenhausen.
Berg	W.	Gansheim.	Bezisried	D.	Betzigau.
Berg	D.	Heimenkirch.	Bhüttgott	E.	Kimratshofen.
Berg	E.	Haldenwang.	Bibelsberg	W.	Allarzried.
Berg	W.	Kleinkemnath.	Biberhof	E.	Nußbühl.
Berg	D.	Missen.	Biberschwang	W.	Altusried.
Berg	W.	Staufen.	Bichel	W.	Lechbruck.
Berg	W.	Türkheim.	Bichel	W.	Lengenwang.
Berg	E.	Betzigau.	Bichel	E.	Mittelberg.
Berg	E.	Wernhölz.	Bichel	W.	Mitten.
Bergen	W.	Waltenhofen.	Bichel	W.	Rettenberg.

*) Auch Oberhellenberg. — **) Die Protestanten pfarren zur Vikarie Donauwörth.

Name des Ortes.	Eigenschaft besitzen.	Gehört zur Gemeinde.	Name des Ortes.	Eigenschaft besitzen.	Gehört zur Gemeinde.
Bichel	D.	Wertach.	Bischofswang	W.	Roßhaupten.
Bicholesmühle	E.	Wengen.	Bisserei	W.	Petersthal.
Bichlenberg	R.	Maierhöfen.	Bittenau	W.	Unteregg.
Bichtholz	E.	Burg.	Bitterlis	W.	Vorderburg.
Bickenried	E.	Irsee.	Bittris	W.	Sulzberg.
Biding	D.	Ortlfing.	Blättlen	W.	Ellhofen.
Bidings	E.	Seeg.	Blaiche	E.	Höchstädt.
Biebelsberg *)	D.	Ollarzried.	Blaiche	E.	Reutin.
Bieberschwang **)	W.	Altusried.	Blaiche	E.	St. Lorenz.
Biegen	W.	Wengen.	Blaren	E.	Sulzberg.
Biehl	W.	Weitnau.	Blatte	E.	Wedernau.
Biehl	W.	Scheffau.	Blanhof	E.	Haißen.
Biehlers ***)	W.	Lauben.	Bleichen	W.	Opfenbach.
Biehls	W.	Willofs.	Blenden	W.	Wiggensbach.
Bieselbach	D.	Horgau.	Blumenried	E.	Haldenwang.
Biesen	W.	Maierhöfen.	Blumenried	E.	Willofs.
Biesenberg	W.	Heimenkirch.	Bockarten	W.	Lenzfried.
Biesenhofen	D.	Altdorf.	Bodelsberg	D.	Durach.
Bieserog	W.	Petersthal.	Bodenwalz	W.	Kimratshofen.
Biesings	W.	Sigmarszell.	Böglings	E.	Haißen.
Biesslings	W.	Scheidegg.	Bölde	W.	Zu um.
Bihl	E.	Lachen.	Börlass	D.	Missen.
Bihl	E.	Lenzfried.	Bösenscheidegg	D.	Scheidegg.
Bihlerdorf	D.	Gunzesried.	Bürwang	D.	Haldenwang.
Bihlers †	W.	Lauben.	Bolzheim	W.	Karlstron.
Bihls	W.	Buchenberg.	Bogenried	W.	Betzigau.
Bihls	E.	Legau.	Boldes	E.	Dickenreishausen.
Bihls	E.	St. Lorenz.	Bollenmühle	E.	Ollarzried.
Binkenhofen	W.	Willofs.	Bommen	W.	Rettenberg.
Binnings	W.	Aitrang.	Borstadels	W.	St. Lorenz.
Binsberg	W.	Berg.	Bosacker ††)	W.	Schopflohe.
Binswang	D.	Sonthofen.	Boschach	E.	Haißen.
Binwang (Ober-)	D.	Kronburg.	Boschorn	E.	Buch.
Binwang (Unter-)	W.	Kronburg.	Boschenmühle	E.	Gansheim.
Binzeler	W.	Petersthal.	Bossarts	W.	Niederdorf.
Binzen	W.	Altusried.	Bossen	E.	Kimratshofen.
Binzen	W.	Petersthal.	Bot	E.	Kronburg.
Binzenried	W.	Lenzfried.	Bracken	E.	Wiggensbach.
Birgsau	W.	Oberstdorf.	Brackenberg	W.	Vorderburg.
Birkach	W.	Maierhöfen.	Brändon	E.	Membölz.
Birkach	E.	Martinszell.	Bräunlings	W.	Altusried.
Birkach	E.	Roßberg.	Bräunlings	D.	Stein.
Birken	E.	Lenzfried.	Brand	W.	Kimratshofen.
Birkenberg	W.	Rettenbach.	Brand	E.	Weissenhorn.
Birkschwaige	E.	Zusum.	Brand	W.	Scheidegg.
Birngschwend	W.	Wald.	Brandegg	W.	Popferau.
Bischlags	W.	Buchenberg.	Brandelu	W.	Friesenried.
Bischlagers	W.	Kimratshofen.	Brander beim	E.	Dietmansried.
Bischlecht	W.	Ebratshofen.	Brandheim	E.	Untermarzfeld.

*) Auch Bibelsberg. — **) Auch Biberschwang. — ***) Auch Bihlers.   †) Auch Biehlers. ††) Protestanten pfarren und schulen nach Beitewaller.

Name des Ortes.	Eigenschaft desselben.	Gehört zur Gemeinde.	Name des Ortes.	Eigenschaft desselben.	Gehört zur Gemeinde.
Brandholz	E.	Bözen.	Bucharts	W.	St. Lorenz.
Brandholz	E.	Grönenbach.	Buchen	W.	Altusried.
Brandstatt	E.	Seeg.	Buchen	W.	Hopferau.
Brandstetten	W.	Bebernau.	Buchen	W.	Kimratshofen.
Braunen	E.	Niederstaufen.	Buchen	W.	Mittelberg.
Braunen	E.	Wiggensbach.	Buchen	E.	Probstried.
Brautlach*)	W	Karlskron.	Buchen	W.	Stötten.
Breisachmühle	E.	Blindheim.	Buchen am Wald	E.	Kimratshofen.
Breiten	W.	St. Lorenz.	Buchenberg	W.	Rettenberg.
Breiten	W.	Sonthofen.	Buchenegg	D.	Staufen.
Breitenlohe	W.	Erlbach.	Bucherhof	E.	Habertsweiler.
Breitenstein	E.	Rettenberg.	Buchers	E.	Maierhöfen.
Breitwiesmühle	E.	Glött.	Buchhöfe	W.	Mitteleufnach.
Bremberg	W.	Hopferbach.	Buchhöfe	W.	Waalhaupten.
Bremberg	W.	Simerberg.	Buchstock	W.	Ronsberg.
Brenneisenmühle	E.	Zwergstraß.	Büchel	W.	Reutin.
Brennhof	E.	Derolbingen.	Büchel	W.	Mittelberg.
Drettweg	W.	Röthenbach.	Büchel	W.	Reinhartsried.
Briels	E.	Altusried.	Bühl	E.	Haitzen.
Brittlings	W.	Altusried.	Bühl	E.	Lachen.
Bronnen	W.	Kimratshofen.	Bühl (ober-)	E.	Lenzfried.
Bronnen	W.	Volkratshofen.	Bühl (unter-)	E.	Lenzfried.
Bronnenmad	E.	Legau.	Bühl	E.	Scheffau.
Bronnschwanden	E.	Scheibegg.	Bühl	E.	Stötten.
Bruck	W.	Hindelang.	Bühl	W.	Weitnau.
Bruck (an der)	E.	Martinszell.	Bühldorf	E.	Harburg.
Bruckhof	E.	Au.	Bühlingen	D.	Fremdingen.
Bruckmers	W	Altusried.	Bühls	W.	Willofs.
Bruckmühle	E.	Burgheim.	Bürgerschwaig	E.	Heinrichsheim.
Bruderhof	E.	Engetried.	Bürgle	W.	Walb.
Bruderhof	E.	Kimratshofen.	Buflings	D.	Stiefenhofen.
Bruderhof	E.	Scherstetten.	Buflingsried	W.	Scheibegg.
Brücklings	E.	Untrasried.	Bumlers	E.	Legau.
Brüchlings	D.	Haitzen.	Burg	E.	Ellhofen.
Brugg	W.	Oestraz.	Burg	E.	Memhölz.
Brugg	E.	Marxheim.	Burg	E.	Durach.
Bruggach	D.	Bobolz.	Burg	W	Kruggell.
Brunnenmühle	E.	Bergheim.	Burg	E.	Wiggensbach.
Brunnenmühle	E.	Kutzenhausen.	Burg	E.	Wieneben.
Bubenberg	E.	Durach.	Burgeck	E.	Schöllang.
Buch	E.	Frauenzell.	Burghöfe	E.	Wertingen.
Buch	E.	Simmerberg.	Burgkranzegg	W.	Petersthal.
Buch	W.	Martinszell.	Burgleiten	W.	Stötten.
Buch	W.	Stiefenhofen.	Burgraz	D.	Sulzberg.
Buch	W.	Waltenhofen.	Burgstall	E.	Burg.
Buch	W.	Unterbissingen.	Burgstall	E.	Muthmanshofen.
Buch a. d. Iller	E.	Altusried.	Burgstall	E.	Lenzfried.
Buch (auf'm)	E.	Sulzberg.	Burgstall	E.	Niederstaufen.
Buch (unter)	E.	Sulzberg.	Burgstall	E.	Wiggensbach.
Buchach	W.	Seeg.	Burgsoy	E.	Oberstdorf.

*) Auch Bautlach. —

11

Name des Ortes.	Eigenschaft desselben.	Gehört zur Gemeinde.	Name des Ortes.	Eigenschaft desselben.	Gehört zur Gemeinde.
Burgwalden	D.	Reinhartshausen	Dörnen	W.	Wiggensbach.
Burk	D.	Bertoldshofen.	Doferhof	E.	Wagenhofen.
Burk	D.	Seeg.	Doldenhausen	W.	Westernach.
Burkarts	E.	St. Lorenz.	Dolders	E.	Lenzfried.
Burkartsmühle	E.	Mittelberg.	Donsberg	E.	Reibenterf.
Burkatzhofen	D.	Harbatzhofen.	Dopfen	E.	Altusried.
Burkhöfe	E.	Langerringen.	Dorf	D.	Steinach.
Burkleiten	W.	Stötten.	Dorf	D.	Tiefenbach.
Busser	E.	Kimratshofen.	Dorfberg	E.	Durach.
Butzen	E.	Thann.	Dornach	W.	Sigmarszell.
Bux	W.	Scheidegg.	Dornach	E.	Hopferau.
Buxachermühle	E.	Buxach.	Dorns	W.	St. Lorenz.
Buxacherschmiede	E.	Buxach.	Dornweid	D.	Gestraz.
Dallendorf	W.	Gestraz.	Dornweiler	W.	Au.
Dankelsried	W.	Erkheim.	Drainsenmühle	E.	Buchenberg.
Dassberg	W.	Ollarzried.	Dreiarme	W.	Höchstädt.
Dattenbrunn	W.	Otting.	Dreiheiligen	E.	Heimenkirch.
Dattenried	W.	Stötten.	Dreiwinkelschwaig	E.	Zusum.
Dederles	W.	Enzenstetten.	Dressen	W.	Simmerberg.
Degelstein	D.	Heyren.	Drittel	E.	Berg.
Deibling	W	Karlstron.	Dürren	E.	Unterkammlach.
Delkenmühle	E.	Rechbergreuthen.	Dürren	W.	Unterreitnau.
Demharterhöfe	E.	Wengen.	Dürrenacker	E.	Rieden.
Deunenberg	W	Guggenberg.	Dürrenast	W.	Burgbagel.
Dennermoos	E.	Heyren.	Dürrenbach	E.	Frauenzell.
Denzenmühle	E.	Scheidegg.	Dürrenberg	E.	Durach.
Dettenhardt	E.	Wolpertstetten.	Dünsberg	W.	Trugenhofen.
Dezion	W.	Kimratshofen.	Duracherberg	E.	Kimratshofen.
Dickenbihl	E.	Halbenwang.	Ebene	E.	Oberstdorf.
Diepertshofen	W.	Erbishofen.	Ebenried	E.	Bibingen.
Diepolds	W.	Altusried.	Ebenschwand	E.	Scheidegg.
Diesenbach	D.	Altusried.	Ebersbach	W.	Nerthol.
Dieswag	E.	Lechbruck.	Eberscholl	E.	Dirlewang.
Diessling	E.	Zell.	Eberstall	D.	Oberwalbach.
Dietelspaint	E.	Wörnitzstein.	Ebnit	E.	Aeschach.
Dietersberg	W.	Oberstdorf.	Ebnit	W.	Heyren.
Diethen	E.	Weitnau.	Echt	E.	Stötten.
Dietkirch	D.	Gessertshausen.	Eckartsberg	E.	Wiggensbach.
Dietringen	W.	Rieden.	Eckbalden	D.	Bösenreute.
Dietrichs	D.	Volsterlang.	Eckhof	E.	Schöffstall.
Diezen	W.	Edarts.	Eckholz	E.	Wiggensbach.
Dilpersried	W.	Lautrach.	Edeliz	W.	Wehinbrechts.
Dingisweiler	W.	Reußberg.	Egelmosen	E.	Roßhaupten.
Dinnensberg	W.	Gestraz.	Egelsee	E.	Steinheim.
Dittenfeld	D.	Rickensheim.	Egg	E.	Raubenzell.
Dodels	E.	Betzigau.	Egg	W.	Röthenbach.
Döbelisried	W.	Staufen.	Egg (auf der)	E.	Martinszell.
Dölkenmühle	E.	Rechbergreuthen.	Egg (von der)	E.	Menhölz.
Döllen	E.	Waltrams.	Egg (ober-)	W.	Wiggensbach.
Döpsried	D.	Krugzell.	Egg (unter-)	W.	Wiggensbach.

*) Auch Dölkenmühle.

Name des Ortes.	Eigenschaft derselben	Gehört zur Gemeinde.	Name des Ortes.	Eigenschaft derselben	Gehört zur Gemeinde.
Eggart	E.	Burzach.	Eldern	W.	Ottobeuren.
Eggarts	E.	Altusried.	Ellartsberg	E.	St. Lorenz.
Eggartsweiler	D.	Untereitnau.	Ellenberg	W.	Wiltpoltzried.
Eggelhof	E.	Achsheim.	Ellenberg	E.	Leuterschach.
Eggen	E.	Martinszell.	Ellenbrunn	D.	Hütting.
Eggen	E.	St. Lorenz.	Elleuried	W.	Köngshausen.
Eggen	W.	Lenzried.	Ellensberg	W.	Lauben.
Eggen	E.	Gestraz.	Ellermühle***)	E.	Scheidegg.
Eggenberg	W.	Waltenhofen.	Ellersreite	E.	Scheffau.
Eggenbühl	W.	Immenthal.	Ellgassen	W.	Lindenberg.
Eggenwalt	D.	Weissensberg.	Ellharten	W.	St. Lorenz.
Eggerhof	E.	Reinhardshofen.	Ellmatsried	W.	"
Eggerhäusle	E.	St. Lorenz.	Ellmischwangmühle	E.	Kleinhausen.
Eggisried	W.	Guggenberg.	Ellmiswang	E.	Wollmetshofen.
Eggisried	W.	Hawangen.	Emmenried	D.	Wiggensbach.
Eglofs	D.	Willofs.	Emmenthal	E.	Rieden.
Eglofs	E.	Woringen.	Emmereis	D.	Vorderburg.
Ehegatten	W.	Streitheim.	Emsgritt	W.	Niederstaufen.
Ehekirch	W.	Erlingen.	Engelbolz	W.	Rettenberg.
Ehekirchmühle	E.	Markt.	Engelbolz	W.	Zerg.
Ehemanns	E.	Probstried.	Engelharz	W.	Legau.
Ehnenhofen	W.	Thalhofen.	Engelharz	W	Steinbach.
Ehrensberg	W.	Legau.	Engelhirsch	D.	Weitnau.
Ehrhafts	W.	Maierhöfen.	Engeliz	D.	Wohmbrechts.
Ehrlach	W.	Gestraz.	Engelshof	E.	Adelsried.
Ehrwang	E.	Rieden.	Engelshof	E.	Gessertshausen.
Ehwiesmühle	E.	Grönenbach.	Engelwartz	E.	Untrasried.
Eiberg	W	Irsee.	Engelwarz	D.	Weitnau.
Eibele	E.	Staufen.	Engenberg	E.	Heimenkirch.
Eichbergerhof	E.	Lutzingen.	Engenhof	E.	Nordholz.
Eichbüchel	W.	Aschach.	Engeratsried	W.	Geisenried.
Eichelgarten	E.	Unterkamlach.	Engertshofen	W.	Anried.
Eichelhof	E.	Feigenhofen.	Englischergarten	E.	Zell.
Eichhof	E.	Möhren.	Engratshofen	W.	Leeder.
Eidmühle	E.	Ebenhausen.	Endhalb der Ach	W.	Wertach.
Einöde (hintere)	E.	Buchenberg.	Enisried	W.	Lengenwang.
Einöde (vordere)	E.	"	Enkenried	E.	Ingenried.
Einödsbach	W.	Oberstdorf.	Enslingen	D.	Fremdingen.
Einsiedeln	W.	Nimratshofen.	Entenmoos	E.	Legau.
Einzenberg	W.	Membölz.	Enzensberg	W.	Hopfen.
Eisenbolz	D.	Weitnau.	Enzers	E.	Woringen.
Eisenburg	W.	Eisenberg.	Enzisweiler	D.	Bobolz.
Eisenhammer	W.	Wittislingen.	Eppenried	E.	St. Lorenz.
Eisenschmiede	E.	Wengen.	Erbenschwang	D.	Ingenried.
Eisingerhof	E.	Winterbach.	Ergertshausen	D.	Wagenhofen.
Eiterberg	W.	Rückholz.	Eriswiler	W.	Neuburg a./K.
Eitersberg*)	W.	Zöglobe.	Erkenbollingen	W.	Eschach.
Eldermühle**)	E.	Mittelberg.	Erkhausen	D.	Scherstetten.
Eldratshofen	W.	Aufkirch.	Erlach	W.	Gestraz.

*) Protestanten pfarren nach Fürnheim. — **) Auch Burlarbsmühle. — ***) Auch Gretenmühle.

Name des Ortes.	Eigenschaft desselben.	Gehört zur Gemeinde.	Name des Ortes.	Eigenschaft desselben.	Gehört zur Gemeinde.
Erlachhof	E.	Wolferstadt.	Feldbach	E.	Buttenwiesen.
Erlenberg	E.	Ertheim.	Feldbachmühle	E.	Glött.
Erlhöfe	E.	Graisbach.	Feldmühle	E.	Hütting.
Erlis	W.	Gottenau.	Felds	E.	Wiggensbach.
Ermengerst	D.	Wiggensbach.	Felsheim	D.	Wörnitzstein.
Eschach	D.	Buchenberg.	Ferlewang	E.	Tiefenbach.
Eschachberg	W.	"	Fertingen	D.	Kühlenbach.
Eschachried	D.	"	Feuerschwenden	W.	Durach.
Eschachthal	D.	Kreuzthal.	Feurers	W.	Wiggensbach.
Eschenaumühle	E.	Obertingau.	Fexen*)	D.	Lauterschach.
Eschenlohmühle	E.	Dillishausen.	Figlers	W.	Altusried.
Eschers	D.	Untrasried.	Finegg	E.	Hoyren.
Essmühle	W.	Unteregg.	Fink beim	E.	Dietmansried.
Ettas	E.	Rimrathofen.	Finken	E.	Lauben.
Ettensberg	D.	Blaichach.	Finsterstaig	W.	Probstried.
Ettensberg	D.	Weitnau.	Fischbach	E.	Weitnau.
Ettensberg	W.	Wiggensbach.	Fischen	W.	Waltenhofen.
Ettlis	D.	Memhölz.	Fischerbüchel	E.	Eschach.
Etzlesberg	W.	Bernbach.	Fischerösch	D.	St. Lorenz.
Eubelemühle	E.	Staufen.	Fischers	W.	Altusried.
Euberg (Ober-)	W.	Wildpoldsried.	Fischhaus	E.	Roßhaupten.
Euberg (Unter-)	W.	Wildpolzried.	Fischmühle	E.	Wallerstein.
Eufnach	W.	"	Fischmus	E.	Höchstädt.
Eulen	E.	Sulzberg.	Fischweitschwaig	E.	Gremheim.
Eulenhof	E.	Laub.	Flecken	E.	Stein.
Eulenloch	E.	Aeschach.	Flechschützen	W.	Halbenwang.
Exenried	E.	Kreuzthal.	Flein	W.	Egelstetten.
Eyberg	W.	Irsee.	Flohkraut	E.	Engetried.
Eyenbach	W.	Simmerberg.	Floschers	E.	Altusried.
Fahls	W.	Durach.	Fluemühle	W.	Legau.
Faistenoy	D.	Mittelberg.	Flüssen	W.	Lafertshofen.
Faistenoy	E.	Wengen.	Flucken	W.	Mayerhofen.
Faltenbach	E.	Oberstdorf.	Forst	W.	Scheidegg.
Falken	E.	Grönenbach.	Forstenhäuser	W.	"
Falkenberg	E.	Langerringen.	Forsthof	E.	Bergen.
Falleben	D.	Kreuzthal.	Forsthof	E.	Lechbruck.
Fallmühle	E.	Steinach.	Forsthofen	W.	Trauntried.
Fasanerie	E.	Birkhausen.	Frankau	D.	Nettenbach.
Faulhof	E.	Brachstadt.	Frankenhofen	D.	Schlingen.
Faulenmühle	E.	Munningen.	Frankenmoosen	W.	Karlskron.
Fautzen	E.	Zell.	Frauenkau	W.	Zell.
Fechsen	D.	Leuterschach.	Freibrechts	D.	Alams.
Feesenmühle	E.	Rohrenfels.	Freidorf	D.	Maiselstein.
Feigen	E.	St. Lorenz.	Freien	W.	Burg.
Feilberg	E.	"	Freitags	W.	Durach.
Felben	W.	Durach.	Freitags	W.	Buchenberg.
Felben	W.	Inzenstetten.	Freitags	E.	Untrasried.
Felben	W.	Legau.	Freslesreute	W.	Roßhaupten.
Felben	W.	Lenzried.	Freudenegg	E.	Gerlenhofen.
Feld	D.	Petersthal.	Freundpolz	D.	Diepolz.

*) Auch Fechsen.

Name des Ortes.	Eigenschaft desselben.	Gehört zur Gemeinde.	Name des Ortes.	Eigenschaft desselben.	Gehört zur Gemeinde.
Fricken	W.	Böhen.	Geigers	W.	Moosbach.
Friesinsel	E.	Memhölz.	Geigers	W.	Wald.
Friesenhofen	W.	Kristertshofen.	Geigersthal	W.	Heimenkirch.
Fristingermühle	E.	Fristingen.	Geimenen	E.	Seeg.
Frödenberg	W.	Lengenwang.	Geisalp	W.	Schollang.
Fröhlingsmühle	E.	Gotheim.	Geisemers	W.	Altusried.
Fröhlins	E.	Guggenberg.	Geisenhofen	W.	Rubratshofen.
Frohnhard	W.	Wotingen.	Geisenhofen	E.	Stötten.
Frohnhofen	W.	Kruzzell.	Geisenmoos	E.	Lechbruck.
Frohnmühle	E.	Niederaltheim.	Geisgau	E.	Scheidegg.
Frohnschwenden	D.	Wiltpolzried.	Geislatsried	D.	Bibingen.
Froschbach	W.	Alimmach.	Geislehen	W.	Niederstaufen.
Fruchtheim	W.	Karlskron.	Geislins	E.	Haizen.
Frühstetten	D.	Kruzzell.	Gelemühle	E.	Probstried.
Fuchsbühl	E.	St. Lorenz.	Gelbschneider	E.	Ferthofen.
Fuchsloch	E.	Kronburg.	Gemeinderied	W.	Dietmannsried.
Fuchsmühle	E.	Möhren.	Gemels	E.	Wald.
Fuchsstein	W.	Oberreute.	Genhofen	D.	Stiefenhofen.
Fürbuch	W.	Breitenbrunn.	Gennachhausen	D.	Reichenbach.
Fürfällmühle	E.	Hainsfarth.	Georgsberg St. ***)	W.	Gernstall.
Fürstenmühle	E.	Scheitegg.	Gerats	W.	Memhölz.
Fultenbach	W.	Ellerbach.	Gerats †)	W.	Borderburg.
Furtenbach	W.	Durach.	Geratshofen	E.	Ellikofen.
Furth	E.	Lechbruck.	Geratshofen	W.	Gottmannshofen
Furthmühle	E.	Biberbach.	Geratsried	W.	Missen.
Furthmühle	E.	Münster.	Geratsried	E.	Willhams.
Gablers	W.	Buchenberg.	Geratz ††)	W.	Borderburg.
Gaggen	W.	Frauenzell.	Gerbishofen	W.	Blenhofen.
Gail	E.	Dickenreishausen	Gereute	W.	Wertach.
Gailerbach	W.	Ebenbergen.	Gerholz	E.	Weitnau.
Gailenbachermühle	E.	„	Gern	E.	Türkheim.
Gailenberg	D.	Hindelang.	Gerstland	W.	Ebratshofen.
Gaishof	E.	Memmingerberg	Gerstrüben	W.	Oberstdorf.
Gaiskopf	E.	Bühl.	Gerwangs	W.	Aitrang.
Gaismarkt	W.	Winzer.	Gfährt	E.	Martinszell.
Galgenhaus	E.	Egelhofen.	Gfall	E.	Staufen.
Galgenhof	E.	Berg.	Gfall	E.	Ebersbach.
Galgenmühle	E.	Höchstädt.	Gfällmühle	E.	Dietmannsried.
Galgenmühle	E.	Rennertshofen.	Gfällmühle	E.	Ebersbach.
Gangenangermoos	E.	Kraftisried.	Giebelbach	W.	Aschach.
Gansheimerberg	W.	Gansheim.	Giebelbach	W.	Hopfen.
Gansmühle	E.	Altusried.	Giebelwiese	E.	„
Gansmühle	E.	Niederaltheim.	Giesenberg	W.	Röthenbach.
Gauriederhof	E.	Zusamaltheim.	Gietlhausen	D.	Ried.
Geba	E.	Muthmanshofen	Giglberg	E.	Hütting.
Geblatsried	W.	Bibingen.	Gissibel	E.	St. Lorenz.
Gehenhofeu*)	D.	Stiefenhofen.	Gitzenweiler	E.	Obereitnau.
Gehlenbihl **)	W.	Akams.	Glaser	E.	Dietmannsried.
Gehren	E.	Bertoldshofen.	Glashof	E.	Niederrieden.

*) Auch Genhofen. — **) Auch Göhlenbühl. — ***) Auch Mindelburg. — †) Auch Geratz. — ††) Auch Gerats.

Name des Ortes.	Eigenschaft desselben.	Gehört zur Gemeinde.	Name des Ortes.	Eigenschaft desselben.	Gehört zur Gemeinde.
Glassenhard	G.	Oberjahlheim.	Greuth	W.	Wengen.
Gmaind	W.	Memhölz.	Gries	G.	Kruzell.
Gmeinried	W.	Probstried.	Griesbach	W.	Freimeltshofen.
Gmeinschwenden	W.	Grönenbach.	Griesthal	K.	Eugetried.
Gnadenberg	D.	Stein.	Grillheim	D.	Karlstron.
Gnadenfeld	G.	Feldkirchen.	Grod	W.	Thann.
Göhlenbühl*)	W.	Aitams.	Grönenberg	W.	St. Lorenz.
Göritz	D.	Opfenbach.	Gronau	W.	Friesried.
Gösers	W.	Buchenberg.	Gross	W.	Hindelang.
Görwangs	W.	Aitrang.	Grossdorf	D.	Vorderburg.
Göttenried	W.	Hopfenbach.	Grosskemnath	W.	Kleinkemnath.
Götzen	W.	Betzigau.	Grossmederschach	W.	Blöctach.
Götzenberg	W.	Wengen.	Grossfried	W.	Lauchdorf.
Goggerisch	G.	Lechbruck.	Grub	G.	Eggenthal.
Goldhasen	W.	Rückholz.	Grub	G.	Gestraz.
Goldschmidsmühle	G.	Obereitenau.	Grub	W.	Legau.
Gopprechts	D.	Niederfonthofen.	Grub	G.	Lenzfried.
Gospolz	W.	Weitnau.	Gruben	W.	Oberstdorf.
Gosholz	W.	Heimenkirch.	Grubmühle	G.	Lechbruck.
Gosholz	D.	Lindenberg.	Grubwaidach	G.	"
Gossmannshofen	W.	Lachen.	Grueb	W.	Ronsberg.
Gottenried	G.	Oberstdorf.	Grueb	W.	Wiggensbach.
Graben	W.	Legau.	Grübels	W.	Weissensberg.
Graben	G.	Reichholzried.	Grünau	G.	Zell.
Graben	G.	Sulzberg.	Grünegg	W.	Röngetried.
Grabmühle	G.	Dinkelshausen.	Grünegg	G.	Reinhardsried.
Grabus	W.	Sontheim.	Grünenfurt	W.	Amendingen.
Gräbelesmühle	G.	Lauben.	Grünenpaint	G.	Reimlingen.
Grasgrub	W.	Dietmansried.	Grünhöfe	G.	Ettenbeuren.
Grasmühle	G.	Burgheim.	Grünhof	G.	Fremdingen.
Grasmühle	G.	Seefall.	Grünthen	G.	Zwieselberg.
Greggen	G.	Burg.	Grund	W.	Haldenwang.
Greggenhof	G.	Wertelstetten.	Grund	G.	Lauben.
Greggenhofen	D.	Maiselstein.	Grund	G.	Rentin.
Greifen	W.	Scheidegg.	Grund	G.	Untrasried.
Greiffenberg	W.	Martinszell.	Grundbühl	G.	Kimratshofen.
Greimerts	G.	Lenzfried.	Grundsoi	W.	Oberstdorf.
Greit	G.	Grönenbach.	Grundsbach	W.	"
Greit	G.	Kimratshofen.	Gsäng (hinter)	W.	Grönenbach.
Greit	W.	Legau.	Gsäng (vorder)	W.	"
Greit	G.	Maierhöfen.	Gschlaferes	G.	Probstried.
Greit	W.	Martinszell.	Gschlief	G.	Altusried.
Greit	G.	Reichholzried.	Gschrift	G.	Eisenberg.
Greit	G.	Sulzberg.	Gschwend	D.	Balderschwang.
Greiters	D.	Legau.	Gschweud	D.	Bühl.
Greiters	W.	Wiggensbach.	Gschwend	W.	Harbazhofen.
Grettenmühle	G.	Scheidegg.	Gschwend	G.	Maierhöfen.
Greuth	W.	Kreuburg.	Gschwend	D.	Nesselwang.
Greuh	W.	Obereitnau.	Gschwend	W.	Petersthal.
Greuth	G.	Seeg.	Gschwend	W.	Staufen.

*) Auch Göhlenbühl.

Name des Ortes.	Eigenschaft desselben.	Gehört zur Gemeinde.	Name des Ortes.	Eigenschaft desselben.	Gehört zur Gemeinde.
Gschwend	E.	Untrasried.	Häuslings	W.	Schelldegg.
Gsellen	E.	Wehmbrechts.	Hafenegg	W.	Hopferau.
Gsellen	E.	Seeg.	Hafenthal	E.	Lauben.
Gsess	E.	Wehmbrechts.	Hafenthal	E.	Lenzfried.
Gstad (Ober-)	W.	Sulzberg	Hagats	W.	Hergensweiler.
Gstad (Unter-)	W.	„	Hagers	W.	„
Gsteidach	W.	Untrasried.	Hagelstein	W.	Simmerberg.
Günzach	W.	Immenthal.	Hagenbuch	W.	Flotheim.
Günzegg	D.	Röhen.	Haggen	W.	Niederstaufen.
Guggenberg	Schl.	Klimmach.	Haggen	W.	Wiggensbach.
Guggenmoos		Mittelberg.	Haggenbach	E.	Kronburg.
Guggenmoosen	W.	Rückholz.	Haggenberg	W.	Niederstaufen.
Guggers	E.	St. Lorenz.	Haggmoos	W.	Bertoldshofen.
Gumpenweiler	W.	Walkertshofen.	Hagmühle	E.	Lautbauern.
Gumpratsried	W.	Guggenberg.	Hagspiel	D.	Rach.
Gund	E.	Sulzberg.	Hagspiel	E.	Scheffau.
Gundelsberg	W.	Bolsterlang.	Hahneberg	W.	Sulzberg.
Gundsbach	E.	Oberstdorf.	Hahneberg	W.	Wiggensbach.
Gunta	W.	Ellhofen.	Hahnemoos	W.	Buchenberg.
Gunterstall	E.	Kimratshofen.	Hahnenbühl	E.	Ollarzried.
Gunzenberg	W.	Hopferau.	Hahnenweiler	E.	Allmannshofen.
Gurrenmarren	E.	Roßhaupten.	Hahnschenkel	D.	Stiefenhofen.
Gurrenhof	E.	Neu-Ulm.	Haibels	E.	Sulzberg.
Gut	E.	Bekisried.	Haid	W.	Friesenried.
Gutenmühle	E.	Wittisheim.	Haid	W.	Legau.
Haag	W.	Mittelberg.	Haid	E.	Oberringingen.
Haagemühle	E.	Wertingen.	Haid	W.	Schwabsheim.
Haasen	W.	Sulzberg.	Haidach	W.	Durach.
Haasenried	W.	„	Haidnersbronn	D.	Nußbühl.
Haberreuthe	E.	„	Haidschuster	E.	Lauingen.
Habersberg	W.	Burg.	Haiglosen	E.	Kimratshofen.
Habranz	W.	Untrasried.	Hailand	W.	Rieder.
Habratshofen	W.	Bidingen.	Hailhofen	E.	Kimratshofen
Hack	E.	Dietmannsried.	Hainzenhof	E.	Egelhofen.
Hack	W.	Seeg.	Haizen	W.	Zell.
Häckels	E.	Wiggensbach.	Halbershof	E.	Nordholz.
Häberlings	E.	Durach.	Halbertshof	E.	Buch.
Häfelingsgschwend	W.	Stausen.	Halbertshofen	D.	Neuburg a. R.
Häfelinswald	E.	Kreuzthal.	Halden	W.	Durach.
Häldele	E.	Kimratshofen.	Halden	E.	Altusried.
Hämerle	W.	Opfenbach.	Halden	D.	Berg.
Hängemühle	E.	Trenburg.	Halden	W.	Gunzesried.
Härtlehof	E.	Egelhofen.	Halden	E.	Kimratshofen.
Härtnagel	W.	St. Lorenz.	Halden	W.	Kirchhaslach.
Häufelsburg	W.	Waldstetten.	Halden	E.	St. Lorenz.
Häuser	D.	Burgberg.	Halden	E.	Reutin.
Häuser	E.	Holzschwang.	Halden unter der	W.	Betzigau.
Häuserhof	E.	Münsterhausen.	Halden	W.	Stausen.
Häusern	W.	Martinszell.	Halden (auf der)	E.	Buchenberg.
Häusern	E.	Fischach.	Halden (unter der)	W.	Buchenberg.
Häusern	W.	Wald.	Haldenhof	E.	Neuburg a./D.
Häuslen	W.	Kimratshofen.	Haldenmühle	E.	Bibingen.

Name des Ortes.	Eigenschaft desselben.	Gehört zur Gemeinde.	Name des Ortes.	Eigenschaft desselben.	Gehört zur Gemeinde.
Haldenmühle	C.	Reichholzried.	Hausen	D.	Bertelshofen.
Hamlar	D.	Asbach.	Hausen	W.	Honsolgen.
Hammer	W.	Reutin.	Hausen	W.	Mauerstetten.
Hammermühle	W.	Simmerberg.	Hausen	W.	Billenbach.
Hammersberg	W.	Guggenberg.	Hausen	D.	Willishausen.
Hammerschmiede	C.	Pforzen.	Hausenermühle	C.	Billenbach.
Hammertobel	C.	Grünenbach.	Uebern	C.	Seeg.
Handwerks	W.	Wohmbrechts.	Heckelsmühle	C.	Altusried.
Hangermühl	C.	Gansheim.	Heelen	W.	"
Hangnach	D.	Bösenreuthe.	Hefenhof	C.	Hainsfarth.
Hannemoos*)	W.	Buchenberg.	Heggo	W.	Waltenhofen.
Hannenweiler**)	W.	Allmannshofen.	Heggen	W.	Steinbach.
Hanschenkel***)	D.	Stiefenhofen.	Heggers	C.	St. Lorenz.
Happach	W.	Anhofen.	Heidach	W.	Durach.
Happach	C.	Maierhöfen.	Heidelsbuch	W.	Eschach.
Happareute	W.	Röthenbach.	Heidmersbrunn	W.	Nußbühl.
Hardt	C.	Feldkirchen.	Heiland	W.	Rieden.
Hardt	D.	Reinhartshofen.	Heiligenbauer	C.	Lautrach.
Harratried	D.	Röthenbach.	Heiligengeistmühle	C.	Lermittenhausen.
Hart	W.	Burach.	Heiligkreuz	W.	St. Lorenz.
Hartberg	W.	Goldbach.	Heimberg	W.	Aretsried.
Harthof	C.	Harburg.	Heimen	C.	Hopferau.
Hartmansberg	W.	Burg.	Heimen	D.	Opfenbach.
Harzerhof	C.	Neu-Ulm.	Heimenhalden	W.	Immenthal.
Hasenreite	C.	Gestraz.	Heimenhofen	W.	Rubratshofen.
Hasenried	D.	Simmerberg.	Heimenreute	D.	Aschach.
Haslach	W.	Hopferau.	Heimhofen	W.	Grönenbach.
Haslach	C.	Friesenried.	Heimholz	W.	Sigmarszell.
Haslach	C.	Irsee.	Heinzelberg	C.	Betzigau.
Haslach	D.	Mittelberg.	Heinzenhof	C.	Egelhofen.
Haslach	C.	Probstried.	Heising	D.	Lauben.
Haslach	W.	Scheffau.	Heissen	W.	Ebersbach.
Haslach	W.	St. Lorenz.	Heissenschwenden	C.	Kronburg.
Haslach	W.	Weitnau.	Heissesheim	D.	Wertingen.
Hasselbühl	C.	Lenzfried.	Heitlern	C.	Steinach.
Hasseltopf	C.	Oberstdorf.	Heitzen	W.	Zell.
Hassberg	W.	Lenzfried.	Heldersberg	W.	Fischen.
Hattenberg	Schl.	Breitenbronn.	Helen	W.	Buchenberg.
Hattenhofen	D.	Geisenried.	Helengerst	D.	Rechtis.
Hattnau	D.	Herge.	Hellers	W.	Simmerberg.
Hatzenberg	W.	Waltenhofen.	Hellersberg	D.	Lauterbach.
Hatzlenberg	C.	Engetried.	Helmenstein	W.	Lechbruck.
Haubenegg	W.	Maiselstein.	Helmeringerhof*)	C.	Lauingen.
Haubensteig	C.	St. Lorenz.	Helmishofen	W.	Aufkirch.
Haugen	W.	Unterthingau.	Helo	D.	Membölz.
Haunzenmühle	C.	Huisheim.	Hengnau	C.	Herge.
Haupprechts	C.	Ebersbach.	Henkels	C.	Dietmansried.
Hauptmannsgreith	D.	Betzigau.	Hennemühle	C.	Hindelang.
Haus	C.	Lindenberg.	Hennenschwang	W.	Lengenwang.
Haus	W.	Scheidegg.	Hennenweidach	C.	Bergheim.

*) Auch Hahnemoos. — **) Auch Hahnenweiler. — ***) Auch Hahnschenkel. —
*) Auch Spitalhof.

Name des Ortes.	Eigenschaft desselben.	Gehört zur Gemeinde.	Name des Ortes.	Eigenschaft desselben.	Gehört zur Gemeinde.
Hense	W.	Aach.	Hinteregg	W.	Altusried.
Henthalhof	E.	Etting.	Hinteregg	W.	St. Lorenz.
Herbermühle	E.	Gosheim.	Hinteregg	E.	Weissensee.
Herbishofen	D.	Lachen.	Hinterhalden	E.	Probstried.
Herbisried	D.	Grönenbach.	Hinterhartenthal	E.	Wörishofen.
Hergatz	D.	Bohmbrechts.	Hinterholz	E.	Lenzfried.
Herings	W.	Wald.	Hinterreute	D.	Staufen.
Herpfenried	W.	Horgau.	Hinterreute	W.	Wertach.
Herrenmühle	E.	Bissingen.	Hinterried	W.	Frauenstetten.
Herrenwies	E.	Wiggensbach.	Hinterschellenbach	D.	Schellenbach.
Herrmannsberg	W.	Durach.	Hinterschmalholz	W.	Hopferbach.
Hertingen	D.	Nesselwang.	Hinterschwaid	W.	Wertach.
Hertnegg	E.	Herbishofen.	Hinterschwanden	E.	Hopferbach.
Hertwies	E.	Wiggensbach.	Hinterschweinhof	D.	Oberreute.
Herzmanns	W.	Martinszell.	Hintersee	D.	Bühl.
Hessen	E.	Haitzen.	Hinterstaufen	D.	Staufen.
Hessenburg	Schl.	Hopferau.	Hinterstein	D.	Hindelang.
Hessellohe	D.	Ried.	Hinwang	E.	Lauben.
Hesselstall	W.	Reicholzried.	Hirbishofen	D.	Roth.
Helschwang	D.	Balmertshofen.	Hirschbichel	E.	Käschholz.
Hettisried	W.	Muthmanshofen.	Hirschbrunn	D.	Dornstadt.
Hettlisweiler	E.	Brachstadt.	Hirschbüchel	E.	Stötten.
Hetzlinshofen	D.	Lachen.	Hirschdorf	D.	St. Lorenz.
Heuberg	W.	Martinszell.	Hirschfelden	W.	Ebersletten.
Heudorf	W.	Glött.	Hitzenschwenden	W.	Kronburg.
Heuerhalden	E.	Bobolz.	Hitzenschwenden †)	W.	Wiggensbach.
Heushof	E.	Auhausen.	Hitzenberg	W.	Sulzberg.
Heusteig	W.	Reicholzried.	Hitzleried	D.	Seeg.
Heuwang	W.	Unterthingen.	Hitzlo	W.	Wiggensbach.
Hiemenhofen	D.	Rubratshofen.	Hobelmühle	E.	Grosselfingen.
Hienlings *)	E.	Wiggensbach.	Hochberg ††)	W.	Maierhöfen.
Hilpertshausen	E.	Steffenried.	Hochberg	W.	Rechtis.
Hilpoldsberg	W.	Scherstetten.	Hochbuch	D.	Aschach.
Hiltensberg	E.	Krugzell.	Hochbucherhof	E.	Messhofen.
Hiltensberg	W.	Sulzberg.	Hochdorf	D.	Oberringingen
Himo	W.	Altusried.	Hochegg	E.	Rosshaupten.
Hinlings **)	E.	Wiggensbach.	Hochglend	W.	Gestraz.
Hino		"	Hochgreuth	D.	Betzigau.
Hinnwang	D.	Altstätten.	Hochgstat	E.	Tiefenbach.
Hinterbach	W.	St. Lorenz.	Hochholz	W.	Altusried.
Hinterberg	W.	Hopferau.	Hochholz	E.	Lannenberg.
Hinterberg ***)	E.	Poppenhausen.	Hochmanner	E.	Zell.
Hinterberg	W.	Rettenberg.	Hochreite	W.	Buchenberg.
Hinterbrennberg	W.	Frauenzell.	Hochreuthe	E.	Bühl.
Hinterbuch	W.	Bocksberg.	Hochstadt	W.	Seglohe.
Hinterbuch	W.	Moosbach.	Hochstadt	E.	Tiefenbach.
Hinterbuchenbrunn	W.	Lannenberg.	Hochstadt	W.	Maierhöfen.
Hinter der Enge	E.	Tiefenbach.	Hochstrass	W.	Bobolz.
Hinter d. langen Zeil	E.	Diermanenried.			

*) Auch Hinlings. — **) Auch Hienlings. — ***) Auch Unterberghof. — †) Abgebrochen. — ††) Auch Höchberg.

12

Name des Ortes.	Eigenschaft derselben.	Gehört zur Gemeinde.	Name des Ortes.	Eigenschaft derselben.	Gehört zur Gemeinde.
Hochstrass	W.	Seeg.	Hofs	D.	Betzisried.
Hochweiler	W.	Altstätten.	Hofs	W.	Heimenkirch.
Höchstädterhof	E.	Frauenstetten.	Hofstatt	D.	Legau.
Höselhof	E.	Oberhausen.	Hofstatt	W.	Stötten.
Höfen	D.	Aach.	Hofstetten	W.	Sulzberg.
Höfen	E.	Gremheim.	Hohenburgermühle	E.	Fronhofen.
Höfen	E.	Halbenwang.	Hohenegg	W.	Ebratshofen.
Höfen	W.	Trauuried.	Hohenrad	W.	St. Lorenz.
Höflings	E.	Lenzfried.	Hohenreuthen	D.	Oberrieden.
Höflings	W.	St. Lorenz.	Hohenschlau	W.	Bedernau.
Höhen	W.	Ollarzried.	Hohenstrass	E.	Lenzfried.
Höhen	E.	Rückholz.	Hohenthann	E.	Muthmanshofen.
Höhenberg	E.	Seeg.	Hohenwart	E.	Seestall.
Höhenreute	D.	Oberreitnau.	Hohmanns	W.	Legau.
Höhle	W.	Altusried.	Hubmanns	E.	Zell.
Höhle	E.	Lenzfried.	Holben	W.	Hoyren.
Höhle	W.	Staufen.	Holdenried	W.	Wiggensbach.
Hölden	W.	Waltershofen.	Holdereggen	W.	Aeschach.
Höldersberg	W.	Fischen.	Hollen	E.	Enzenstetten.
Höll	E.	Gestraz.	Hollen	E.	Rückholz.
Höll	E.	Dietmansried.	Holz	E.	Eisenberg.
Höll	E.	Sulzberg.	Holz	E.	Rückholz.
Höllbauer	E.	Untrasried.	Holzara	W.	Ried.
Höllberg	W.	Oberkammlach.	Holzbäuerle	E.	Kronburg.
Hölzer	W.	Petersthal.	Holzen	D.	Allmanshofen.
Hölzlers	W.	Buchenberg.	Holzhausen	E.	Gablingen.
Hölzlers	W.	Niederstaufen.	Holzleuten	W.	Harbatshofen.
Hörbolz	D.	Unterreitnau.	Holzleuthen	W.	Rückholz.
Hörbolzmühle	E.	„	Holzmanns	W.	Wald.
Hörensberg	W.	Dietmansried.	Holzmühle	E.	Kimratshofen.
Hörgers	W.	Altusried.	Holzmühle	E.	Oberndorf.
Hörich	W.	Nesselwang.	Holzmühle	E.	Woringen.
Hörlis	D.	Kirchhaslach.	Holzwarte	E.	Wiggensbach.
Hörmatshofen	D.	Altdorf.	Hopfen	D.	Stiefenhofen.
Hörmatzen	W.	Seeg.	Hopfenwald	W.	Hopferau.
Hörpolz	W.	Zell.	Horben	W.	Gestraz.
Hörtehof	E.	Greimeltshofen.	Horn	E.	Untrasried.
Hof	W.	Fischen.	Horns	W.	Altusried.
Hof	E.	Minderoffingen.	Hoserschwaig *)	E.	Zusum.
Hof	W.	Niedersonthofen.	Hospitalhof	E.	Maierhöfen.
Hof	E.	Weissensee.	Hoss	W.	Wiggensbach.
Hofen	W.	Blaichach.	Hoyen	W.	Halbenwang.
Hofen	W.	Lauben.	Hoyen	E.	Bobolz.
Hofen	W.	Sonthofen.	Hoyerberg **)	E.	Hoyren.
Hofen	D.	Steinbach.	Hoyerberg **)	E.	Hoyren.
Hofen	W.	Wald.	Hub	W.	Sulzberg.
Hofen	W.	Wengen.	Hub	W.	Sulzberg.
Hofermühle	E.	Steinheim.	Hubelschwaig	E.	Zusum.
Hofmadmühle	E.	Ingenried.	Hubers	W.	Menhölz.
Hofmanns	E.	Ebersbach.	Hubers	W.	Sigmarszell.
			Hubers	E.	Wiggensbach.

*) Auch Aschenschwaige. — **) Katholiken pfarren und schulen nach Lindau.

Name des Ortes.	Eigenschaft desselben.	Gehört zur Gemeinde.	Name des Ortes.	Eigenschaft desselben.	Gehört zur Gemeinde.
Hubmannsegg	E.	Weissensee.	Illerfeld	Schl.	Vollratshofen.
Hubrechts	W.	Memhölz.	Illermühle	E.	Kronburg.
Hueb	W.	Bühl.	Illerüberfahrt	E.	Neu-Ulm.
Hueb	W.	Legau.	Imberg	D.	Sonthofen.
Hueb	W.	Lenzfried.	Immen	W.	Niederstaufen.
Hueb	E.	Untrasried.	Immenhofen	D.	Rubratshofen.
Hueb	W.	Grönenbach.	Immenreich	W.	Aeschach.
Hueb	D.	Thalkirchdorf.	Infang	W.	Niederstaufen.
Hueb	W.	Weissensee.	Ingershof	E.	Nußbühl.
Hueb	W.	Weitnau.	Insel	E.	Memhölz.
Huebbrände	E.	Rimratshofen.	Joasenschwaige	E.	Gremheim.
Huebers	E.	Gestraz.	Johann St.	W.	Unterlammlach.
Höllenlohe	E.	Engetried.	Johannisried	E.	St. Lorenz.
Hüners	W.	Böhen.	Josephenburg	W.	Karlskron.
Hütte	W.	Auch.	Josephslust	E.	Niederraunau.
Hüttenberg	D.	Osterschwang.	Josereite	W.	Peterstal.
Hufschlag	W.	Hopferbach.	Josten	E.	Reichau.
Hugelitz	E.	Oberreitnau.	Irlingshofen	W.	Stiefenhofen.
Humbach	W.	Maiselstein.	Irpisdorf	W.	Ingenried.
Humeratsried	W.	Sulzschneid.	Irschengrund	D.	Oberreute.
Humel	E.	Eisenberg.	Isel	E.	Kruzzell.
Humels	E.	Legau.	Iselmühle	E.	Altusried.
Hungerbach	E.	Wengen.	Isenbretzhofen	W.	Harbatshofen.
Humpertsweiler	E.	Oberreitnau.	Isenhofen	W.	Rohrenfels.
Humprechtsmühle	E.	Oberwalbbach.	Isnerberg	D.	Gestraz.
Hundenschwaig	E.	Zusum.	Ittelsburg	D.	Grönenbach.
Hundertthalermühle	E.	Stepperg.	Itzlings	W.	Wohmbrechts.
Hundweiler	E.	Aeschach.	Judenried	E.	Waltenhofen.
Huprechts *)	D.	Memhölz.	Jungensberg	D.	Harbatshofen.
Hurren	W.	Kronburg.	Junghausen	E.	Balderschwang.
Huttenbach	W.	Wörnitzstein.	Iven	W.	Staufen.
Huttenried	W.	Ingenried.	Izlings	W.	Wohmbrechts.
Huttler	W.	Roßhaupten.	Izlishofen	W.	Kreuzanger.
Hüttlermühle	E.	"	Kaag	E.	Bodsberg.
Huttoi	W.	Wildpolzried.	Kabishof	E.	Schäfstall.
Hygstetterhof	E.	Gundelfingen.	Kaesers	D.	Altusried.
Jackenmühle	E.	Wolferstadt.	Kagerhof	E.	Ambach.
Jägerhaus	E.	Waal.	Kaisermad	E.	Betzigau.
Jägerhaus	E.	Ebingen.	Kaisers	E.	Wengen.
Jägerhof	E.	Stötten.	Kaisersmoos	W.	Breitenbrunn.
Jägermühle	E.	Unterthingau.	Kalchenbach	W.	Rettenberg.
Jägers	E.	St. Lorenz.	Kalden	E.	Altusried.
Jägersberg	W.	Fischen.	Kalkofenmühle	E.	Iping.
Jägersbühl **)	B.	Untermaxfeld.	Kallertshofen	W.	Bissingen.
Jauchen	W.	Obersdorf.	Kaltbronn	D.	Legau.
Jaunen	W.	Betzigau.	Kaltenbrunn	E.	Wald.
Jedelhausen	W.	Hausen.	Kaltenbrunn	E.	Willofs.
Iggstetterhof	E.	Attenfeld.	Kalzhofen	D.	Staufen.
Ihlishof	W.	Oberreute.	Kammern	E.	Wengen.
Illemad	W.	Lauterbach.	Kapf	E.	Tiefenbach.

*) Auch Hubrechts. — **) Auch Kochheim.

Name des Ortes.	Eigenschaft desselben.	Gehört zur Gemeinde.	Name des Ortes.	Eigenschaft desselben.	Gehört zur Gemeinde.
Kapfreite . . .	W.	Simmerberg.	Kinnbach	W.	Niederstaufen.
Kapfmühle . . .	E.	"	Kinnberg	W.	"
Kappel . . .	D.	Berg.	Kinnberg	W.	Scheidegg.
Kappelhof . . .	E.	Ronsberg.	Kipfenberg . . .	W.	Reinhartsried.
Kappen . . .	E.	Heimenkirch.	Kippach	W.	Wald.
Karbaiserhof . .	E.	Schöfftall.	Kirchdorf . . .	W.	Vorderburg.
Kargen . . .	W.	Lenzfried.	Kirchthal . . .	W.	Seeg.
Kargen . . .	W.	Niederstaufen.	Kirchstetten . .	W.	Oberkammlach.
Karlins . . .	W.	Böben.	Kirnach	E.	Wiggensbach.
Karlsfeld . . .	E.	Gundelfingen.	Kirrberg	W.	Balzhausen.
Karlshof . . .	W.	Niederaltheim.	Kirrwang	D.	Bolsterlang.
Karlsruhe . . .	D.	Karlskron.	Kitzensberg . . .	W.	Gestraz.
Kassier . . .	E.	Ueberbach.	Klaffern	E.	St. Lorenz.
Kastlmühle . . .	E.	Sinning.	Klamm	E.	Buchenberg.
Katharinenhof . .	E.	Lauingen.	Klause	E.	Allmannshofen.
Katzbrüh . . .	W.	Röngetried.	Klause	E.	Zöschingen.
Katzenhirn . .	W.	Mindelau.	Klausen	E.	Neuburg a. D.
Katzenloch . .	E.	Legan.	Klefers	E.	Grönenbach.
Katzenloh . .	E.	Kutzenhausen.	Kleinanhausen .	W.	Großanhausen.
Katzenmoos . .	E.	Legau.	Kleinhohenried .	W.	Karlshuld.
Katzenmühle . .	E.	Scheffau.	Kleinmederschach	E.	Blöcktach.
Katzenstein . .	W.	Ronheim.	Kleinried . . .	W.	Gabelbach.
Kaufmanns . .	W.	Wald.	Kleinweiler . . .	W.	Wengen.
Kaurus . . .	E.	St. Lorenz.	Klessen	E.	Niederdorf.
Keesers . . .	W.	Altusried.	Kletzenmühle . .	E.	Nähermemmingen.
Kehrheim *) . .	E.	Untermarxfeld.	Klingen	E.	Lenzfried.
Kehrhof . . .	E.	Dinkelshausen.	Klingenbad . . .	E.	Schönenberg.
Kehrmühle . .	E.	"	Klinkerhof . . .	E.	Könghausen.
Kelchsried . . .	W.	Grimoldsried.	Klosterhof . . .	E.	Aschach.
Keller	W.	Vorderburg.	Klosterhof . . .	W.	Wald.
Kellershueb . .	W.	Lindenberg.	Klostermühle . .	E.	Maihingen.
Kempterwald . .	W.	Mittelberg.	Klosterzimmern .	D.	Deiningen.
Kempterweg . .	E.	Rimratshofen.	Knaus	E.	Altusried.
Kenels . . .	W.	Buchenberg.	Knaus	W.	Schlegelsberg.
Kenels . . .	W.	Sulzberg.	Knechtenhofen .	D.	Thalkirchdorf.
Kenners . . .	W.	Gestraz.	Kniebos	E.	St. Lorenz.
Keuschlingen . .	W.	Behlingen.	Knobele	E.	Altusried.
Kicklingermühle .	E.	Kicklingen.	Knottenried . .	D.	Diepolz.
Kienberg . . .	D.	Trugenhofen.	Kobel	E.	Westheim.
Kierberg . . .	W.	Balzhausen.	Kochheim **) . .	E.	Untermarxfeld.
Kierwang . . .	D.	Bolsterlang.	Kochs	E.	Altusried.
Kiesberg . . .	W.	Deisenhausen.	Kochs	W.	Wiggensbach.
Kiesels . . .	W.	Reicholzried.	Köchlin	W.	Rentin.
Kiesels . . .	E.	Waltenhofen.	Kögel	E.	Roßhaupten.
Kilbrackhof . .	E.	Engetried.	Kögel	E.	Rückholz.
Killischwaig . .	E.	Zujum.	Kögelmühle . .	E.	Sonthofen.
Kimpfler . . .	D.	Röthenbach.	Köllberg . . .	E.	Kleinkemnath.
Kindberg (Ober-)	W.	Hassenwang.	Kölis	E.	Sulzberg.
Kindberg (Unter-)	W.	"	Köllen	W.	Petersthal.
Kindo	E.	St. Lorenz.	Köndelberg . . .	W.	Mussenhausen.

*) Auch Kochheim. — **) Auch Jägersbühl.

Name des Ortes.	Eigenschaft desselben.	Gehört zur Gemeinde.	Name des Ortes.	Eigenschaft desselben.	Gehört zur Gemeinde.
Könghauserhof . .	E.	Schwabeck.	Kreuzhof	E.	Willofs.
Königsberg . . .	W.	Apfeltrang.	Kriegsstatthof . .	E.	Gosheim.
Königsmühle . .	E.	Wertingen.	Kröplings . . .	W.	Böhen.
Königsried . . .	W.	Bibingen.	Krössen**) . . .	D.	Mittelberg.
Köpf	E.	Buchenberg.	Krottenhüll***) .	W.	Ingenried.
Köpfingerhof . .	E.	Grimoldsried.	Kruichen . . .	D.	Aletsried.
Kössentöbele . .	W.	Gestraz.	Krumbad . . .	W.	Ebenhausen.
Kohlenberg . . .	E.	Moosbach.	Kühbach . . .	W.	Ried.
Kohlersbach . .	E.	St. Lorenz.	Kühberg . . .	E.	Oberstdorf.
Kohlhunden . .	E.	Oberdorf.	Kühsteig . . .	E.	Kimratshofen.
Kohlstadt . . .	E.	Kimratshofen.	Künersberg . .	D.	Memmingerberg.
Kohlwald . . .	E.	Reichau.	Kürpsee . . .	E.	Wildpoldsried.
Kolben	W.	Wiggensbach.	Kürzenen . . .	E.	Hopfen.
Komposten . . .	E.	Dietmannsried.	Kuhnen . . .	W.	Waltenhofen.
Koneberg . . .	E.	Halbenwang.	Kunzach . . .	W.	Bebernau.
Konnenberg . .	W.	Nimmenhofen.	Kuppel	E.	Altusried.
Konstanzerhueb .	W.	Thalkirchdorf.	Kurzberg . . .	D.	Martinszell.
Koppenhof . . .	E.	Honsolgen.	Kurzenhof . . .	E.	Lechbruck.
Koppenlach . .	E.	Zell.	Kutten . . .	E.	Wiggensbach.
Korb	W.	Breitenbrunn.	Kuttern . . .	E.	Böhen.
Korbsee . . .	E.	Bernbach.	Lachen . . .	W.	Elarts.
Kornau . . .	D.	Oberstdorf.	Lachen . . .	D.	Nesselwang.
Kornhofen . . .	W.	Grönenbach.	Lacherhof . . .	W.	Simmerberg.
Kornwangers . .	W.	St. Lorenz.	Lämlings . . .	W.	St. Lorenz.
Kosmas St. . . .	K.	Kaufbeuren.	Längenen . . .	E.	Simmerberg.
Kottern . . .	E.	Durach.	Längenmühle . .	E.	Zell.
Kottern . . .	W.	Lenzfried.	Längersau . . .	W.	Gestraz.
Krähberg . . .	E.	Aitrang.	Laiber . . .	W.	Reichardshofen.
Krähberg . . .	W.	Simmerberg.	Laich	W.	Seeg.
Krähmoos . . .	E.	Leeder.	Lamineten . . .	E.	Altusried.
Kräplins . . .	E.	Böhen.	Lampertsweiler	D.	Weissensberg.
Kraienberg . .	E.	Reicholzried.	Lampolz . . .	W.	Böhen.
Kraivogels . .	W.	Legau.	Lamprechts . . .	W.	Thalkirchdorf.
Kranzeck . . .	D.	Rettenberg.	Landholz (Ausser-)	W.	Legau.
Kratzerhof . .	E.	Brachstatt.	Landholz (Ober-) .	W.	„
Kratzhof . . .	E.	Harburg.	Landholz (Unter-) .	W.	„
Krautenberg . .	E.	Frechenrieden.	Landstrost . . .	W.	Offingen.
Krauthaus . . .	E.	Neuburg a. D.	Langegg . . .	W.	Seeg.
Kreben . . .	W.	Fischen.	Langenberg . .	D.	Guggenberg.
Krebs	W.	Flach.	Langenegg . . .	W.	Martinszell.
Kreen	W.	Altdorf.	Langenreichermühle	E.	Längenreichen.
Krellesmühle . .	E.	Rohrenfels.	Langenried . . .	D.	Oberreute.
Kremmlen . . .	W.	Oberreute.	Langenthal . . .	W.	Hopferbach.
Kreppen . . .	W.	Biburg.	Langenwald . .	W.	Roßhaupten.
Kressen*) . . .	D.	Mittelberg.	Langenweg . . .	W.	Aeschach.
Kreuth	W.	Oberhausen.	Langenwang . .	D.	Fischen.
Kreuth . . .	W.	Flotzheim.	Langwiedmühle .	E.	Straß.
Kreuz	E.	Altusried.	Lankweid†) . .	E.	Bibingen.
Kreuz (heil.) . .	W.	St. Lorenz.	Lanz	E.	Kronburg.
Kreuzeck . . .	D.	Berg.	Lanzen . . .	W.	Waltenhofen.

*) Auch Krößen. — **) Auch Kressen. — ***) Auch Krottenhüll. — †) Auch Langweid.

Name des Ortes.	Eigenschaft desselben.	Gehört zur Gemeinde.	Name des Ortes.	Eigenschaft desselben.	Gehört zur Gemeinde.
Lanzenberg . . .	E.	Wengen.	Lengatz	D.	Thann.
Lanzenberg . . .	W.	Gestraz.	Lengenen . . .	E.	Simmerberg.
Lanzenberg . . .	W.	Ottacker.	Lengenfeld . . .	E.	Neuburg a. D.
Lappach	W.	Balterschwang.	Lengersau . . .	W.	Gestraz.
Lattenweiler . .	W.	Oberreitnau.	Lenzen	E.	Balterschwang.
Lauben (ober b. Brücke	E.	St. Lorenz.	Lerchegg . . .	E.	Rückholz.
Lauben (unter b.Brücke	E.	„	Lerchenberg . .	E.	Ertheim.
Laubenberg . . .	E.	Grönenbach.	Lerchenbühl . .	W.	Mögersheim.
Laubenberg . . .	Schl.	Stein.	Lerchenmühle . .	E.	Hergensweiler.
Lauber	E.	Kronburg.	Letten	E.	St. Lorenz.
Lauberhart . . .	W.	Lauben.	Letten	E.	Ronsberg.
Laubers	E.	Sontheim.	Letten	E.	Lenzfried.
Laudam	E.	Kimratshofen.	Letz	W.	Scheidegg.
Laudorf	W.	Waltenhofen.	Letz	W.	Wengen.
Laufen	W.	Durach.	Letze	W.	Hoyren.
Laufenegg . . .	D.	Staufen.	Leubas	D.	Lenzfried.
Lausbühl	E.	Willofs.	Leupolz	D.	„
Lausers	E.	Altusried.	Leupolz	W.	Haitzen.
Lausers	E.	Legau.	Leupratsried . .	W.	Lenzfried.
Lausers am Moos	W.	„	Leute	E.	Altusried.
Lautenberg . . .	W.	Herbatshofen.	Leuten	W.	Waltenhofen.
Leberhof	E.	Lochenbach.	Leuthen	E.	Wiggensbach.
Lechern	W.	Hopfrau.	Leuthenhofen . .	D.	Waltenhofen.
Lechmühle. . . .	E.	Seestall.	Leuthau	W.	Klimmach.
Lechsberg . . .	W.	Asch.	Leuthenhof . . .	E.	Dirlewang.
Lechsend	D.	Grailsbach.	Lichtenau . . .	W.	Gutenhausen.
Lederfabrik . . .	W.	Schretzheim.	Lichtenheim . . .	E.	Karlstron.
Lederstadt . . .	W.	Zirgesheim.	Lichtenmoos . . .	E.	Mittelberg.
Leerhaus	E.	Bachhagel.	Lieben	W.	Eisenberg.
Lehenbühl . . .	W.	Legau.	Liebenstein . . .	W.	Hindelang.
Lehenhäusl . . .	E.	Altisheim.	Liederberg . . .	D.	Wittesheim.
Lehenhof	E.	„	Lierheim	D.	Appetshofen.
Lehenhof	E.	Schäfstall.	Linden	W.	Engetried.
Lehenmühle *) . .	E.	Seestall.	Linden	E.	Gestraz.
Leibenberg . . .	E.	Lechbruck.	Linden	W.	Membolz.
Leiblachsberg . .	W.	Sigmartszell.	Lindenau . . .	W.	Scheffau.
Leichertshofen . .	W.	Rudratshofen.	Lindenhof . . .	Villa	Hoyren.
Leimoos **) . . .	W.	Rückholz.	Lindgraben . . .	E.	Auerbach.
Leinau	D.	Pforzen.	Lingggen . . .	W.	Durach.
Leinschwenden . .	W.	St. Lorenz.	Linggenreite . .	W.	Opfenbach.
Leinschwenden . .	E.	„	Linkersbaint . .	E.	Dornstadt.
Leintobel . . .	W.	Scheffau.	Linsen	D.	Niedersonthofen.
Leisacker . . .	D.	Bittenbrunn.	Lippenhalden . .	W.	Reinhardsried.
Leitfritz	W.	Minderstaufen.	Liss	E.	Wiggensbach.
Leithen	E.	Wiggensbach.	Listhof	E.	Harburg.
Leitenhof	E.	Dirlewang.	Litzen	E.	Burg.
Leithenhof . . .	E.	Burgmagerbein.	Litzis	D.	Opfenbach.
Leiter	E.	Oberstdorf.	Lixenmühle . . .	E.	Hindelang.
Leiterberg . . .	D.	Betzigau.	Lixer	E.	Opferbach.
Lendras	E.	Muthmanshofen	Lobach	D.	Seeg.

*) Auch Lechmühle. — **) Auch Luimoos.

Name des Ortes.	Eigenschaft desselben.	Gehört zur Gemeinde.	Name des Ortes.	Eigenschaft desselben.	Gehört zur Gemeinde.
Loch	E.	Legau.	Maisenpaint	E.	Wiggensbach.
Loch	E.	Martinszell.	Mallas	W.	Staufen.
Loch	D.	Weissenberg	Malleichen	E.	Gestraz.
Lochbauer	E.	Willofs.	Maneberg	E.	Grönenbach.
Lochhaus	E.	Krugzell.	Maneberg	W.	Untrasried.
Lochmühle	E.	Mittelberg.	Mangmühle	E.	Roßhaupten.
Lochmühle	E.	Uhwingen.	Manneschley	E.	Reicholzried.
Lochmühle	E.	Waldkirch.	Mannschwenden	W.	Legau.
Lochwiesen	W.	Tiefenbach.	Manzen	E.	Altusried.
Löchler's	W.	Rettenbach.	Manzen	W.	Lindenberg.
Loh*)	E.	Legau.	Mapprechts**)	D.	Heimenkirch.
Lohbauer	E.	Hüttenwang.	Marbach	W.	Brünsee.
Lohe	W.	Niederhofen.	Marbacherhof	E.	Edelstetten.
Lohhof	E.	Nassenbeuren.	Marbacherhof	E.	Reuti.
Lohmühle	E.	Nördlingen.	Margarethen	D.	Sonthofen.
Lohmühle	E.	Bembing.	Mariaberg	E.	St. Lorenz.
Lomersheim	D.	Gosheim.	Maria Mödingen	K.	Mödingen.
Loretto	E.	Oberstdorf.	Mariarein***)	W.	Mittelberg.
Lotterberg	E.	St. Lorenz.	Marienheim†)	D.	Zell.
Ludwigsberg	W.	Türkheim.	Mark	E.	Steinbach.
Ludwigschwaig	E.	Pfaffenhofen.	Markhof	E.	Huisheim.
Lüftenberg	W.	Hegnenbach.	Martinshof	E.	Landshausen.
Lüftenberg	W.	Streitheim.	Marxer	E.	Immenthal.
Luiblings	E.	Altusried.	Marzelstetten	W.	Hettlingen.
Luipen	E.	Roth.	Masers	W.	Buchenberg.
Luisenruhe	E.	Apfstetten.	Mathesmühle	E.	Gosheim.
Luismoos	W.	Rückholz.	Matzenhofen	E.	Unterroth.
Luitharz	D.	Atams.	Mautis	W.	Willofs.
Luitzenmühle	E.	Krastisried.	Maxweiler	E.	Bruck.
Lukasreite	E.	Maierhöfen.	Mayrhof	E.	St. Lorenz.
Lustberg	E.	Dentlingen.	Mayrhof	E.	Offenhausen.
Luthenried	W.	Lengenwang.	Meckatz	D.	Heimenkirch.
Lutzenberg	D.	Röggbausen.	Mederschach††)	W.	Blöctach.
Mackenhof	E.	Wörnitzstein.	Meggingen†††)	W.	Kleinsorheim.
Madelhalm	D.	Fischen.	Meggenried	D.	Wiltpolzried.
Mäderschach	W.	Friesenried.	Mehrenstetten	E.	Konzenberg.
Mäbris	W.	Niedersonthofen.	Meichen†*)	W.	Opfenbach.
Mändlfeld	E.	Karlskron.	Meilingen	D.	Berg.
Märxle	W.	Dietershofen.	Meisenpaint	E.	Wiggensbach.
Mäuchen	W.	Opfenbach.	Mekingen	W.	Kleinsorheim.
Maggmanshofen	D.	Frauenzell.	Mellatz	D.	Opfenbach.
Maien	W.	Legau.	Memersch u. Schicken	W.	Petersthal.
Maierhöfe	W.	Reicholzried.	Menhofen	W.	Dentlingen.
Maierhof	E.	Buchenberg.	Menzen	D.	Heimenkirch.
Maierhof	W.	Memhölz.	Merzisried	E.	Oberbeuren.
Maierhof	E.	Wortelstetten.	Metzlers	E.	Gestraz.
Maiers	E.	Willofs.	Metzlers	D.	Weissenberg.
Maingründel	D.	Reitenbuch.	Meyern†**)	W.	Ronsberg.
Mairhof	E.	Wortelstetten.	Michelschwaig†***)	E.	Gremheim.

*) Auch Loch. — **) Auch Mengen. — ***) Auch Buchen. — †) Kathol. pfarren nach Zell. — ††) Auch Großmederschach. — †††) Auch Mekingen. — †*) Auch München. — †**) Auch Neuern. — †***) Auch Neuschwaig.

Name des Ortes.	Eigenschaft desselben.	Gehört zur Gemeinde.	Name des Ortes.	Eigenschaft desselben.	Gehört zur Gemeinde.
Miesenbach	W.	Durach.	Moosmühle	E.	Hopferbach.
Miezlings	W	Hergensweiler.	Moosmühle	E.	Leeber.
Millers	E.	Wiggensbach.	Moosmühle	E.	Mindelheim.
Mindel	E.	Immenthal.	Moosmühle	E.	Rettenberg.
Mindelberg	W.	Egelhofen.	Moosmühle	E.	Stiefenhofen.
Mindelberg	D.	Willofs.	Moosmühle	E.	Wildpolzried.
Mindelmühle	E.	Willofs.	Morgen	W.	Vorderburg.
Minderbetzigau	W.	Betzigau.	Mosers	E.	Buchenberg.
Minderdorf	E.	Sulzberg.	Mothen	D.	Heimenkirch.
Minderdorf (Unter)	W.	Sulzberg.	Mothenmühle	E.	Heimenkirch.
Mischberg	E.	St. Lorenz.	Motzen	E.	Betzigau.
Mitbüchel	W.	Petersthal.	Motzen	E.	Lenzfried.
Mittelberg	D.	Immenthal.	Motzgatzried	W.	Grünenbach.
Mittelberg	E.	Kimratshofen.	Mozach	D.	Reutin.
Mittelhofen	D.	Harbatshofen.	Muderpolz	W.	Ofterschwang.
Mittelhofen	E.	Traunried.	Mühlauhof	E.	Niederaltheim.
Mittelmühle	E.	Deisenhofen.	Mühlbach	E.	St. Lorenz.
Mittelmühle	E.	Gosheim.	Mühle	E.	Wengen.
Mittelrieden	D.	Oberrieden.	Mühle (zur)	W.	Wiggensbach.
Mittenbuch	E.	Bobolz.	Mühlenried	E.	Sulzberg.
Mittelwegerhof	E.	Nußbühl.	Mühlgert	E.	Kimratshofen.
Mitwänden	E.	Tiefenbach.	Mühlerösch	E.	Altusried.
Miweiler	W.	Opfenbach.	Mühlstadt	E.	Betzigau.
Modelshausen	D.	Bocksberg.	Müllers	W.	Wiggensbach.
Möderhof	E.	Deiningen.	Münchhof	W.	Reutin.
Mödishofen	D.	Ulfersbach.	Münzenried	D.	Aitrang.
Möggingen	W.	Kleinforheim.	Multen	E.	Mittelberg.
Möllen	W.	Thann.	Mummen (alt)	W.	Blaichach.
Mönzenried	W.	Aitrang.	Musshanen	E	Kimratshofen.
Mörsbrunn	E.	Heuberg.	Muthen	W.	Wohmbrechts.
Mösle	E.	Hindelang.	Mutten	D.	Stiefenhofen.
Mösten	W.	Stötten.	Muttenauhof	E.	Fessenheim.
Möstenberg	W.	Betzigau.	Muttersbofen	W.	Lützelburg.
Mohlbergerhof	E.	Höchstädt.	Nachermühle	E.	Daiting.
Mollenberg	D.	Hergensweiler.	Nachstetterhof	E.	Memmenhausen.
Mollenmühle	E.	St. Lorenz.	Nadenberg	D.	Lindenberg.
Molzen	E.	Woringen.	Nägelishalden	W.	Aach.
Monburg	E.	Affaltern.	Nägelried	W.	Sulzberg.
Moos	Schl.	Aschach.	Nähermittenhausen	W.	Fernmittenhausen
Moos	E.	Altusried.	Nagelhueb	W.	Zimmerberg.
Moos	W.	Eghofen.	Nagelringen	W.	Maierhöfen.
Moos	W.	Lauben.	Naichböfo	E.	Laugenbaslach.
Moos	W.	Legau.	Naien	E.	Kimratshofen.
Moos	W.	Lenzfried.	Naiers	W.	Dietmannsried.
Moos	W.	Martinszell.	Nasengrub	E.	Lauben.
Moos	E.	Sulzberg.	Neidegg	E.	Legau.
Moos	W.	Weissensee.	Nellenberg	W.	Wengen.
Moos	W.	Weitnau.	Nellenbruck	E.	Wengen.
Moosbühl	E.	Martinszell.	Nenningshof	E.	Laningen.
Mooslachen	W.	Mitten.	Nepfen	E.	Roßhaupten.
Moosmühle	W.	Dorberg.	Noppen	E.	Maierhöfen.
Moosmühle	E.	Berg.	Nesso	W.	Wiggensbach.

Name des Ortes.	Eigenschaft desselben.	Gehört zur Gemeinde.	Name des Ortes.	Eigenschaft desselben.	Gehört zur Gemeinde.
Nettershausen	D.	Burk.	Oberburg	E.	Tannenberg.
Neubolz	E.	Wald.	Oberbuchenbühl	W.	Scheidegg.
Neubronn	E.	Holzschwang.	Oberdill	W.	Hopferau.
Neubuchenbrunn	E.	Tannenberg.	Oberdolden	W.	Eisenberg.
Neuburg	E.	Halbenwang.	Oberdorf	D.	Hinbelang.
Neuburg	E.	Tannenberg.	Oberdorf	D.	Maiselstein.
Neuburg	E.	Wiggensbach.	Oberdorf	D.	Martinszell.
Neudeck	E.	Rieblingen.	Oberegg	W.	Muthmanshofen
Neudek	E.	Biburg.	Oberegg	W.	Wildpolzried.
Neudorf	W.	Lenzfried.	Obereinharz	D.	Stein.
Neuenried	W.	Ronsberg.	Oberellegg	D.	Wertach.
Neuhäder	W.	Häder.	Obere Mühle	E.	Göggingen.
Neuhaus	E.	Bobingen.	Obere Schwallmühle	E.	Gosheim.
Neuhaus	E.	Böhen.	Obere Zollbrücke	E.	Osterschwang.
Neuhaus	W.	Scheffau.	Obergamenried	W.	Wörishofen.
Neuhaus	W.	Scheidegg.	Obergessertshausen	D.	Gessertshausen.
Neuhausen	D.	St. Lorenz.	Obergiessen	W.	Stein.
Neuhof	E.	Kaisheim.	Obergrünhof	E.	Ettenbeuren.
Neuhof	E.	Zöschingen.	Oberhäuser	W.	Heimenkirch.
Neulebelang	K.	Welben.	Oberhäuser	W.	Röthenbach.
Neumühle	E.	Altusried.	Oberhagenried	W.	Edelstetten.
Neumühle	E.	Legau.	Oberhart	E.	Steinheim.
Neumummen	W.	Immenstadt.	Oberhaslach	W.	Betzisried.
Neurieden	E.	Rieden.	Oberböhle	W.	Staufen.
Neuschwaige	E.	Oremheim.	Oberhof	D.	Durach.
Neuschwetzingen	D.	Untermarxfeld.	Oberhofen	E.	Buchenberg.
Neustockau	E.	Reichertshofen.	Oberhofen	D.	Rimratshofen.
Neutenmühle	E.	Bissingen.	Oberhofen	E.	Traunried.
Neuweiler	D.	Wortelstetten.	Oberhofs	W.	Reutin.
Neuwelt	W.	Lautrach.	Oberholz	W.	Hergensweiler.
Niebers	W.	Lachen.	Oberholzgünz	D.	Holzgünz.
Niederdorf	D.	Maiselstein.	Oberhueb	W.	Altusried.
Niederhaus	W.	Reutin.	Oberhueb	E.	Altusried.
Niederhofen	E.	Buchenberg.	Oberjoch *)	W.	Hinbelang.
Niederböfen	W.	Nesselwang.	Oberkehlen	E.	Stötten.
Niederried	E.	Weissensee.	Oberkirch	W.	Weissensee.
Niederwang	E.	Untrasried.	Oberlauben	D.	Lauben.
Nollen	W.	Böhen.	Oberleitfritz	W.	Weitnau.
Nonnenbergmühle	E.	Herblingen.	Oberleute	W.	Simmerberg.
Nordfelderhof	E.	Fristingen.	Obermagerbein	W.	Fronhofen.
Nordhofen	W.	Diesenhausen.	Obermaxfeld	D.	Untermarxfeld.
Notzen	E.	Betzigau.	Obermelden	E.	Ebersbach.
Notzen a. b. Halde	D.	Wiggensbach.	Oberminderdorf	W.	Sulzberg.
Nuischnau	W.	Hirschbach.	Obermoosbach	W.	Lachen.
Nuitenmühle	E.	Möbingen.	Obermühle	E.	Weichering.
Ob	D.	Bernbach.	Obermühle	E.	Seeg.
Ob dem Holz	E.	Weringen.	Obermühle	E.	Schrezheim.
Oberberg	E.	Oberreute.	Obermühle	E.	Möttingen.
Oberberghof	E.	Loppenhausen.	Obermühlegg	W.	Bolsterlang.
Oberbeutmühle	E.	Fünfstetten.	Obermoosbach	W.	Lachen.

*) Auch Borderjoch.

13

Name des Ortes.	Eigenschaft desselben.	Gehört zur Gemeinde.	Name des Ortes.	Eigenschaft desselben.	Gehört zur Gemeinde.
Obernefsried	D.	Agawang.	Oelschläger	E.	Probstried.
Oberneuenried	D.	Huttenwang.	Oelstauden	E.	Krugzell.
Oberniederwang	E.	Untrasried.	Oesch	E.	Untrasried.
Obernitzenbrack	W.	Hergensweiler.	Oesch	E.	Altusried.
Oberräthen	W.	Altusried.	Oesch	D.	Steinach.
Oberrechberg	E.	Böhen.	Oesch	E.	Martinszell.
Oberreutheu	D.	Eisenberg.	Oesch	E.	Dietmansried.
Oberreuthen	W.	Enzenstetten.	Oeschenau	E.	Oberthingau.
Obereute	D.	Reutin.	Oeseble	W.	Probstried.
Oberried	W.	Breitenthal.	Oesehle	E.	Sulzberg.
Oberried	W.	Dietmansried.	Ofen	E.	Wald.
Oberried	W.	Ebratshofen.	Oggenhof	W.	Willishausen.
Oberried	W.	Heimenkirch.	Oggenried	W.	Irsee.
Oberried	E.	St. Lorenz.	Obnholz	W.	St. Lorenz.
Oberried	E.	Ollarzried.	Ohnsang	E.	Oberrieden.
Oberried	W.	Sonthofen.	Ohnwangs	W.	Aitrang.
Oberried	E.	Stiefenhofen.	Oib	W.	Tiefenbach.
Oberried	D.	Weissensee.	Ollachmühle	E.	Mündling.
Oberrothan	E.	Habersweiler.	Opferstetten	W.	Schlishausen.
Obersägen	E.	Altusried.	Opersberg	E.	Fremdingen.
Oberscheiben	W.	Simmerberg.	Opprechts	W.	Altusried.
Oberschlicht	E.	Lechbruck.	Ortwang	D.	Burgberg.
Oberschmitten	W.	Röthenbach.	Oslang	E.	Kronburg.
Oberschönefeld	W.	Gessertshausen.	Osterberg	W.	Böhen.
Oberschwarzenberg	W.	Mittelberg.	Osterberg	E.	Frauenzell.
Oberschwenden	E.	Scheidegg.	Osterberg	W.	Oberthingau.
Oberstein	W.	Scheidegg.	Osterberg	E.	Probstried.
Obersterobühl	E.	Woringen.	Osterdorf	E.	Thalkirchdorf.
Oberstixer	E.	Diepolz.	Osterhofen	W.	Weitnau.
Oberteutsch	W.	Weissensee.	Osterkühbach	E.	Usterbach.
Oberthalhofen	D.	Harbatshofen.	Osterlauchdorf	E.	Altenstaig.
Oberthalhofen	W.	Schöllang.	Osterrainen	W.	Rieden.
Oberthannen	E.	Sulzberg.	Osterreuthen	W.	Eisenberg.
Obertrogen	W.	Simmerberg.	Osterried	D.	Rieden.
Oberwaldmühle	E.	Böhen.	Osterried	W.	Untrasried.
Oberwalzlings	W.	Rimratshofen.	Osterwald	E.	Hepferbach.
Oberwarlins	W.	Böhen.	Osterwald	W.	Probstried.
Oberweiler	W.	Ronsberg.	Osterweiler	W.	Wörnitzstein.
Oberwengen	E.	Haldenwang.	Ostettringen	W.	Ettringen.
Oberwesterheim	D.	Westerheim.	Ottackers	E.	Sulzberg.
Oberzell	D.	Osterzell.	Otten	E.	Rückholz.
Oberzollbrücke	E.	Osterschwang.	Otterwald	W.	Niederrieden.
Oberzollhaus	W.	Mittelberg.	Ottisried	W.	Haldenwang.
Ockermühle *)	E.	Burgheim.	Ottostall	W.	Altusried.
Odach	E.	Altusried.	Oy	D.	Mittelberg.
Oebele	W.	Wald.	Oymühle	E.	Mittelberg.
Oedwang	D.	Osterzell.	Papierer	E.	Ueberbach.
Ocheim	W.	Betzisried.	Papiermühle	E.	Christgarten.
Oeblfischer	E.	Höchstädt.	Papiermühle	E.	Dillingen.
Oelbrechts	E.	Betzisried.	Papiermühle	E.	Wittelheim.

*) Auch Ackermühle.

Name des Ortes.	Eigenschaft desselben.	Gehört zur Gemeinde.	Name des Ortes.	Eigenschaft desselben.	Gehört zur Gemeinde.
Paradies	E.	Lannenberg.	Ratholz	D.	Bühl.
Peterhof	E.	Nettenbergen.	Ratzenberg	W.	Opfenbach.
Petersruh	E.	Blindheim.	Rauen	E.	Gestraz.
Pfaffenhofen	W.	Haldenwang.	Rauhen	E.	St. Lorenz.
Pfaffenried	E.	Sulzberg.	Rauhenstein	D.	Wiggensbach.
Pfaffenried	W.	Wiggensbach.	Rauhenmühle	W.	Probstried.
Pfaffenwib	E.	Tiefenbach.	Raumberg	W.	Probstried.
Pfalzen	W.	Staufen.	Raunberg	W.	Wiggersbach.
Pfaudels*)	E.	Böhen.	Rauns	D.	Waltenhofen.
Pfauzen	E.	Zell.	Raupolz	W.	Grönenbach.
Peffermanns	E.	Dietmannsried.	Raustetten	D.	Frembingen.
Pfeifhof	E.	Anhausen.	Reutshofen	W.	Gottmannshofen.
Pferrenberg	W.	Ebratshofen.	Rechberg	E.	Grönenbach.
Pflabaumen	W.	Leugenwang.	Rechbichel**)	E.	Berg.
Pfladermühle	E.	Wechingen.	Reckenberg	W.	Hindelang.
Pflegermühle	E.	Gosheim.	Regis	E.	Dietmannsried.
Pflumerumühle	E.	Buchenberg.	Rehle	E.	Lechbruck.
Pfosen	E.	Reicholzried.	Rehlings***)	D.	Weissensberg.
Pfroutenberg	D.	Berg.	Reichharten	E.	Krugzell.
Pfrontenried	D.	Berg.	Reichartsried	W.	Willofs.
Possenried	D.	Hirschbach.	Reichelsberg	W.	St. Lorenz.
Posthof	E.	Riedlingen.	Reichen	W.	Nettenberg.
Pracht	W.	Steinbach.	Reichenbach	D.	Schöllang.
Presslings	E.	St. Lorenz.	Reichenbach i. W. †)	E.	Buch.
Priemen	W.	Vollratshofen.	Reichersried	D.	Münsterhausen.
Priors	E.	Haldenwang.	Reichertsweiler	E.	Wörnitzstein.
Probfeld	W.	Karlskron.	Reichertswies	W.	Hochfeld.
Probmühle	E.	Ebekirchen.	Reicholz	E.	Ebersbach.
Pröbsten	W.	Eisenberg.	Reinertshof	W.	Hopferau.
Prost	E.	Rückholz.	Reinen	W.	Mittelberg.
Pulvermühle	E.	Deisenhofen.	Reinharten	E.	Stötten.
Quellgut	E.	Altisheim.	Reinharts	W.	Lenzfried.
Quellhaus	E.	Zusum.	Reinhaus	Schl.	Aeschach.
Radau	D.	Göggingen.	Reinthal	W.	Kimratshofen.
Radigundis	W.	Bergheim.	Reisach	E.	Sulzberg.
Radis	E.	Dietmannsried.	Reisachmühle	E.	St. Lorenz.
Radsperre	E.	Altusried.	Reisachsruhe ††)	E.	Ried.
Raichen	W.	Moosbach.	Reischenau	W.	Ober.schönenberg.
Raigers	W.	Krafisried.	Reisers	E.	Altusried.
Ramhof	E.	Berg.	Reismühle	E.	Dürnheim.
Ramsoi	E.	Wildpoltsried.	Reismühle	E.	Ebermergen.
Ramstein	E.	Marktoffingen.	Reite	W.	Maierhöfen.
Ranzenried	W.	Stiefenhofen.	Reite †††)	W.	Ob. rstdorf.
Rappen	W.	Oberegg.	Reite	W.	Opfenbach.
Rappeubühl	E.	Oberreuthe.	Reite	E.	Scheidegg.
Rappenloch	E.	Woringen.	Reitenhof	E.	Werlingen.
Rappenscheichen	W.	St. Lorenz.	Reiters	W.	St. Lorenz.
Rappolz	W.	Ottacker.	Remmelsberg	W.	Untrasried.
Raschenberg	E.	Maierhöfen.	Remeltshofen	D.	Kabeltshofen.

*) Auch Pfaudlings. — **) Auch Rehbühel. — ***) Auch Röhlings. — †), Auch Wasserreichenbach. — ††) Auch Weinberg. — †††) Auch Reute.

Name des Ortes.	Eigenschaft desselben.	Gehört zur Gemeinde.	Name des Ortes.	Eigenschaft desselben.	Gehört zur Gemeinde.
Rempolz	E.	Betzisried.	Rieder	E.	Roßhaupten.
Renbothen	W.	Enzenstetten.	Rieder	W.	Simmerberg.
Reudelberg	E.	Altisheim.	Rieder	W.	Vorderburg.
Rengersweiler	D.	Oberreitenau.	Rieder	W.	Weitnau.
Rengersweiler	D.	Unterreitenau.	Riederau	E.	Lenzfried.
Rennerle	E.	Aeschach.	Riederbach	E.	Bobolz.
Reppele	D.	Tiefenbach.	Riedern	W.	Bühl.
Rettingen	W.	Zusum.	Riedern	W.	Weitnau.
Reutacker	E.	Probstried.	Riedhalden	E.	Buchenberg.
Reute	W.	Blaichach.	Riedhirsch	D.	Heimenkirch.
Reute*)	W.	Oberstdorf.	Riedhof	E.	Neu-Ulm.
Reute**)	E.	Maierhöfen.	Riedhof	W.	Stötten.
Reute	E.	Probstried.	Riedhof	E.	Thal.
Reute	E.	Oberrieden	Riedholz	D.	Maierhöfen.
Reutehof	E.	Heimertingen.	Riedis	D.	Petersthal.
Reuten	W.	Wildpolzried.	Riedle	W.	Bolsterlang.
Reutenen	D.	Mitten.	Riedle	E.	Hindelang.
Reutenmühle	E.	Wertach.	Riedle	E.	Roßhaupten.
Reutenmühle	E.	Wohmbrechts.	Riedlingen	E.	Krugzell.
Reuthe	W.	Diepolz.	Riedlingen	E.	Wiggensbach.
Reuthen	D.	Haitzen.	Riedmühle	W.	Altusried.
Reuthen	W.	Lengenwang.	Riedmühle	E.	Belzheim.
Renther	W.	Bühl.	Riedmühle	E.	Bennfingen.
Rhain	E.	Staufen.	Riedmühle	E.	Hauben.
Rheinen***)	W.	Mittelberg.	Riedmühle	E.	Mindelaltheim.
Richterhaus	E.	Tapfheim.	Riedwirthshaus	E.	Gundelfingen.
Rickartshofen	D.	Unterreitenau.	Riedwirthshaus	E.	Dillingen.
Rickenbach	D.	Reutin.	Riefen	E.	Buchenberg.
Rickenbach	W.	Scheidegg.	Riegen	W.	Simmerberg.
Rickle	E.	Gabelbach.	Rieger	W.	Reinharshofen.
Rieblingen†)	W.	Wiggensbach.	Riegis	D.	Niedersonthofen.
Ried	D.	Berg.	Riegger	E.	Kronburg.
Ried	W.	Altusried.	Rielhofen	D.	Münster.
Ried	W.	Engetried.	Riesen	W.	Lechbruck.
Ried	W.	Gestraz.	Rickartshofen	W.	Unterreitenau
Ried	W.	Hopferau.	Rinang	W.	Oberstdorf.
Ried	W.	Lengenwang.	Rindegg	D.	Nesselwang.
Ried	W.	Lindenberg.	Ringenberg	W.	Gestraz.
Ried	E.	St. Lorenz.	Ringgen	W.	Martinszell.
Ried	D.	Maiselstein.	Ringlers	E.	St. Lorenz.
Ried	D.	Oberthingau.	Rischgau	D.	Hegnenbach.
Ried	W.	Petersthal.	Ritzenschattenhalb	W.	Weitnau.
Ried	W.	Reicholzried.	Ritzensonnenhalb	D.	"
Ried	D	Seeg.	Rockhöflings	W.	Lenzfried.
Ried	W.	Sulzberg.	Rödenhof	E.	Zell.
Ried	E.	Sulzberg.	Rößleuthen	D.	Berg.
Riedbruck*	E.	Wengen.	Röhlings	D.	Weißensberg.
Riedegg	W.	Seeg.	Röhrwang	E.	Eggenthal.
Rieden	D.	Sonthofen.	Röhwang	E.	Blöcktach.
Rieder	D.	Aislingen.	Römerkessel	E.	Seestall.

*) Auch Reitte. — **) Auch Reite. — ***) Auch Reinen. — †) Auch Rieblingen.

Name des Ortes.	Eigenschaft derselben.	Gehört zur Gemeinde.	Name des Ortes.	Eigenschaft derselben.	Gehört zur Gemeinde.
Röslings	W.	Lenzfried.	Rufen	E.	Ebersbach.
Röthentöbele	W.	Gestraz.	Ruffen	W.	Oberkammlach.
Roggenburg	D.	Meßhofen.	Ruhfelden***)	W.	Aichen.
Rohr	W.	Immenthal.	Rumeltshausen	D.	Günz.
Rohr	W.	Waltenhofen.	Rungertshofen	W.	Frauenzell.
Rohr	W.	Woringen.	Ruppenmanklitz	D.	Simmerberg.
Rohrach	E.	Altusried.	Ruppenmühle	E.	Gremheim.
Rohrenfeld	E.	Zell.	Ruppenschwaig	E.	"
Rohrer	E.	Kronburg.	Rupolz	D.	Hergensweiler.
Rohrhof	E.	Engetried.	Ruth	E.	Oberstdorf.
Rohrmoos	E.	Tiefenbach.	Rutzen	W.	Gestraz.
Rohrweiher	E.	Waltenhofen.	Rutzhofen	W.	Harbatshofen.
Romatsried	D.	Eggenthal.	Saalenbach	E.	Zusmarshausen.
Ronried	D.	Lauterschach.	Sachsenried	W.	Reicholzried.
Roppeltshausen	W.	Muttershofen.	Säge	W.	Wengen.
Rorgenmoos	W.	Scheidegg.	Sägmühle	E.	Dietmansried.
Rosing	D.	Untermarfeld.	Sägmühle	E.	Hohenaltheim.
Rossfallen	W.	Seeg.	Sägmühle	E.	Leeder.
Rossmoos	W.	Weissensee.	Sägmühle	E.	Wembing.
Rossschenkels	W.	Legau.	Säubäumen	E.	St. Lorenz.
Rosssteig	E.	Wengen.	Saiten	W.	Buchenberg.
Rothach	W.	Simmerberg.	Salabeuren	E.	Osterzell.
Rothen	W.	Durach.	Salach	E.	Roßhaupten.
Rothenberg	W.	Weilheim.	Salachmühle	E.	Buchdorf.
Rothenberg*)	W.	Zwergstraß.	Salb	E.	Dickenreishausen.
Rothenbergerhof	E.	Nußbühl.	Salchenried	D.	Steinbach.
Rothenfels	E.	Immenstadt.	Salchhof	E.	Harburg.
Rothenfelser Schanz	E.	"	Salenbach	E.	Zusmarshausen.
Rothenmoos	W.	Reutin.	Salenwang	D.	Friesenried.
Rothenstein	W.	Grönenbach.	Salmas	D.	Thalkirchdorf.
Rothentöbele	E.	Gestraz.	Salmansberg	E.	Unterglaubeim.
Rothhahnenschwaig	E.	Zusum.	Salmannshofen	W.	Affaltern.
Rothkreutz	W.	Weissensberg.	Salmers	E.	Simmerberg.
Rothmaiers	E.	Wiggensbach.	Sameister	D.	Roßhaupten.
Rothmoos	E.	Kronburg.	Sandbühl	W.	Ueberbach.
Rothmoos	E.	Zell.	Saneberg	W.	Stiefenhofen.
Rottach	D.	Maiselstein.	Sanget)	E.	Bühl.
Rottach	D.	St. Lorenz.	St. Urban	E.	Rieben.
Rottach	W.	"	Saulach	D.	Oberschöneberg.
Rottachmühle	E.	"	Sausenthal	E.	Unterwiesenbach.
Rottachmühle	E.	Maiselstein.	Sauters	W.	Obereitenau.
Ruben**)	D.	Schöllang.	Schaaf	E.	Staufen.
Ruchis	W.	Ottacker.	Schabernackmühle	E.	Kaisheim.
Ruderatzried	E.	Bibingen.	Schachen	E.	Haiten.
Rudwarz	W.	Immenthal.	Schachen	D.	Hopren.
Rücklemühle	E.	Gabelbach.	Schachen	W.	Wiggensbach.
Rülands	D.	Opfenbach.	Schachen	E.	Zell.
Rützen	W.	Gestraz.	Schäfmoos	E.	Leeder.
Rützhofen	D.	Harbatshofen.	Schäfstoss	W.	Horgau.

*) Die Protestanten pfarren und schulen nach Döckingen. — **) Auch Rubi. — ***) Auch Rieblingen. — †) Auch Zange.

Name des Ortes.	Eigenschaft desselben	Gehört zur Gemeinde.	Name des Ortes.	Eigenschaft desselben	Gehört zur Gemeinde.
Schafhausen	E.	Ehingen.	Schlössle	E.	Lenzfried.
Schafmeierhof	E.	Burghagel.	Schloss	E.	Sulzberg.
Schafhof	E.	Haunsheim.	Schlossbauer	E.	Aufkirch.
Schalkenried	W.	Scheidegg.	Schlossberg	E.	Eisenberg.
Schalkshofen	W.	Oberroth.	Schlosshof	E.	Rückholz.
Schanz	E.	Immenstadt.	Schlosshof	E.	Wengen.
Schanz	W.	Weitnau.	Schlottenmühle	E.	Oberegg.
Schanz	W.	Maierhöfen.	Schlucht	E.	Staufen.
Scharfentöbele	E.	Gestraz.	Schlüsselhueb	W.	Lechbruck.
Scharfrichter	E.	Donauwörth.	Schmalenberg	W.	Röthenbach.
Schatten	W.	Lenzfried.	Schmalzgrube	E.	Stötten.
Scheggline	E.	Böhen.	Schmalzholz	E.	Hopferbach.
Scheibe	W.	Reutin.	Schmidberg	W.	Rimratshofen.
Scheiben	E.	Krugzell.	Schmidberg	E.	Wengen.
Scheiben	E.	St. Lorenz.	Schmiden	W.	Ottacker.
Scheiben	E.	Wiggensbach.	Schmieden	W.	St. Lorenz.
Scheidenweiler	D.	Hergensweiler.	Schmiedsreuthe	W.	Wiggensbach.
Schelldorf	W.	Lenzfried.	Schmitte	E.	Burgberg.
Schellenberg	W.	Haitzen.	Schmitten	W.	Röthenbach.
Schellenberg	E.	Hopferbach.	Schmutterhaus	E.	Westheim.
Schellenberg	E.	Zirgesheim.	Schnabelhof	E.	Winteroffingen.
Schellenhof	E.	Niederaltheim.	Schnackenschwaig.	E.	Höchstädt.
Schellhorn	W.	Immenthal.	Schnall	W.	Tautrach.
Schelling	E.	Dickenreishausen.	Schnattern	E.	Lenzfried.
Schempach	D.	Häder.	Schnattern	E.	Gestraz.
Scheppacherhof	E.	Döpshofen.	Schneidbach	D.	Nesselwang.
Scheppachermühle	E.	Scheppach.	Schneit	E.	Grünenbach.
Schertelesluck	E.	Weringen.	Schneitweg	W.	Wildpoldsried.
Schettlehof	E.	Berg.	Schnellers	W.	Oberreute.
Schicken	W.	Nesselwang.	Schnerzhofen	D.	Anhofen.
Schiessen	E.	Lachen.	Schnitzen	E.	Sulzberg.
Schiesserhof	E.	Zirgesheim.	Schnödhof	E.	Burgheim.
Schieten	E.	Rintratshofen.	Schobermühle	E.	Immenthal.
Schilchern	E.	Probstried.	Schochen	W.	Ronsberg.
Schillers	W.	Hergensweiler.	Schochenbühl	W.	Dietmannsried.
Schindelberg	D.	Aach.	Schöllhorn	W.	Immenthal.
Schirbentobel	E.	Scheffau.	Schönau	E.	Grönenbach.
Schlachters	D.	Sigmarszell.	Schönau	D.	Hohren.
Schlappersberg	E.	Dickenreishausen.	Schönauhof	E.	Gundelfingen.
Schlechtenberg	W.	Sulzberg.	Schönbrunn	W.	Türkheim.
Schleebuch	D.	Schiessen.	Schöneberg	E.	Betzigau.
Schlegelshalde	E.	Stiefenhofen.	Schöneberg	W.	Altusried.
Schleien	E.	St. Lorenz.	Schönenbüchel	W.	Aeschach.
Schleifmühle	E.	Eggenthal.	Schönenbühl	W.	Oberreute.
Schleifmühle	E.	Höchstädt.	Schönengarten	W.	Hohren.
Schleifmühle	E.	Niederaltheim.	Schöneschach	W.	Wörishofen.
Schleifmühle	E.	Wembing.	Schönewald	W.	Rückholz.
Schleifmühle	E.	Wertach.	Schönlings	W.	Willofs.
Schlipfhalden	D.	Balderschwang.	Schöttlishof *)	E.	Berg.
Schlögelmühle	E.	Lauterbach.	Schöttenau	W.	Lindenberg.

*) Auch Schettlehof.

Name des Ortes.	Eigenschaft desselben.	Gehört zur Gemeinde.	Name des Ortes.	Eigenschaft desselben.	Gehört zur Gemeinde.
Schölderbühl	E.	Bidingen.	Schwarzenberg (Ober.)	D.	Mittelberg.
Schollen	E.	Kronburg.	Schwarzenberg (Unter.)	D.	"
Schoren	W.	Dietmannsried.	Schwarzenberg	W.	Thann.
Schoren	E.	Ollarzried.	Schwarzenbergerhof	E.	Wörnitzstein.
Schorenmoos	E.	Dietmannsried.	Schwarzenbihlers	E.	Lauben.
Schorenmoos	E.	Kimratshofen.	Schwarzenbühl	E.	Betzigau.
Schorenmoos	E.	Reicholzried.	Schwarzensee	W.	Thann.
Schornreuth	W.	Weichering.	Schwarzerd	E.	Buchenberg.
Schotten	E.	Reinhardsried.	Schwazen	D.	Weissenberg.
Schraden	W.	Hopferau.	Schwebelhaus	E.	Krugzell.
Schrailoch	W.	Kimratshofen.	Schweikharts	E.	Betzigau.
Schrallen	E.	Haiten.	Schweinbach	E.	Grimoldsried.
Schrankbaummühle	E.	Bittenbach.	Schweinebach	W.	Maierhöfen.
Schrattenbach	D.	Dietmannsried.	Schweineberg	D.	Ofterschwang.
Schreckelberg	W.	Thann.	Schweineberg	E.	Kimratshofen.
Schrechenmanklitz	D.	Simmerberg.	Schweinenburg	W.	Gestraz.
Schreiers	W.	Kimratshofen.	Schweinegg	W.	Eisenberg.
Schröckeberg	W.	Thann.	Schweinegg	M.	Enzenstetten.
Schrofen	D.	Lautrach.	Schweinlang	D.	Kraftisried.
Schrundholz	W.	Opferbach.	Schweizerhof	E.	Schäfstall.
Schüttenmühle	E.	Ebratshofen.	Schweizerhof	E.	Walkertshofen.
Schüttentobel	W.	"	Schwenden	W.	Altusried.
Schütz	E.	Geisenried.	Schwenden	W.	Grönenbach.
Schulerloch	W.	Grönenbach.	Schwenden	W.	Kimratshofen.
Schutz	G.	Gestraz.	Schwenden	D.	Leuterschach.
Schwabaich	W.	Schwabmühlhausen.	Schwenden	E.	Muthmannshofen.
Schwabelsberg	W.	St. Lorenz.	Schwendi	E.	Böhen.
Schwabenhof	E.	Balterschwang.	Schwenkels	E.	Wiggensbach.
Schwadermühle	E.	Auchsesheim.	Schwesterberg	M.	Hopfen.
Schwäbishofen	W.	Ketterschwang.	Sebastian St.	W.	Unterkammlach.
Schwaighausen	W.	St. Lorenz.	Sechensand	D.	Feldkirchen.
Schwaighöfe	E.	Genderkingen.	See	D.	Bihl.
Schwalbmühle	E.	Gosheim.	See	E.	Martinszell.
Schwaltenmühle	E.	Rückholz.	See	W.	Sulzberg.
Schwand	E.	Mitten.	See	W.	Weissensee.
Schwand	E.	Oberstdorf.	Seebach	D.	Haldenwang.
Schwanden	D.	Blaichach.	Seebach	W.	Sulzberg.
Schwanden	W.	Petersthal.	Seefeld	W.	Grönenbach.
Schwanden	W.	Stiefenhofen.	Seefeld	E.	Kimratshofen.
Schwanden	E.	Tiefenbach.	Seehof	W.	Nittingen.
Schnanteln	W.	Hopferbach.	Seehof	W.	Steinbach.
Schwarzach	W.	Wiggensbach.	Seehof	W.	Zuchering.
Schwarzen	E.	Maierhöfen.	Seelbronn	E.	Amerbingen.
Schwarzen	W.	St. Lorenz.	Seeleuthen	E.	Rückholz.
Schwarzenbach	W.	Enzenstetten.	Seesen	W.	Burg.
Schwarzenbach	E.	Zwieselberg.	Seeweiler	D.	Seeg.
Schwarzenbach	E.	Sulzberg.	Segger	W.	Lenzfried.
Schwarzenbach	W.	Krugzell.	Sehensand *)	D.	Feldkirchen.
Schwarzenbach	M.	Weissensee.	Seibothen	W.	Wiggensbach.
Schwarzenberg (Hinter.)	W.	Mittelberg.	Seifen	W.	Stein.

*) Auch Seehsand.

Name des Ortes.	Eigenschaft desselben.	Gehört zur Gemeinde.	Name des Ortes.	Eigenschaft desselben.	Gehört zur Gemeinde.
Seifrieden	E.	Hopferbach.	Spatzenhäusle	E.	Lenzfried.
Seifriedsberg	W.	Gunzesried.	Speckbrodi	W.	Holzkirchen.
Selbensberg	D.	Bertoldshofen.	Speckgreu	W.	Engetried.
Selmenau	D.	Heege.	Speiden	W.	Eisenberg.
Sellthürn *)	D.	Immenthal.	Spiegler	E.	Hoyren.
Seltmanns	W.	Weitnau.	Spielhof	E.	Möhren.
Senftenau	E.	Reichach.	Spielmannsau	W.	Sonthofen.
Senggelo	E.	Seeg.	Spindelhof	E.	Rieblingen.
Senkelmühle **)	E.	Honsolgen.	Spital	W.	Wengen.
Sennhof	E.	Heimertingen.	Spitalmühle	E.	Reichach.
Settele	W.	Stötten.	Spitalmühle	E.	Buxach.
Seyfriedsberg	Schl.	Ziemetshausen.	Spitalhof	E.	Malerbösen.
Siebeneichhof	E.	Zwergstraß.	Spitzispui	W.	Oberrieden.
Siebers	D.	Simmerberg.	Spitzenmühle	E.	Iching.
Siebratshofen	D.	Weitnau.	Spitzmühle	E.	Wolferstadt.
Siechenhaus	E.	Stiefenhofen.	Spöck	W.	Kimratshofen.
Siefenwang	W.	Oberschöneberg.	Spöttel	E.	Weissensee.
Siegenhofen	W.	Oettingen.	Sprösselmühle	E.	Stepperg.
Sieglohe	W.	Mauern.	Stadel	D.	Oberschöneberg.
Sigg	E.	Kronburg.	Stadelhof	E.	Harburg.
Sigishofen	D.	Osterschwang.	Stadelmühle	E.	Gosheim.
Sigiswang	D.	"	Stadels	D.	Oberreute.
Sigmaiers	W.	Ronsberg.	Stadels	E.	Rückholz.
Sigratsbold	W.	Lengenwang.	Stadels	W.	Görisried.
Simlers	W.	Wiggensbach.	Stadtweiher	E.	St. Lorenz.
Simmerberg	W.	Hopferbach.	Stählings	W.	Willofs.
Simmerbuch	E.	Hoyren.	Staig	W.	Altusried.
Simonsberg	E.	Hausen.	Staig	W.	Ebratshofen.
Simonsmühle	E.	Blindheim.	Staig	W.	Gestraz.
Singers	W.	Altusried.	Staig	W.	Immenthal.
Sinkelmühle	E.	Honsolgen.	Staig	W.	Krugzell.
Sinswang	D.	Stiefenhofen.	Staig	E.	Membölz.
Sirgenstein	E.	Heimenkirch.	Staig	W.	Reutin.
Söld	E.	Lechbruck.	Staig	W.	Sonthofen.
Söllthürn ***)	D.	Immenthal.	Staigers	E.	Lauben.
Sommers	W.	Lenzfried.	Staigberg	E.	Kimratshofen.
Somersberg	W.	Reicholzried.	Staubers	E.	Altusried.
Sonderdorf	D.	Volsterlang.	Staubers	E.	Betzigau.
Sonderhof	E.	Ronheim.	Staudach	E.	Haldenwang.
Sonderhof	D.	Willofs.	Staudach	E.	St. Lorenz.
Sonderbolzerhof	E.	Enöfeld.	Staudach	E.	"
Sonderried	W.	Untrasried.	Staudach	W.	Thann.
Sonderten	W.	Martinszell.	Staudach	E.	Wiggensbach.
Sonnenberg	E.	Oberrieden.	Staudenberg	W.	Breitenbrunn.
Sonnenbruck	E.	Zuckering.	Steckenried	W.	Buchenberg.
Sophienried	E.	Bächingen.	Steg-Mühle	E.	Reichach.
Sorgers	W.	Reichach.	Steg-Mühle	E.	Nördlingen.
Sparrenberg	E.	Sulzberg.	Stechele	E.	Wald.
Sparrergat	E.	Babenhausen.	Stegacker	W.	Membölz.
Spatweg	E.	Opfenbach.	Stehlings†)	W.	Willofs.

*) Auch Söllthürn. — **) Auch Sinkelmühle. — ***) Auch Sellthürn. —
†) Auch Stählings.

Name des Ortes.	Eigenschaft desselben.	Gehört zur Gemeinde.	Name des Ortes.	Eigenschaft desselben.	Gehört zur Gemeinde.
Stehlesmühle	C.	Buttenwiesen.	Stockers	C.	Krugzell.
Steihis	D.	Aach.	Stockers	C.	St. Lorenz.
Steig	W.	Lenzfried.	Stockers	C.	Wiggensbach.
Steig	C.	Friesenried.	Stockhöfe	C.	Burghagel.
Steig	C.	Halbenwang.	Stockkapelle**)	C.	Aich.
Steig	W.	Immenthal.	Stöcken	C.	Böhen.
Steig	W.	Wildpolzried.	Stöcken	W.	Hopferbach.
Steig	W.	Wiggensbach.	Stöcken	W.	St. Lorenz.
Steigerhof	C.	Langeneufnach.	Stöckelesreute	C.	Opfenbach.
Steigmühle	C.	Steinheim.	Stölzlings	C.	St. Lorenz.
Stein	W.	Betzigau.	Störzelmühle	C.	Trugenhofen.
Stein	C.	Engetried.	Stoffelmühle	C.	Gosheim.
Steinbach	C.	Breitenbrunn.	Stoffels	W.	Gestratz.
Steinbach	W.	Wengen.	Stoffels	W.	Wiggensbach.
Steinberg	C.	St. Lorenz.	Stoffels	D.	Niedersonthofen.
Steinbühl	W.	Wolferstadt.	Stolzenhofen	D.	Kirchhaslach.
Steinebach	W.	Aach.	Stossberg	W.	Halbenwang.
Steinegaden	W.	Röthenbach.	Straifen	W.	Altusried.
Steinekirch	W.	Anhofen.	Straifen	W.	Grönenbach.
Steingaden	D.	Sulzberg.	Strassbauer	C.	Buxach.
Steinhänle	C.	Offenhausen.	Strassbauernhölzle	C.	"
Steinhuibel	W.	Lechbruck.	Strass	C.	Enzenstetten.
Steinlesmühle	W.	Senten.	Strass	W.	Gestratz.
Steinlisbof	C.	Maierhöfen.	Strass	C.	Halbenwang.
Steinrinnen	C.	Wiggensbach.	Strass	D.	Legau.
Stelzhof	W.	Einning.	Strass	W.	Sulzberg.
Stengelheim*)	D.	Untermarxfeld.	Strassberg	C.	Breitenbrunn.
Stephansried	D.	Guggenberg.	Strassberg	C.	Wildpolzried.
Sterklings	C.	Lenzfried.	Straussenbüchel	C.	Reutin.
Sterklis	W.	Rettenberg.	Streichers	W.	Legau.
Sternbacherhof	C	Amerdingen.	Streitelsingen	C.	Reutin.
Sterobühl	W.	Woringen.	Striebelhof	C.	Offenhausen.
Stettenhof	C.	Mödingen.	Strimo	W.	Legau.
Stetthof	W.	Harburg.	Strobels	W.	Altusried.
Steufzgen	W.	St. Lorenz.	Strobmaiers	W.	Wiggensbach.
Stielings	W.	Halbenwang.	Strumpfers	C.	Wolfertschwenden.
Stielings	W.	Lauben.	Stürmers	C.	St. Lorenz.
Stiessberg	W.	Staufen.	Stuhlenmühle	C.	Unterschöneberg.
Stillbergerhof	C.	Zirgesheim.	Stuifzgen***)	W.	St. Lorenz.
Stock	C.	Aich.	Suiters	W.	Memhölz.
Stockach	W	Buchenberg.	Suittermühle	C.	Mittelberg.
Stockach	W.	Eisenberg.	Sulzberg	W.	Roßhaupten.
Stockach	W.	Immenthal.	Sulzberg	W.	Seeg.
Stockach	W.	Maierhöfen.	Sulzermoos	C.	Oberreitenau.
Stockach	C.	Reutin.	Syrgenstein	Schl.	Heimenkirch.
Stockartsbüchel	C.	Aeschach.	Tänzenmühle	W.	Scheidegg.
Stockau	W.	Reichertshofen.	Tannach	C.	St. Lorenz.
Stocken	D.	Osterzell.	Tannen	C.	Blaichach.
Stockenweiler	D.	Hergensweiler.	Tannen	C.	Gestratz.

*) Katholiken pfarren und schulen nach Ludwigsmoos. — **) Auch Stock. — ***) Auch Steufzgen.

14

Name des Ortes.	Eigenschaft desselben.	Gehört zur Gemeinde.	Name des Ortes.	Eigenschaft desselben.	Gehört zur Gemeinde.
Tannen	E.	Wiggensbach.	Todtenschläule	W.	Reinhardshofen.
Tannenhärtle	E.	Illertissen.	Töbele	E.	Hoyren.
Tanzbühl	E.	Könghausen.	Trabers	W.	Stiefenhofen.
Taubenberg	D.	Bobolz.	Trampoy	E.	Wildpolzried.
Teichgarten	E.	Burach.	Trefisried	W.	Rücholz.
Thennhof	E.	Feigenhofen.	Treidlheim	D.	Mauern.
Thenahofmühle	E.	"	Tremelschwang	D.	Bibingen.
Tenzenmühle *)	W.	Scheidegg.	Trieblings	W.	Bühl.
Thal	W.	Grönenbach.	Troggoi	W.	Wildpolzried.
Thal	W.	Immenthal.	Trollen	W.	Rücholz.
Thal	D.	Nesselwang.	Tronetshofen	W.	Krenzanger.
Thal	E.	Sulzberg.	Tronsberg	D.	Staufen.
Thal	W.	Weissensee.	Trostbühl	E.	Wildpolzried.
Thalhofen (Ober-)	W.	Schöllang.	Trunzen	W.	Wiggensbach.
Thalhofen (Unter-)	W.	"	Türken	E.	Memböß.
Thalmühle	E.	Oberheim.	Tuifstetterhof	E.	Fronhofen.
Thannach **)	E.	St. Lorenz.	Tummen †)	D.	Sigmarszell.
Thanne ***)	E.	Blaichach.	Uebersfeld	D.	Burguttenhofen.
Thannen	W.	Altusried.	Ulleberg	E.	Untrasried.
Thannen	E.	Rettenberg.	Ulmerthal	D.	Kreuzthal.
Thannen	W.	Lenzfried.	Umgangs	W.	Niederstaufen.
Thannen	E.	Wiggensbach.	Umwangs	W.	Huttenwang.
Thannen	E.	Gestraz.	Ungers	E.	Kimratshofen.
Thannen zur	E.	Lenzfried.	Unggenried	W.	Gernstall.
Thannenmühle	E.	Enzenstetten.	Unterachschwaige	E.	Kißlingen.
Thanners	W.	Eckarts.	Unterappenberg	W.	Mögesheim.
Thanschachen	E.	Kimratshofen.	Unterberghof	W.	Loppenhausen.
Theilen	E.	Böhen.	Unterbeutmühle	E.	Fünfstetten.
Theinselberg	W.	Lachen.	Unterbach	D.	Hochfeld.
Thenhofen	E.	Feigenhofen.	Unterbuch	W.	Sulzberg.
Thingers	E.	St. Lorenz.	Unterbuchenbühl	W.	Simmerberg.
Thingers	W.	"	Unterburg	E.	Lannenberg.
Thummen	D.	Sigmarszell.	Unter der Halden	W.	Betzigau.
Thurn	E.	Krugzell.	Unterdill	W.	Hopferau.
Thurneck	E.	Rohrbach.	Unterdolden	W.	Eisenberg.
Tiefenau	E.	Reicholzried.	Unteregg	W.	Muthmanshofen.
Tiefenbach	W.	Holzschwang.	Unteregg	D.	Schießen.
Tiefenbach	D.	Sonthofen.	Unteregg	W.	Wildpolzried.
Tiefenhacherösch	W.	Lenzfried.	Unteregermühle	W.	Schießen.
Tiefenberg	D.	Osterschwang.	Untereichenbach	W.	Biberachzell.
Tiefenbruck	W.	Roßhaupten.	Untereinharz	W.	Stein.
Tiefenmühle	E.	Herolbingen.	Unterellegg	W.	Wertach.
Tirolerhof	E.	Ettelried.	Untere Zollbrücke	E.	Stein.
Tobel	W.	Bösenreute.	Untergassen	W.	Moosbach.
Tobel	E.	Ellhofen.	Untergiessen	W.	Stein.
Tobel	W.	Hoyren.	Untergötzenberg	E.	Wengen.
Tobel	E.	Simmerberg.	Untergrünhof	E.	Ettenbeuren.
Todtenberg	W.	Probstried.	Unterhalden	W.	Seeg.
Todtenried	E.	St. Lorenz.	Unterhart	W.	Eisenburg.

*) Auch Tänzenmühle. — **) Auch Tannach. — ***) Auch Tannen. — †) Auch Thummen.

Name des Ortes.	Eigenschaft desselben	Gehört zur Gemeinde.	Name des Ortes.	Eigenschaft desselben	Gehört zur Gemeinde.
Unterhaslach	W.	Betzisried.	Unterwesterheim	D.	Oberwesterheim.
Unterköhle	E.	Staufen.	Unterzollhaus	D.	Mittelberg.
Unterhofen	E.	Traunried.	Upratsberg	W.	Immenthal.
Unterhub	W.	Altusried.	Urban St.	E.	Rieden.
Unterjoch	D.	Hindelang.	Urbenthal	W.	Hopferau.
Unterirsingen	E.	Irsingen.	Uren	E.	Kronburg.
Unterkehlen	E.	Stötten.	Urfarhof	E.	Genderkingen.
Unterleitfritz	W.	Weitnau.	Ursulasried	D.	Lenzfried.
Unterliezhofermühle	E.	Unterliezheim.	Ursulers	E.	Kimratshofen.
Untermelden	E.	Ebersbach.	Ussenburg	W.	Zwieselberg.
Untermoos	W.	Moosbach.	Ussenried	D.	Probstried.
Untermoosbach	W.	Hawangen.	Uttenbüchel	W.	Petersthal.
Untermühlegg	D.	Bolsterlang.	Uttenstetten	E.	Frembingen.
Unternefsried	D.	Agawang.	Veiten	E.	Reicholzried.
Unterniederwang	E.	Hopferbach.	Veits	W.	Waltenhofen.
Unterneuenried	W.	Ronsberg.	Vesperbild	W.	Ziemetshausen.
Unternitzenbruck	D.	Hergensweiler.	Viehhof	E.	Obermedlingen.
Unterräthen	W.	Altusried.	Viehmühle	E.	Staufen.
Unterreuthe	W.	Oberreute.	Viehweide	E.	Tiefenbach.
Unterreuthen	W.	Eisenberg.	Vilser*)	W.	Hopfen.
Unterreuthen	W.	Enzenstetten.	Violau	W.	Neumünster.
Unterried	W.	Ebratshofen.	Vocken	W.	Halbenwang.
Unterried	W.	Heimenkirch.	Vocken	E.	Krugzell.
Unterried	E.	St. Lorenz.	Vockenthal	W.	Dietmannsried.
Unterried	W.	Sonthofen.	Vögele	D.	Kreuzanger.
Unterried	W.	Wiggensbach.	Vögelismühle	E.	Halbenwang.
Unterrothen	W.	Langeneufnach.	Völken	W.	Altusried.
Untersägen	E.	Kimratshofen.	Völken	W.	Willofs.
Unterscheiben	W.	Simmerberg.	Völklings	W.	Hergensweiler.
Unterschlicht	E.	Lechbruck.	Voglau	E.	Reichertshofen.
Unterschmitten	W.	Röthenbach.	Vogelheerd	E.	Lechbruck.
Unterschochen	E.	Ollarzried.	Vogelsang	E.	Lenzfried.
Unterschönegg	W.	Oberroth.	Vogelsang	W.	Ollarzried.
Unterschwarzenberg	D.	Mittelberg.	Vogelsang	W.	Röthenbach.
Unterschwenden	W.	Scheidegg.	Voggenthal**)	W.	Dietmannsried.
Unterstein	E.	Scheffau.	Voglen	W.	Nesselwang.
Unterstein	W.	Scheidegg.	Voglers	W.	Legau.
Untersternbühl	W.	Moringen.	Vogt	E.	Altusried.
Unterstixner	E.	Missen.	Volklings	D.	Hergensweiler.
Unterteusch	E.	Weissensee.	Vorderberg***)	E.	Loppenhausen.
Unterthalhofen	D.	Harbatshofen.	Vorderberg	W.	Rettenberg.
Unterthalhofen	W.	Schöllang.	Vorderbrennberg	W.	Frauenzell.
Unterthaunen	W.	Sulzberg.	Vorderbuchenbrunn	W.	Lannenberg.
Untertrogen	W.	Simmerberg.	Vorderegg	W.	Weissensee.
Unterwaldbach	Schl.	Scheppach.	Vorderhalde	D.	St. Lorenz.
Unterwaldmühle	E.	Böhen.	Vorderhartenthal	E.	Wörishofen.
Unterwarlins	W.	"	Vorderhindelang	D.	Hindelang.
Unterweiler	W.	Ronsberg.	Vordermühle	E.	Wemding.
Unterwengen	W.	Wengen.	Vorderreuthe	D.	Staufen.

*) Auch Filser. — **) Auch Bodenthal. — ***) Auch Oberberghof.

Name des Ortes.	Eigenschaft derselben.	Gehört zur Gemeinde.	Name des Ortes.	Eigenschaft derselben.	Gehört zur Gemeinde.
Vorderrente	D.	Wertach.	Waltris	W.	Betzigau.
Vorderried	W.	Buttenwiesen.	Walzlings	D.	Kimratshofen.
Vorderschellenbach	D.	Schellenbach.	Wang (Ober-)	W.	St. Lorenz.
Vorderschmalholz	W.	Hopfenbach.	Wang (Unter-)	W.	"
Vorderschnaid	W.	Wertach.	Wangen	D.	Mittelberg.
Vorderschweinhof	W.	Oberreute.	Wangeritz	D.	Rettenberg.
Vorhöll	E.	Sulzberg.	Wank	D.	Nesselwang.
Vorholz	W.	Maierhöfen.	Wankerberg*)	Wlf.	"
Waasen	E.	Sulzberg.	Wannenthal	E.	Reutin.
Wachfeld	W.	Anhausen.	Waunes	E.	Reicholzried.
Wacholder	E.	Neu-Ulm.	Warmhalden	E.	Maierhöfen.
Wachsenegg	E.	Moosbach.	Warthausen	W.	Buchenberg.
Wachters	W.	Memhölz.	Wasenmühle	E.	Mittelberg.
Wäldle	W.	Balderschwang.	Wasserberg	D.	Altusried.
Wänglings	E.	Durach.	Wasserbühl	E.	Kimratshofen.
Wagegg	E.	Halbenwang.	Wasserburg	W.	Mitten.
Wagenbühl	W.	Wiggensbach.	Wassererget	E.	Kimratshofen.
Wagneritz	D.	Rettenberg.	Wasserschwende	W.	Krugzell.
Wagsberg	W.	Kronburg.	Waxenegg	W.	Sulzberg.
Waiblatzhofen	W.	Thalhofen.	Webams	W.	Willofs.
Waitzenried	D.	Untrasried.	Weeg	W.	Lengenwang.
Waitzis	W.	Moosbach.	Weg (am)	W.	Buchenberg.
Walbacherhof	E.	Berg.	Weghecken	E.	St. Lorenz.
Walchs	W.	Stetten.	Weghof	E.	Steinbach.
Wald	E.	Guggenberg.	Wegscheid	E.	Karlskron.
Waldegg	W.	Wiggensbach.	Wegscheitel	E.	Buchenberg.
Waldegg (Ober-)	E.	Legau.	Webauhof	E.	Guntelfingen.
Waldegg (Unter-)	E.	"	Weichberg	E.	Rettenbach.
Waldhausen	E.	Breitenthal.	Weidach	W.	Durach.
Waldhof	E.	Hütting.	Weidach	E.	Martinszell.
Walding	W.	Karlskron.	Weidach	W.	St. Lorenz.
Waldmanns	E.	Lenzfried.	Weidachmühle	E.	Lenzfried.
Waldreichenbach	E.	Buch.	Weidenbühl	E.	Didenreishausen
Waldsteig	E.	Kimratshofen.	Weihalden	W.	Altusried.
Waldstetten	W.	Wolferstadt.	Weihberg	E.	Waltenhofen.
Walkenberg	W.	Frauenzell.	Weihen	W.	Hoyren.
Walkerts	W.	Waltenhofen.	Woiher	W.	Waltenhofen.
Walkmühle	E.	Obermemmingen.	Weiher	D.	Rettenberg.
Walkmühle	E.	Niederaltheim.	Weiherhaus	E.	Rieblingen.
Wallertshofen	W.	Ebenkirchen.	Weiherhof	E.	Burtenbach.
Wallfahrt	E.	Wembding.	Weiherhof	E.	Döpshofen.
Walten	W.	Sonthofen.	Weiherhof	W.	Breitenbrunn.
Waltenberg	D.	Seifertshofen.	Weihermühle	E.	Belzheim.
Waltenberg	W.	Waltenhofen.	Weihermühle	E.	Gernstall.
Waltersberg	W.	Oberreitenau.	Weihermühle	E.	Hopferbach.
Waltersberg	E.	Unterreitenau.	Weihers	W.	Altusried.
Waltersbuch	E.	Hoyren.	Weihers	D.	Lindenberg.
Waltershofen	W.	Westendorf.	Weiler	W.	Biringen.
Waltramsbuch	E.	Hoyren.	Weiler	W.	Eppishausen.

*) Auch Maria Trost.

Name des Ortes.	Eigenschaft desselben.	Gehört zur Gemeinde.	Name des Ortes.	Eigenschaft desselben.	Gehört zur Gemeinde.
Weiler	W.	Ettenbeuren.	Westerhart	W.	Buxheim.
Weiler	D.	Fischen.	Westerhofen	D.	Osterschwang.
Weiler	D.	Glött.	Westerried	E.	Böhen.
Weiler	W.	Holzschwang.	Wettmansberg	W.	Lenzfried.
Weileranhausen	W.	Christgarten.	Wetzelberg	W.	Altusried.
Weilerhof	E.	Streitheim.	Wetzlers	W.	Wald.
Weilheim	E.	Unterglauheim.	Wetzlins	E.	Guggenberg.
Weilheimerbach	W.	Otting.	Wetzlo	E.	Krugzell.
Weinberg	E.	Ried.	Weyher	W.	St. Lorenz.
Weinharts	W.	Buchenberg.	Wiblishauserhof	E.	Waldstetten.
Weisingen	W.	Riedheim.	Widach	E.	Tiefenbach.
Weissach	D.	Staufen.	Widdum	W.	Martinszell.
Weissbach	D.	Berg.	Widdum	W.	Niederstaufen.
Weissbolz	W.	Waltenhofen.	Wiedbauer	E.	Ebersbach.
Weissen	W.	Altusried.	Wiedemansdorf	D.	Thalkirchdorf.
Weissen	W.	Friesenried.	Wiedemansried	W.	Wengen.
Weissen	W	Rieder.	Wiedemen	D.	Hopferau.
Weissen	E.	Simmerberg.	Wiedenhof	E.	Nesselwang.
Weissen	E.	Wiggensbach.	Wiederegg	W.	Oberkammlach.
Weissenbach	E.	Staufen.	Wiederhofen	D.	Willhams.
Weissenhof	E.	Köngshausen.	Wiedmar	W.	Weissensee.
Weite	W.	Friesenried.	Wiegelis	E.	Lautrach.
Weitenau	D.	Kimratshofen.	Wielands	W.	Ebersbach.
Weitzern	D.	Eisenberg.	Wielen	W.	Irsee.
Wolden	D.	Leeder.	Wielenberg	W.	Osterschwang.
Weldenmühle	W.	"	Wierlings	D.	Buchenberg.
Weltishof	E.	Altenmünster.	Wies	E.	Böhen.
Wendelins	E.	Muthmanshofen	Wies	E.	Kimratshofen
Wendelins	W.	Wiggensbach.	Wies	E.	Lautrach.
Wenenden	E.	Biberach.	Wies	W.	St. Lorenz.
Wengen	W.	Staufen.	Wies	E.	Lenzfried.
Wengen (ober)	W.	Halbenwang.	Wies	W.	Membölz.
Wengen (unter)	W.	"	Wies	W.	Stötten.
Wengen u. Oeschle	W.	Petersthal.	Wies	E.	Sulzberg.
Wengenhausen	W.	Marktoffingen.	Wies	W.	Wald.
Wengglins	E.	Durach.	Wies	W.	Weissensee.
Wenglingen	W.	Apfeltrang.	Wies (in der)	W.	St. Lorenz.
Wenk	E.	Buchenberg.	Wiesen	E.	Petersthal.
Wennenmühle	E.	Allerheim.	Wiesenmühle	E.	Hegnenbach.
Weno	E.	Legau.	Wiesenthal	W.	Probstried.
Werdenstein	Schl.	Eckarts.	Wieseris	W.	Betzigau.
Wertachmühle	E.	Mittelberg.	Wiesfleck	E.	Untereitnau.
Wesbach	W.	Egg a. d. G.	Wiesleuthen	W.	Seeg.
Weschers	W.	Altusried.	Wieslings	E.	Zell.
Wesen	E.	Reutin.	Wiesmühle	E.	Rassenbeuren.
Westenried	W.	Kraftisried.	Wiesmühle	E.	Obergünzburg.
Westenried	D.	Wiggensbach.	Wiesmühle	E.	Unmenhofen.
Westerrau	E.	Kronburg.	Wiesmühle	E.	Grosselfingen.
Westererringen	W.	Langeringen.	Wiest	E.	Kronburg.

*) Katholiken pfarren nach Gennach.

Name des Ortes.	Eigenschaft desselben.	Gehört zur Gemeinde.	Name des Ortes.	Eigenschaft desselben.	Gehört zur Gemeinde.
Wigratz	W.	Opfenbach.	Wuhr (auf der)	E.	Halbenwang.
Wiklis	W.	Röthenbach.	Wuhr (auf'm)	E.	Waltenhofen.
Wildbad	E.	Leeder.	Wurms	W.	Altusried.
Wildbad	E.	Wembing.	Zadels	W.	Ronsberg.
Wildberg	D.	Weissensberg.	Zange	E.	Bühl.
Wildberg	D.	Görisrieb.	Zaunberg	D.	"
Wildenau	E.	Gundelfingen.	Zehentmeister	E.	Unterthingau.
Willis	W.	Staufen.	Zeil	W.	Enzenstetten.
Wimberg	W.	Wald.	Zeisertsweiler	D.	Bösenreute.
Windenberg	W.	Lauuenberg.	Zeiseried	E.	Langenreichen.
Windhausen	W.	Baumgarten.	Zell	D.	Elsenberg.
Winkel	W.	Moosbach.	Zell	W.	Staufen.
Winkel	E.	Steinbach.	Zellen	W.	Membölz.
Winkel	D.	Sonthofen.	Lellers	W.	Eckarts.
Winkel	W.	Tiefenbach.	Zellers	W.	Oberreute.
Winkels	W.	Altusried.	Ziegelau	E.	Bittenbrunn.
Winklers	W.	Lauben.	Ziegelberg	D.	Grönenbach.
Winneberg	W.	Altusried.	Ziegelei	E.	Bssingen.
Winnings	W.	Wiggensbach.	Ziegelhaus	W.	Reutin.
Winters	E.	Grönenbach.	Ziegelhof	E.	Huisheim.
Wipfel	W.	Erisrieb.	Ziegelhütte	E.	Immenthal.
Wirthshalde	W.	Probstrieb.	Ziegelhütte	E.	Maihingen.
Witteiters (Ober)	E.	St. Lorenz.	Ziegelhütte	E.	Marktoffingen
Witteiters (Unter)	W.	"	Ziegelhütte	E.	Munzingen.
Witzenberg	D.	Legau.	Ziegelmühle	E.	Löpsingen.
Witzigman	D.	Bösenreute.	Ziegelmühle	E.	Munningen.
Wöllenburg	W.	Bergheim.	Ziegelstadel	E.	Bünheim.
Wörth	E.	Halbenwang.	Ziegelstadel	E.	Grönenbach.
Wörth	W.	Weissensee.	Ziegelstadel	E.	Kaufbeuren.
Wohlfahrts	W.	Ottacker.	Ziegelstadel	E.	Wittislingen.
Wohlmuths	W.	Membölz.	Ziegelstadel	E.	Kettershausen.
Wohlmuts	W.	Probstrieb.	Ziegelstadel	E.	Klosterbeuren.
Woldang	W.	Halbenwang.	Ziegelstadel	E.	Blöcktach.
Wolfberg	W.	Kreuzthal.	Ziegelstadel	E.	St. Lorenz.
Wolfertsberg	W.	Burg.	Ziegelstadel	E.	Lutzingen.
Wolfbühl	W.	Maierhöfen.	Ziegelstadel	E.	Osterberg.
Wolfen	E.	Krugzell.	Ziegelstadel	E.	Unterhausen.
Wolfen	W.	Martinszell.	Ziegelstadel	E.	Steinbach.
Wolferts	E.	Haiken.	Ziegelstadel	E.	Lenzfried.
Wolfertsberg	W.	Burg.	Ziegelstadel	E.	Stadtbergen.
Wolfertshofen	D.	Heimenkirch.	Ziegelstadel	E.	Wembing.
Wolfgang St.	W.	Sinning.	Ziegler	E.	Burg.
Wolfgangsberg	W.	Hergensweiler.	Ziegler	E.	Huttenwang.
Wolfholz	W.	Huttenwang.	Zimmermann (zum)	E.	Burgach.
Wolfis	W.	Maiselstein.	Zipfwang	E.	Sulzberg.
Wolfs	W.	Ronsberg.	Zirndorf	W.	Aubausen.
Wolfsberg	W.	Steinkirch.	Zizelheim	E.	Zell.
Wolfsmühle	E.	Wechingen.	Züschingsweiler	W.	Schabringen.
Wolfried	W.	Stiefenhofen.	Zollhaus	E.	Binswangen.
Wolkenberg	W.	Wilpolzrieb.	Zollhaus	E.	Eisenbrechtshofen.
Wolpertsau	E.	Hütting.	Zollhaus	E.	Irsingen.
Wornfeld	W.	Hainsfarth.	Zollhaus (Ober)	W.	Rittelberg.

Name des Ortes.	Eigenschaft desselben.	Gehört zur Gemeinde.	Name des Ortes.	Eigenschaft desselben.	Gehört zur Gemeinde.
Zollhaus (Unter-)	D.	Mittelberg.	Zürshof	C.	Lauttach.
Zollhaus	W.	Petersthal.	Zusumeck	W.	Dinkelscherben.
Zollhaus	W.	Senten.	Zwirkenberg	W.	Gestraß.
Zollhaus	W.	Sulzberg.	Zwisele	D.	Heimenkirch.
Zollhaus	E.	Bachhagel.			

Inhalts-Verzeichniß.

Inhalts-Verzeichniß.

Berichtigungen und Druckfehler.

Seite   1 Zeile 20 lies 28 Landgerichte statt 21.

"   6 " 10 " Reck statt Beck.

"   6 " 12 setze nach „Functionäre“ die „Revisoren“.

"   7 " 18 " " „Functionäre“ die „Revisoren“.

"   7 " 27 " " „Functionäre“ die „Forstamtsactuare“.

"   8 "   5 " " „Diurnisten“ die „Kanzleifunctionäre“.

"   9 "   7 lies Pürkhauer statt Pürklauer.

" 14 nach Zeile 36 setze noch „Margarethen- und Josephinen-Stiftung“ und „Di-
         strikts-Spital Kempten“.

" 15 " "   1 " " Langenau'scher Religionsfond, nunmehr in Augsburg.

" 29 Zeile 34 lies Röckl statt Böckl.

" 42 " 14 " Allerheiligen „Benefizium“ statt Pfarrei.

" 42 " 11 " Tussenhausen statt Taffenhausen.

" 87 " 30 " Wenb. Gschwend statt Gschwend.

" 190 " 23 u. 24 lies Willeiters statt Witteiters.

" 190 " 48 lies Böschingsweiler statt Büschingsweiler.